JN091244

ウィメン・ウォリアーズ

はじめて読む女戦記

パメラ・トーラー
西川知佐 訳

花束書房

WOMEN WARRIORS
by Pamela D. Toler
Copyright © 2019 by Pamela D. Toler
Japanese translation published by arrangement with
Pamela D. Toler c/o The Fielding Agency LLC through
The English Agency (Japan) Ltd.

〝ここでまで家事をするために、ふきん片手に前線にきたわけじゃない〟

——マノリータ（スペイン内戦のパルチザン）

CONTENTS

CHAPTER FIVE

古今東西の「ジャンヌ・ダルク」たち

CHAPTER SIX

包囲戦の女たち

COLUMN THREE

［凡例など］

・本文にある引用文はすべて、本書の訳者が訳出した。
・日本語訳書が出版されている文献は、日本語版の書名を入れ、２６４ページにリストを掲載した。
・本文にある訳注および編注は［　］であらわした。

・本書は、記述の一部に戦争にまつわる性暴力や残酷な描写が含まれる。

INTRODUCTION

「女は戦わない」

"WOMEN DO NOT FIGHT"

19世紀末に描かれたジャーンシーの女王、ラクシュミー・バーイーの像――当時すでに国民的なヒロインとなっていた。
“Rani of Jhansi,” ©Victoria and Albert Museum, London.

1988年にアントニア・フレイザーの『ウォリアー・クィーンズ（Warrior Queens）』が出版されたとき、私は歓喜してそれを迎えた。

古くから女たちが武器を携えて、兄弟や父親、いとこ、共同体の男たちとともに戦地に赴いていたという説は、私にとって真新しいものではなかった。ミズーリ南西のウィルソンズ・クリーク国立戦場跡近くで育ち、幼い頃から歴史好きだった私は、女性たちが男装して南北戦争で勇戦したことをすでに知っていたのだ。そして歴史好きのまま10代に突入した私は、ジャンヌ・ダルク #1 にハマった。彼女に関して書かれたものなら、子ども向けの伝記本からジョージ・バーナード・ショーの『聖女ジョウン』まで手当たり次第に読み漁った。大学院生になる頃には、いかにもな「歴女」ではなくなりつつあったが、今度はインドのラクシュミー・バーイーに熱中した。1857年のインド大反乱で義勇軍を率いてイギリスと戦ったジャーンシーの女王だ。フレイザーの本は、それまで知らなかった女性たちの存在を教えてくれただけでなく、女性が「一般的に認識されているよりも、はるかに多くの時代、多くの文明において、軍隊の標準的な一員として文字通り戦ってきた」#2 ことにも気づかせてくれた。

あらゆる時代、あらゆる場所に女戦士は存在していた。一度そのことを知ってしまうと、

#1 ジャンヌ・ダルクに憧れを抱いていたのは、私だけではなかった。本書の構想を温めていた頃、私は家族や友人に、ジャンヌについて知っていることを思いつくままに話してもらった。さまざまな答えが寄せられ、正確さや詳細さにバラツキがあったものの、ひとつだけはっきりとわかったことがあった。ジャンヌについてとてもよく覚えていたのは全員が女性で、ある共通点を持っていた。

今度は至るところで彼女たちに関する記述が目に入るようになる。ベトナムの徴姉妹《ちょうしまい》、アンゴラのンジンガ女王、フランスのジャンヌ・アシェット。私はそれらのストーリーをなんとなく収集しながらも、彼女たちについてはちょっとした記事やブログで取り上げる程度にとどめておいた。他に書くべきこともあったし、世間一般の人々が自分ほど女戦士に興味を抱いているとは思えなかったからだ#3。

だが、それも変わった。女戦士は、メインストリームカルチャーとして世間に親しまれるようになったのだ。ファンタジーのヒロインや実在の女戦士が、歴史小説からテレビドラマのシリーズ、コミック、ウォーゲームのフォーラムなどで人々の想像力をかき立てる。中でもパティ・ジェンキンス監督の映画『ワンダーウーマン』とライアン・クーグラー監督の『ブラックパンサー』に登場するワカンダの女戦士は特に人気を博し、両作品とも興行的に大成功を収めただけでなく、文化的な議論のきっかけにもなった。

その一方で、現実の「戦う女性」に対する世間の反応は、それほど単純なものではない。湾岸戦争から20年以上にわたって、米軍の女性兵には「直接地上戦闘」の制限措置が課されていた。そのため女性兵は公式的に空軍と海軍の部隊の一員として戦闘に加わり、非公式的には襲撃隊やパトロール隊として地上戦闘に従事していた。女性兵の存在に対する世間の反応はさまざまだ。男性の退役軍人がアメリカ建国以来ずっと行ってきたように、女性の退役軍人もそれまでの経験を活かして政治運動を展開するようになった#4。メジャーリーグの試合に特別ゲストとして登場して喝采を受け、誰もが知る大手の『ニューヨーク・タイムズ』紙からシカゴのホームレスが路上販売する『ストリート・ワイズ』まであらゆる出版物の一面や表紙を飾り、果てはロマンス小説の主人公として描かれたりもし

彼女たちは、賢い少女が「タフで、口が悪くて、自分の意見をしっかり持ち、周囲と違ってもいいのだ」ということを教えてくれるロールモデルを歴史上の人物から探しているときに――この年齢は9歳から死ぬまでと幅広い――ジャンヌのストーリーに魅了されていたのである。現代を生きる思春期の少女たちは、私たちのように１９６０年代後半から70年代前半に起こったウーマン・リブ以前の暗黒時代と同じロールモデルなんて必要としていないと思いたいが、残念ながらそうではないようだ。だからこそ「マイティ・ガール（A Mighty Girl）」というウェブサイトが人気なのだろう。［訳注：ガールズエンパワメントを題材とした商品を扱うマーケットプレイス］

#2
アントニア・フレイザー『The Warrior Queens: The Legends and the Lives of the Women Who Have Led Their Nations in War』より。この1年半――どこを始めとするかで3年にも30年にもなるが――、本書の執

ている。ロマンス小説と女性兵――意外な組み合わせにも思えるが、アメリカで女性の従軍がいかに一般的になったかを物語っているとも言えるだろう。

　このように米軍の女性兵を受け入れていた世間だが、２０１３年にようやく配置制限が撤廃され、すべての戦闘任務を女性兵に解放すると発表されると、「女性は戦えない」「戦うべきではない」という怒りの声が上がった。この声は、２０１５年10月に２人の女性兵が米陸軍のエリート訓練プログラム「レンジャー・スクール」を見事突破したときにも消えることはなかった。それ以降、米軍はメディアの過熱報道を避けるために、女性兵が偉大な功績をあげても大々的に発表することはしなくなった。２０１７年９月には女性海兵隊員が、女性として初めて歩兵将校訓練を修了。また２０１８年１月には第82空挺師団の６人の女性兵が優秀歩兵章を取得したりもしたが、軍が彼女たちの偉勲を大っぴらに祝うことはなかった。そのおかげでメディアの報道を抑制することには成功したものの、ネットニュースのコメント欄には依然としておぞましい言葉があふれかえっている。

ごくわずかな例外？

　現代では、ポップカルチャーで多くの人を魅了しながら、軍隊での役割を巡って激しい議論が巻き起こる。ジャンヌ・ダルクはよくても、アメリカ兵「G.I.ジャンヌ」はダメ。戦う女性、戦争に行く女性とは、いつの時代でも特異な存在とされてきた。そのような女性の矛盾した立場は、軍事史家ジョン・キーガンの甚《はなは》だ不正確な言葉に端的に表されている。「戦争とは人間の性の一方による活動であり、ごくわずかな例外はあるにせよ、

筆に取り組んできた私は、このフレイザーの言葉の正確さは、彼女の言う「標準的」「軍隊」を、また「戦争」自体をどう定義するかで変わってくると考えるようになった。紀元前２０００年に埋葬された女性から、現代の女性まで登場する本書では、その定義もより難しいだろう。

#3　とは言え、１９９５年から始まったテレビドラマ『ジーナ』が人気を博したときには希望を抱いたものだが。[訳注：古代ギリシャが舞台の歴史ファンタジー。タイトルのジーナは、主人公の名前]

#4　公平を期すために書いておくが、ジョージ・ワシントンは大統領選のキャンペーンを行なっていない。

女性はつねにどこでも戦争からは一歩身を引いている。（略）女性は軍楽隊のドラムに付き従い、負傷兵を看護し、一族の男が出征すれば畑に出て家畜を養い、さらには男たちを守るために塹壕《ざんごう》を掘り、武器を送るために工場で働きもする。しかし、女性は戦うことはない。（略）軍事的な意味では一度として男と戦ったことはない」（著者注：引用内の傍点は著者によるもの）#5。

実際には、女性はいつだって戦場に立ってきた。家族の仇を討つため、自分たちの故郷（または都市や国家）を守るため、異国の支配から独立を勝ち取るため、王国の領土を拡大するため、あるいは己の野心を満たすために。

一握りにすぎないが、そのなかには力づくで歴史に名を刻んだ者もいる。より広い世界では忘れ去られながらも、祖国では国民的なヒロインとして後世に語り継がれてきた者もいる。それでも、歴史の影に追いやられてしまう者がほとんどなのだ。制服を着ていようが、着ていまいが。積極的に戦地に赴こうが、あるいは自衛のために仕方なく戦おうが関係なく、彼女たちは脚注に隠され、半ば消された存在になってきた。戦いに参加するために男性に扮した者もいるが、彼女たちが記録に残っているのは、女性であることがバレたからだ。上手く隠し通せた者たちは、そもそも記録には残らない。

また「戦闘員」と見なされなかったケースもある。私がとくに気に入っているのは、ある歴史家のこんな主張だ。１８０８年、フランス軍によるサラゴサ包囲で1人の女性が応戦したのだが、この歴史家は「彼女は命の危機に瀕し、自分の身を守っただけ」だからと、女性を戦闘員と認めようとしなかった#6。遠い昔に戦った女性たちは、その行動あるいは存在の記録がほとんど残されていないことを理由に、伝説や神話、誇張、あるいは単

#5 ジョン・キーガン『戦略の歴史』より。『タイム』誌が本書をその年の最も優れた本の一冊に選び、キーガンを「今世紀で最も優れた軍事歴史家の一人」と評していることからも、彼が特段に偏った思想の持ち主でないことがわかる。（『タイム』誌１９９４年1月3日発行、ランス・モロー著『Chronicling a Filthy 4000-Year-Old Habit』より）［訳注：翻訳文は『戦略の歴史』遠藤利国訳、中央公論新社、ｐ１５１より］

#6 この女性は、砲台が攻撃を受けたと

なる嘘として片付けられてしまいがちだ。かたや男戦士は、そのような侮辱を受けることはあまりない。

　意図的に歴史から抹消された女性もいる。第二次世界大戦後、ソ連の女性だけで編成された航空部隊は、英雄勲章を授与されたが、政府から戦時中の経験を口外しないように命じられている。さらには、現代の女性兵の歴史についても曖昧にされつつある。本書を執筆しているという話の流れで、私がアメリカ軍の女性兵の現状などを説明すると、ほとんどの人が、この20年の間に彼女たちが空軍と海軍の戦闘部隊に正式に参加していることを知って驚くのだ。

　女戦士の存在が消し去られるのは、往々にして「History（歴史）」が「His Story（彼の物語）」として語られるからだろう。戦史ではその傾向がより顕著だ。軍事史家のデイビッド・ヘイが指摘するように、「戦争とは本質的に男性的なもの——男らしさを神格化した、あるいは家父長制を具現化したもの——という仮定が女性戦闘員の研究を禁じ、学問の煉獄《れんごく》へと追いやってきた」#7のである。だが女性の貢献が無視されているのは戦場だけではない。科学、文学、政治、経済といったあらゆる分野でも、日常的に軽視され、無視され、忘れ去られてきた。古典学者アリス・コーバーが線文字Bの解読に大きく貢献したことや、20世紀はじめに女性だけの自警消防団が存在したことなど、女性の知られざる功績は探せば至るところで見つかる。作家のレイチェル・スワビーは、これらの埋もれた貢献について執筆することを「隠された世界史を明らかにすること」#8だと表現している。

　女戦士の場合は、ここに女性が戦うべきかどうかの論争が入ってくるので余計にややこ

き、そこにいた大勢の砲兵を助けてもいる。

#7
デイビッド・ヘイ『The Military Leadership of Matilda of Canossa, 1046-1115』２００８、p３。

#8
『世界と科学を変えた52人の女性たち』レイチェル・スワビー著、堀越英美訳、青土社。

しい。人々は、エンタメ作品に登場する過度に性的に描写された女戦士#9が戦う姿に熱狂しながらも、現実のブート・キャンプやレンジャー・スクールの迷彩服と刈り上げ頭の女性兵を目の当たりにすると居心地の悪さを覚えたりもする。このような姿勢の違いは、時と文化を超えて存在する「女戦士に対する社会の違和感」の本質を捉えている——つまり、戦うことを選んだ女性は「女性らしさ」を失うのではないか、逆に言えば、彼女たちがいることで軍隊が「女性化」してしまい、軍の性能、攻撃性、真剣さが損なわれ、これまでよりも劣った存在になってしまうのではないか、という恐れが反映されているのだ。同様の議論は、太古の昔から繰り返されてきた。あのプラトンも、自由人の女性も男性と同じように戦争の訓練を受け、役職にも就くべきだとこう主張している。「気のきいた連中のいろんな冷かしを恐れてはならない。この種の変革が、体育だけでなく、音楽・文芸についても、またとくに武器を身に着け馬に乗るといったことについて行なわれたとき、それに対して彼らがどのようなことをどれだけ言おうともね」#10。

アメリカ軍の女性兵の直接戦闘を認めるか否かの議論について詳しく調べてみると、賛成・反対の両立場の論者が共通した問いを発していないことがわかる。しかも、そのような状態が長年続いているのだ#11。第二次世界大戦後、女性を正規の軍人として認めるかどうか議会で検討され、ドワイト・D・アイゼンハワー元帥やチェスター・W・ニミッツ提督といった女性軍務統合法を支持する一派は、女性兵を「伝統的な女性の仕事」に起用することの重要性、そして冷戦による緊張状況から迅速な動員が求められる可能性を主張。これに対して反対派は、女性の生物的な「障害」#12が軍の性能に与える影響と女性兵の「男性化」を問題視しながら、平時に女性が家庭に帰ることができるのか疑問を呈

#9 ワンダーウーマン、ワカンダの女性戦士、ブラック・ウィドウなど、コミックやファンタジー小説、ゲーム、テレビ番組、映画などに登場する女戦士たちは、戦うには性的すぎる衣装を身につけさせられている。その多くが、胸の形が強調された、俗に言う「おっぱいアーマー」を装着している。特に『ジーナ』のアーマーの胸当てはこのタイプであるだけでなく、さらに強調するようにブラカップに渦巻きのデザインが施されている。一見して、このおっぱいアーマーはビキニタイプの鎧「ビキニアーマー」よりもマシに見える。なぜならビキニアーマーは、一般的な鎧の素材で作られながらも戦闘で守られるべき部位が覆われていないため、おっぱいアーマーの方が高い防御力を備えているように思えるからだ。だが、そんなものは「錯覚」である。このことを熱心に解説するブログや動画によると、おっぱいアーマーは胸骨の真上にくぼみがくるため女戦士を殺しかねないというからである（なかでも、YouTube動画『The

した。

ひるがえって今日の議論に目を向けてみると、支持派には、平等な権利、現代の戦争における戦い方の特性、戦闘員・非戦闘員・前線の構成について論じ#13、対する反対派は女性とは何か、男性とは何かという観点に立って、家族・母性・妊娠・月経にまつわる文化的な考え方やタブーから、女性兵のための施設をどう提供するかといった現実的な疑問まで、多岐にわたった主張を展開する。彼らは妊娠こそ懲罰なしに一時的に自分自身に与えることのできる唯一の「障害」であるとして、派遣されないためにあえて妊娠する女性兵も出てくるのではないかと危惧すれば#14、戦闘地域での女性兵用のトイレをどうするのかと疑問を呈し#15、女性は先天的に男性よりも何かをはぐくみ育てることに長けているため感情的に戦闘には向いていないと主張する。さらには、男性は女性を守るようにプログラムされているため、戦場に女性がいると戦闘に集中できなくなるとまで言ってのければ#16、女性の腕力や体力では中世のプレートアーマーや現代のボディアーマーを身につけ、強行軍に遅れずについて行き、重さ20キロもの機関銃を持って戦い、倒れた仲間を助けるなんて無理だと断じるのだった。

女性史を学んでいると、こういった主張によく出くわす。いつの時代でも、現状維持派は同じようなことを懸念して、女性の教育、雇用、昇進に反対してきた。１８６０年代、アメリカ陸軍の医療部の医師たちは同様の考えで、南北戦争の女性看護師の従軍を反対した。１９８０年代には警察や消防が、女性警官を巡回任務に就かせないことや、女性の消防士と救急救命士を採用しないことについて、似たような弁解をしている。

これらの意見が何度も強固に繰り返されるのは、女性の戦闘参加を反対する人々による

Physics of Boob Armor（おっぱいアーマーの物理学、https://youtu.be/jZJGvLF8tEU）』の解説が特にわかりやすい）。強くてかっこいい戦士であることを示しつつ、同時にその〝財産〟は隠されず、あらわになったままの衣装なのだ。

#10 『国家（上）』プラトン著、藤沢令夫訳、岩波書店、p３２６より。

#11 この議論は、２０１３年に配置制限の撤廃が決定したあとも続いた。

#12 月経、妊娠、更年期を指す。女性の身体に備わった日常的な機能を「異常／障害」とする考え方は、軍での女性のあり方の議論にとどまらず問題視されるべきことだ。

#13 当時、下院軍事施設小委員会の委員長を務めていたパトリシア・シュローダー下院議員は、戦闘の本質にま

具体的な主張を超えた違和感が、社会的に存在するからではないだろうか。軍事準備センターの創設者イレーン・ドネリーは、女性の軍事活動を「文化的な不協和音」と表現する#17。歴史を振り返ってみると、戦争のイメージ、ひいては平和のイメージは性別に基づくものが主流であった。戦争こそ「男の仕事」だと考えられており、女性活動家であり、詩人でもあるグレイス・ペイリーは、その立場を次のように表現している。

> 戦争とは、マン・メイドと言わざるを得ない。男が作り上げた《マンメイド》のだ。それは彼らのもので、彼らの世界であり、そして彼らはそれによってひどく傷ついている。その中でひどく苦しんでいる。だが、それは男たちが作り上げたものなのだ。どうして彼らは、そんな風に生きるようになったのだろう？　何年もかかって、私はようやく理解した。なぜなら少女だった頃、私は少年だったからだ——何かに夢中になったり、刺激に満ちた場所にいたいと思う少女は大勢いて、私もその一人だった。どこかの隅っこの、少年たちが集う場所。かつての自分が心惹かれていたからこそ、私はこれをとてもよく理解できた。このまま少年であり続けて、いつか戦争に行き、少年たちがやっている心躍ること全てをやってみたいと切望していたのだ#18。

男性が「戦士」とみなされるなら、女性は「戦士にあらず」ということになる。

「戦士にあらず」の最も肯定的な定義が「母性」だ。ここには、これから母親になる可能性がある女性、あるいはすでに母親である女性の両方が含まれる。アメリカ人従軍記者ウィリアム・G・シェパードも、1918年の『デリニエイター』誌3月号掲載のロシア女性兵で編成された部隊に関する記事で、女性は危険に晒《さら》すにはあまりに貴重な資源だと

つわる問題を総括している。シュローダーは、陸軍の人員募集のコマーシャルに登場した、通信車で機器を操作する女性兵——非戦闘員に分類される——を例にあげ、「実際の戦闘では、通信車の運転手が真っ先に攻撃の対象になることは容易に考えられるでしょう。つまり、あの女性兵は最初に殺されることはあっても、前線に出ることも、戦闘に参加することも許されていないのです」と述べた。（ローズマリー・スカイネ著『Women at War: Gender Issues of Americans in Combat』より）

#14 どこから正せばよいかわからないほど、間違った考えである。

#15 作家ローズマリー・スカイネによると、ある若い女性士官はこの疑問に対して「大した問題ではない。頭から防水シートをかぶってしゃがめばいい」と返したという。完璧な解決策ではないかもしれないが、この発言から、いくつかの問題はそこまで

述べている。「女性は男性にないものを持っている」とシェパードは、通訳を介してインタビュー相手の若き女性兵に話す。「女性には潜在的な母性が備わっている。そんな存在を殺すということは、すなわち種族全体を殺すことだ」#19と。同時に、女性は母親であるがゆえに、生まれながらの平和主義者だとも考えられがちだ（歴史的に見ても疑わしい考えだが）#20。現在では、この「母親だから戦士にあらず」という考え方は、「母親が戦地に派遣されたら、子どもはどうなるのか」などと、より現実的な問題を提起する文脈で用いられることが多い。「両親がともに派遣されたら、子どもはどうなるのか」や「大勢の若い女性が軍隊に入ってしまえば、国の出生率が下がるのではないか」といった声まで聞かれる#21。このような考えは、女性の戦闘能力のあるなしに関わらず、女性が戦うことを認めれば社会的に得策ではないという結論に行き着いてしまう。

「女性は戦士にあらず」というイメージは、女性は戦争に参加しないということを意味するものではない。前述のキーガンによる、女性は戦わないという主張にも、「女性は軍楽隊のドラムに付き従い、負傷兵を看護し、一族の男が出征すれば畑に出て家畜を養い、さらには男たちを守るために塹壕を掘り、武器を送るために工場で働きもする」と女性が戦争に従事する方法が列挙されていた。軍事歴史家で、倫理家のマーティン・ファン・クレフェルトも女性の「戦士にあらず」としての役割を次のように表現しているが、その言葉はだいぶ暗い。「女性は戦争のなかで、その原因、対象、犠牲者を演じてきた」#22。

ファン・クレフェルトのこの言葉は、私が「遺体収容袋論《ボディバッグ》」と呼ぶ姿勢の根底にある考えを明確に言い表している。女性の戦闘に反対する人たちは、母親や娘が遺体収容袋に入れられて戻ってくるイメージでもってその権利に反対し、または戦闘中の母親の死が、父

難しく考える必要がないことがわかる。（#13 前掲書ｐ１６７より）

#16
こういった主張は、双方にとって全く利のないものだ。

#17
この議論における両陣営の発言内容を読めば、公平な観察者などいないことがわかるだろう。どちらも手前勝手な主張、いいとこ取りの証拠、意見を反証できない真実として提示したりしている。

#18
グレイス・ペイリー著「Of Poetry and Women and the World」より（『A Grace Paley Reader: Stories, Essays, and Poetry』２０１７、ｐ２３５）

#19
マンスプレイニングとは、今に始まったことではないようだ。ウィリアム・G・シェパード『The Soul That Stirs in 'Battalions of Death': Their

親の死よりも本質的に恐ろしいものであるかのように言及する。これについて歴史家のリンダ・グラント・デポウは、そこでは女性が遺体収容袋に入っていること自体が問題とされているのではないと指摘する。「遺体袋に女性が入っているという恐怖は、女性が死んだ恐怖ではない。その女性は戦って命を落としたのであって、被害者として亡くなったわけではないことを人々は恐れているのだ。アメリカの文化では、女性が母親であり、同時に兵士であることを受け入れようとしない。（略）女性を兵士として受け入れることは、家父長制を根底から揺るがす脅威になり得るからだ」#23。

最古の女戦士

戦争という行為が始まった頃から「女性は戦うべきか、否か」という論争は存在していたが、それでも女性は戦争に参加してきた。

世界で最も早く（そして最も一貫して）女性が男性と肩を並べて堂々と闘うことを認めたのは、ユーラシア大陸の草原地帯（ステップ）に暮らす遊牧系の騎馬民族だろう。

古代のステップ文化に関しては、バルカン半島からシベリアにかけて発見されたクルガンと呼ばれる墳丘墓《ふんきゅうぼ》の出土品に加えて#24、ヘロドトス#25をはじめとする外部の人間の残した驚くべき記録や、その地に残る言い伝えや習慣から多くのことがわかっている#26。

女戦士が存在したことを示す最古の証拠は、コーカサスの墳墓から発見されている。1927年、ジョージアのゼモ・アヴチャラで考古学者のグループが発掘した紀元前

Motives and Methods, as Revealed in Interviews with Them Obtained for the Delineator in Petrograd』より、（「デニリエイター」92 №3 1918年3月）所収。

#20 社会保守主義と、ある種の急進的なフェミニズムの支持者の一部は「母性は戦争と対極にある」との意見で一致する。多くのフェミニストが平等な権利を理由に女性兵の直接地上戦闘への参加を認めるべきだと主張する一方で、一部のフェミニストは階級制と武力行使の放棄を訴える社会批判を支持して、女性の軍隊参加に反対している。「戦士」と「母親」は対立する立場であり、母親こそ天性の平和主義者だという考え方については、第1章で詳しく見ていく。

#21 「途上国での人口増加と先進国での少子化」の問題くらい、女性が軍隊に参加すべきかどうかの問題は意見がわかれるものだ。

２０００年頃の３人の武装した女性の墓には、青銅の剣、鉄製の槍の穂、馬の頭などの副葬品が埋葬されていた。うち１人は頭蓋骨に矢じりが刺さった状態で、もう１人は頭蓋骨の左側に斧でつけられた傷が見られたが、こちらは存命時に癒え始めていたことが確認できた。これらの傷のおかげで、女性の墓に入れられていた副葬品は「単なる儀式的な物に過ぎない」といった主張は先んじて回避されたのだった#27。

一方、紀元前7世紀後半から2世紀にかけて存在したスキタイ文化、サウロマタイ文化、サルマタイ文化の遺跡からも、女戦士のものと思われる墓が多数発見されている。なかでも注目されたのが、カザフスタンのロシアとの国境沿いの町ポクロフカに存在する44ものクルガンだ。１９９０年代、レオニード・ヤブロンスキーとジャニーン・デイビス・キンボール率いるロシア・アメリカ共同考古学チームが、それらのクルガンで調査を行い、年齢と性別が認識可能な状態の成人骨格１８２体を発掘#28。うち男性の94％が、考古学的に戦士と見なすことができる副葬品——青銅や鉄の矢じり、剣、短剣、場合によっては馬具など——とともに埋葬されていた。騎馬民族であることを考えると、なんら不思議はないだろう。一方の女性は、うち15％が武器、鎧、馬具のほかに、イヤリングやビーズ、紡錘車《ぼうすいしゃ》（糸を紡ぐ道具）といった「女性らしい」アイテムも納められていた#29。そのほとんどの武器が槍や弓矢などの軽量のものや、アキナケスと呼ばれる独自の両刃の短剣であった。ベルトの鞘《さや》に収めて携帯するアキナケスは、紀元前１世紀頃の東地中海全域で使用されていた。

また、狩りではなく、明らかに戦闘でできた傷を負った遺体も発見されている。ある女性の腹部から出てきた青銅製の矢じりは、骨に当たって止まったように先端が破損してい

#22 マーティン・ファン・クレフェルト『Women & War: Do Women Belong in the Front Line?』ｐ27より。タイトルの「女性は前線にいるべき存在か？」という問いかけにファン・クレフェルトが「ノー」と答えていることは、読者にとって驚きではないだろう。女性が戦争に参加すべきでない理由について、彼は次のように発言をしているのだが、これほど驚くべき発言をした作家を私は他に知らない。「土壇場での防衛や反抗といった非常に特殊な状況を除き、女性が戦争に参加をすることで、男性が争いに身を投じる基本的な理由の一つを奪うことになる。その理由とは〝自身の栄光を主張すること〟だ」。学術的に「女子お断り」と述べた感じだろうか？

#23 #13 前掲書ｐ１３９。

#24 13世紀初頭にチンギス・ハーンが、ウイグル人宰相に命じて中世ウイグ

た。それとは別に、左腕に傷を負った女性も見つかっており、右手で攻撃しながら左腕で防御していたことが伺える。ほとんどの遺体が10代のもので、ヘロドトスが記録したサウロマタイ人の婚姻に伝わる結婚の風習とも一致する。さらに紀元前5世紀から4世紀にかけてのスキタイの墳丘墓には、女戦士が存在したことを示す、より強力な証拠が残っていた。女性の墓の約25％に当たる１３０の墓から武器が出土しただけでなく、多くの遺体に頭蓋骨が強打されたり、刺されたり、骨に矢じりが刺さっていたりと、戦闘で死亡したことを示す傷跡が見つかったのだ。これは武器を伴って埋葬されていた男性の遺体に見られたような戦傷の痕《あと》であった。埋葬品として、矢じりやアキナケスだけでなく、槍、ランス（騎槍）、斧といった重量のある武器も発見され、兜、金属鎧、鉄製の盾などの重騎兵の装備一式をつけた若い女戦士の遺体も見つかった。最古の女戦士は、古代のステップ帯に暮らし、馬に乗り、弓を扱っていた女性たちだったのかもしれない。もちろん、女戦士は、彼女たちで終わりではなかった。

時間と空間の境を越えて

歴史の影に隠れた女戦士に光を当てたい――それが、私が本書を執筆した理由である。彼女たちを影から連れ出すことができるのなら、正史の向こう脛《ずね》を蹴ることになっても構わない。

本書では、なぜ女性たちが武器を取るようになったのか、その理由を歴史的に見ていく。それらの理由が、娘、妻、母、寡婦《かふ》、和平を訴える調停役、農家の娘、娼婦、詩人、女王

ル文字をもとにモンゴル文字を作らせるまで、ユーラシア大陸のステップ文化は文字を持たなかった。

#25 「歴史の父」または「嘘の父」とも呼ばれるヘロドトスは、スキタイ人の夫を持つ年若いアマゾン族の女性の、サウロマタイ人としての役割についてこう述べている。「馬にまたがって、あるいは男とともに、あるいは自分たちだけで狩猟にも出かけるし、また男と同じ服装をして戦場に出る。（略）この国で婚姻について次のような風習がある。どの娘も敵を一人打ち取るまでは嫁にゆかぬのである。中にはこの掟を満たすことができぬため、嫁にゆく前に老い朽ちて死ぬ娘もある」。［※引用文は、ヘロドトス『歴史（中）』松平千秋訳、岩波書店、p64より］

#26 21世紀の価値観でもって、古代の人々の生活について判定を下すという方法はなんだか嫌なものである。

……と、さまざまな立場で争うことを選んできた女性たちの役割とどう関連し、また彼女たちが既存の役割を外れて、別のアイデンティティを手にしたときに何が起こったのかを紐解いていきたい。取り上げる女戦士には、女王もいれば平民もいる。後方から指揮した者もいれば、前線で戦った者もいる。自ら望んで戦った者、仕方なく戦った者、また戦えるから戦った者。並外れたことをやってのけた普通の者、あるいは真に優れた者。

これまで存在した世界の歴史に、女性の存在を新たに書き足すのがどれほど難しいかは私も理解していた。本テーマに関心のある歴史家、文学研究者、ジャーナリストにとっては共通の話題であり、女性を歴史の表舞台の一員として書く者全員が共有している課題であったからだ。だが古今東西の戦う女性を取り上げていくうちに、いくつかの予想外の課題に直面することになる。次の4つのポイントだ。

1つ目のポイント「歴史的背景」

女戦士にまつわる歴史を世界規模、つまりグローバルな視点で眺めようとすると、その「グローバル」という点こそが最初の課題となった（なぜ自分でも予想外だと感じたのかよくわからないほど、あたり前の問題点であった）。学者が、特定の時間や場所にどっしりと根をおろしがちなのには理由がある。専門分野のセーフティネットを切り落とし、自分にとって未知の分野に分け入っていくのは、スリリングでもあり恐ろしくもあるからだ。

自分のためにも読者のためにも、本書で語るすべての話を歴史の流れとリンクさせる必要があった（私は誤魔化すのが苦手だ）。例えば「ローマ帝国は3世紀に危機に陥ってい

#27 この遺骨が男性のものだったなら、生前は戦士、もしくは権力者であったことに疑問を抱く人はいないだろう。だが女性の場合は、より高い水準の証拠がなければ戦士だったとは認められない。例えばスウェーデンのビルカには「ヴァイキングの男性」が葬られたとされる墓があったが、2017年にじつは女性のものであったことがDNA鑑定で判明した。それでもなお論争が巻き起こった。このことについては、本書の最後で詳しく取り上げる。

#28 1950年代、ソ連の考古学者は紀元前6世紀のクルガンで武器、鎧、馬具を納めた女性の墓を初めて発見したが、その調査で分析対象となったのは男性の墓だけだった。まあ、それが重要だったのだろう。

#29 個人的な意見だが、私たちは「剣とともに埋葬されていたから、男性の墓」と決めてかかりたくないのであ

た」と書けば、それが具体的にどのような状況を指すのか、しっかりと理解しなければならない。たとえ執筆を中断し、ローマ帝国の治世の流れを確認するための年表を作成することになったとしてもだ[#30]。

戦争が起こるに至った社会的な動きや政治的な背景、それぞれの戦士の長い来歴、個々の戦いにおける軍隊の動きについても事細かに描写してみたが、それらは本書には収められていない。ローマ帝国とペルシア帝国の対立、デーン人のイングランド侵略、一躍有名になったジャンヌ・ダルクをめぐる政治問題の詳細も、その部分の「主役」となる女戦士について物語る上で欠かせない一、二文にまで削った。三十年戦争や１６３７年に起こったルカートの戦いなどに至っては、一文で説明してみたものの、重要とは思われなかったので泣く泣く削除した[#31]。

さらに悪いのが、多くの女性について何百枚も書きながら、彼女たちを本書に登場させられなかったことだ。これは少なくとも私個人としては、残念なことであった。この女戦士の数をどう絞るかという悩みは、次のポイントにつながった。

2つ目のポイント「本書での〝戦士〟の定義」

本書を執筆するにあたって、取り上げる「女戦士」を「比喩ではなく実際に戦闘した女性」と、まずはシンプルに定義した。そこまではよかったが、何千もの女性たちのストーリーを吟味するうちに、より詳細な定義が必要であることにすぐに気がついた。

ひと口に「女戦士」「戦う女性」といっても、ほかの人間のカテゴリーと同じく、さま

れば、「耳飾りとともに埋葬されていたから、女性の墓」とすべきではないはずだ。ジェンダープロファイリングも良し悪しである。

#30 半世紀の間に皇帝が26人、自称を含めれば40人もいたのだ。相関図なしに、誰が誰だかわかるわけがない。

#31 各ストーリーを理解する上で必要な文脈は収めたつもりだが、それでも読者にとって助けとなる情報をすべて提供できたわけではない。とりわけ地図は、時代・領土を網羅するには膨大すぎて、掲載は叶わなかった。地図や用語を確認したい人、より詳しく知りたい人は、巻末の「読書案内のための地図と資料」を参考にしてもらいたい。

#32 １５８８年8月のエリザベス一世に

ざまなパターンが存在するものだ。剣を振ったり、銃を撃ったり、爆弾を落としたり、包囲された町の壁から石を投げ落としたりと、どの角度から見ても「戦う女性」と呼べる、前線で己の手を汚した女性がいる一方で、指揮官に目を転じると話はだいぶ複雑になる。先陣を切って戦う女性は、戦士だ。だが、いわゆる女性らしさを強調した軍服（あるいは「女っぽい」鎧）を身につけ、軍の士気を高めただけの女性は、たとえ歴史に残るような名演説を披露したとしても、少なくとも私の考えでは戦士ではない#32。そして、この対照的な二つのタイプを両極として、その間にはさまざまな女性が点在する。

　本書では女性指揮官も取り上げているが、その定義は以下のデイビッド・ヘイの説明を参考にした。「アメリカ軍の〝戦闘軍司令官〟とは、前線に近い戦場にとどまって命令を下し、作戦を練り、指揮は執《と》るが実際の攻撃に立つことは要求されない人物である」#33。

　この定義に当てはまったのが、トスカーナのマティルダやカスティーリャのイサベルである。残念なことに、マティルダ皇后やハリエット・タブマンは基準から外れてしまった。マティルダ皇后と同時代を生きたグルジア王国のタマル女王も該当しなかった。私の知る限り、軍隊とともに戦場に現れたタマル女王は、演説をぶっただけで戦略を練っていたわけではないからだ。もしかしたらタマル女王も陣頭指揮に当たっていたかもしれないが、その事実は、私が読むことも入手することもできない資料に埋もれてしまっている。この自分では読めない資料をどうするかという悩みが、次のポイントだ。

３つ目のポイント「信頼に足る資料・記録」

よるティルベリー演説は、その好例だろう。スペイン無敵艦隊からの攻撃を警戒したエリザベス一世は、白馬に乗って戦場へ駆けつけると、白いベルベッドのガウンの上に銀の胴当てをつけた姿（きっと「おっぱいアーマー」姿ではなかったはずだが、真相はわからない）で軍の前に立ち、こう演説した。「私はか弱く脆い肉体の女だ。だが国王の心臓と胃を持っている。それはイングランド王のものだ。（略）不名誉を蒙るよりも私は自ら剣を持って立ち上がる。（略）私自らが指揮官、審判官となろう」。素晴らしい演説だ。この力強い言葉から、必要に迫られれば女王は間違いなく武器を取っただろうと思ってしまうが、実際は違った。彼女は代理人を送っただけであった。

#33　#7 前掲書p11。

#34　短期的に見れば、歴史を書くのは勝者だろう（この「短期的」とは

歴史学者が、専門外の領域の分野を取り上げようとすれば、必然的に二次資料や、自身では読めない言語の一次資料の翻訳にあたらなければならない（求めている情報が載っていそうな資料がアラビア語から翻訳されていないことを知って、いかに歯がゆかったか。中国語、ハンガリー語、ロシア語……数多の言語で同じ思いをしたものだ）。

　また現存する資料の性質を考えると、この問題はより深刻になる #34。女性の物語が歴史に残っているのは、重要な男性の物語の「補足」だったからといった場合もあれば、よき模範や恐ろしい戒めとして語り継がれている場合もある。あるいは「マーシアの貴婦人」ことエセルフリーダのように、政治的な理由で正史から外されることもある #35。ほとんどの場合、女性たちは断片的にしか存在しない。あるいは遺体、碑文、肖像画といった、その存在を示す物的証拠としてのみ残っていたり、１００年以上経ってから史料に書かれたりする。しかもそれらの記録は、他の歴史的な証拠と同じく、その筆者（ほぼ必ず男性である）の思い込みを通して語られたものであり、そのため誹謗中傷、卑猥な憶測、聖人化――ときに正当化されたり。ここから次のポイントへとつながっていく。

4つ目のポイント「多様な女性像」

　歴史に名を残した女性の伝記を読むと、往々にしてその人物の英雄的な側面が強調されがちだ。大人向けのものも増えつつあるが、それでも子ども向けがほとんどで、少女たちに「お手本」を示そうとするような内容ばかりだ。もちろん、それも立派な試みだが、本書はそのような本ではない。

３００～４００年を指し、勝者が存在するような歴史を書くと仮定した場合だが）。しかし長期的に見れば、歴史とは、ネズミにかじられたり、砂になったり、燃やされたり、水没したり、軍隊が大暴れしたりしながら、時間そのものによって「書かれる」ものなのである。

#35
チンギス・ハーンの娘たちは、歴史の記録から外れたのではなく、意図的に削除された。『モンゴル秘史』には、１２０６年にチンギス・ハーンが話したとされる言葉が収録されているが、「我々の娘たちに報酬を与えよう」から先の部分が切り取られてしまっている。そのため歴史家たちは他の資料を必死でたどっては、娘たちの功績や報酬について突き止めなければならなかった。（ジャック・ウェザーフォード著『The Secret History of the Mongol Queens: How the Daughters of Genghis Khan Rescued His Empire』xiより）

率直に言って、本書には、お手本になるような人物ばかりが登場するわけではない。故郷や家族、国を守るため、あるいは宗教的信念から戦いを選ぶ女性もいれば、嘘や浮気、殺人や復讐に手を染める女性もいる――さらに言えば、これらの要素が一緒くたになったケースもある。ジェンダーアイデンティティの違和、恋愛、レイプといった展開は頻繁で、戦死したり、処刑されたり、自死を選ぶ女性もいる。その多くが、敵の男たち、時には一緒に戦った男たちから、魔女、男のように強い女（virago）#36、尻軽女、不感症などと中傷されたり、〝狂人〟扱いされたりしたのだった#37。

これから語られる話には、「良い戦争」#38であったか、あるいは血で血を洗うような無意味な政治ゲームであったかに関係なく、単純に「英雄的だ」と呼べる行為も登場する。第1章で登場するトミュリスも、読者の祖先が戦場でどちら側に立っていたか、あるいは女性が武器を携えて戦うことをどう思うかによって「国民的ヒロイン」にもなれば、「大悪党」にもなるだろう。男性同様に、血生臭く、愚かで、欲にまみれた戦争に国を引き摺《ず》り込む者もいれば、自分の家や町、国を必死で守った者もいる。同じ「戦い」でも、詩人テレシラがアルゴスの女性たちを率いて敵の侵略から街を守ったのと、ハウサの女王アミナが軍隊を率いて隣国に攻め入ったのとでは、大きく違う。筆者としては、読者のためにも、両極端に位置する女性たちだけでなく、その中間に散らばるさまざまなカラーを持つ女性たちを紹介していくことに価値があると考えている。

それだけでなく、戦史を書く者は誰でも――部隊の動きや兵器について記述するのではなく、戦場のはずれで起こったことを書く者であっても――ロバート・E・リーがフレデ

#36 もともと「virago」とは、活発で勇ましい女戦士を指す言葉だったが、現在では臆面もなくネガティブな言葉として使われている。同意語をちょっと検索しただけでも、〝termagant（口やかましい女）〟、〝scold/shrew（口うるさい女）〟、〝harridan（鬼ババア）〟、〝dragon（気性の激しい人）〟、〝she-devil（悪魔のような女）〟、〝ogress（鬼のように怖い女）〟などが出てくる。

#37 今日の軍隊でも、女性たちは仲間の兵士（船員、海兵など）からの軽視や性的な誹謗中傷・暴力に悩まされている。２０１７年には米海兵隊員らが、Facebookの非公開グループ「マリーンズ・ユナイテッド」で女性隊員のヌード写真を本人の了承なく何百枚も投稿するという性加害事件が発覚している（激怒した男性隊員の告発により発覚したのが救いである）。

リックスバーグの戦いで語ったとされる次の言葉を心に留めなければならない。

「戦争がこれほど恐ろしいものであるのはいいことだ。さもなければ、われわれはそれに夢中になってしまうだろう」

私たちはいとも簡単に、恐ろしいことに無感覚になってしまう。個々の勇敢な行動に光を当てるだけで、それによって引き起こされる死や恐怖を考慮せず、その戦争を取り巻くより大きな問題について深く考えない状態に容易に陥ってしまうのだ。

私はここで、そしてこれから何度でも「戦争とは醜いものだ」と言い続けていきたい。戦争とは醜いものだ。誰が戦っていようが関係なく。

#38

「良い戦争」という発想はややこしいものだ。ある女性にとっての「良い戦争」は、別の女性にとっての「帝国による土地の接収」になる。その定義は、しばしば米連邦最高裁判所のポッター・スチュワート判事の「ポルノの定義は難しいが、見ればわかる」という発言に行き着く。

CHAPTER ONE

ママを侮るな

DON'T MESS WITH MAMA

１４８８年、イタリアの貴族カテリーナ・スフォルツァ（１４６２〜１５０９）は、フォルリのラヴァルディーノ城塞《じょうさい》にいた。オルシ家に夫ジローラモ・リアーリオを暗殺され、子どもたちを人質に取られた末のことだ。

ガレアッツォ・マリーア・スフォルツァ公爵（ミラノ公）の庶子として生まれ、「フォルリの虎」なる異名をとるカテリーナは、４年前のある出来事で、その卓抜した政治手腕と軍才を世に示してみせた。妊娠７か月の身重の体でありながら、夫の伯父であるローマ教皇シスト四世の死に際してサンタンジェロ城を占領すると、夫が所有するイーモラ、フォルリの領地権を枢機卿団と交渉しつつ、城代の立場を守ったのである#1。

そして冒頭の場面だ。囚われの身であったカテリーナは、城を明け渡すように城主を「説得する」とオルシ家側を言いくるめ、城塞に１人で入ることに成功した。

騙されたことに気づいたオルシ側は、人質である子どもたちを彼女の目の前で切り刻むと脅した。ニッコロ・マキャヴェッリ#2をはじめとする同時代の記録者によると、カテリーナは城壁の上に立つとスカートをまくり上げ、城壁の下にいる反乱軍に自分の下半身を見せつけて、こう叫んだという。「子どもなど、ここであと何人でも作れる！」。また別の目撃者は、当時カテリーナは妊娠しており、自分の腹を指差して別の後継者を身ご

#1
当時の目撃者によるとカテリーナは「サテンのドレス姿で、その引き裾は2メートルほど。フランス式の黒い帽子をかぶり、男物のベルトにドゥカート金貨でいっぱいの財布を携え、脇には反り返ったファルシオンを差していた」とのこと（シャロン・L・ジャンセン著『The Monstrous Regiment of Women: Female Rulers

もっていることを示したとも述べている #3 。いずれにせよカテリーナは、我が子の命を危険に晒《さら》してでも城塞を守ろうとしたのだ。これは当時の人々にとっても、現代の読者にとっても、スカートをまくりあげた行為以上に衝撃的なことであろう。ここから、「母性」とは生物学的な問題であるとともに、複雑な文化的概念であることも伺えるからだ。

近代以前では、「母親」と「戦士」こそ、女性と男性それぞれの固定的な役割の代表だとする世界観を持つ文化が主流であった。そこでは「命を作ること」と「命を奪うこと」はどちらも血生臭く、社会の存続に欠かせず、かつ根本的に相容れない行為だとされていた。戦士が子どもを産めないのと同様に、母親も命を奪うことはできないと考えられ、そのような類似性から、出産で命を落とした女性と争いで命を落とした戦士が同等に扱われていた。アステカでは、お産で死亡した女性は戦死者と同じく楽園に行くことができると信じられていた。アシャンティ王国では、出産で亡くなった女性の葬式と戦死した男性の葬式は、ほぼ同じものであった。古代スパルタでは、「戦争において倒れた男と産褥で死んだ女の他には、埋葬を行なう者たちが死人の名前を墓標に記すことは許されなかった」 #4 ともいう。

この「母親」と「戦士」が生物学的に相反するという考え方は、19世紀末に女性運動が組織され始めた頃から「女性が世界を統括すれば戦争は起こらないはずだ」 #5 というフェミニスト理論へと拡大され、以来、議論が繰り返されてきた。この理論の支持者は、伝統的な「女性の仕事」は生に捧げられたものだと主張する。衣食を整え、介抱し、高齢者の世話をし、そしてなによりも重要なのが子どもを産み、育てること。戦争の暴力とは、そ

in Early Modern Europe』より）。籠城の際に女性の権力者がどのような服装でいたかを記録したいという願望は古くから存在したようだ。

#2 マキャヴェッリはこの場には居合わせていない。

#3 どちらの場合でも、カテリーナが強い敵愾心《てきがいしん》を持っていたことは、妊娠のイメージによってさらに高められている（第1の説は再び妊娠できると示したことで、第2の説は実際に妊娠していたことで）。妊娠した女性が戦場に赴くイメージは、その女性のタフさ、大義への献身、捨て身で争いに臨んでいることを示す強力なシンボルとして時代や文化を超えて見られるものだ。

#4 訳注：引用文は、『プルタルコス英雄伝（上）』プルタルコス著、村川堅太郎編、筑摩書房より。

のような仕事を破壊する、まさに対極にあるものだ。踏み荒らされた畑は血にまみれた泥と化し、家は焼かれ、息子（現在のアメリカなどでは、娘も）が殺され、生きて帰ってきたとしても心身ともに大きな傷を負わされている。何世紀にもわたって、社会は「母性」を理由に、女性は戦争に行くべきではないとしてきた。この種のフェミニスト理論では、（とても広い意味での）母性とは、女性が戦争に行かないことを意味すると主張されている。女性は生まれついての平和主義者なのだから、女性が統括する立場になれば、世界はより平和になるというのだ#6。

だがこれらの主張は、男女の相対的な性質にまつわる仮定に基づいたものであり、両者の実像を無視している。神聖ローマ皇后マティルダやロシア皇帝エカチェリーナ二世、ゴルダ・メイア、マーガレット・サッチャー#7などを見れば、史実に反していることも明白だ。彼女たちのように自ら軍を率いて戦場に赴くことはなくても、戦争の引き金を引いてきた女性は大勢いる。その一方でスパルタ人の母親が、仲間が全滅した戦いで生き残った息子を殺したという話もある。彼女にとって、息子が生き残ったことは母親である自分の失敗だったのだ。

女性は生まれついての平和主義者？　どうやら、そうではなさそうだ。

子を守る

出産すれば、母親は本能から子どもを守るようになる。そんな考えは、あらゆる生き物——スズメ、クマ、トラ、そして人間も——の母親が外部の脅威から子どもを守るために

#5
2018年、私はシニア向けのブッククラブのメンバーからアメリカで女性の投票権が認められたばかりの頃について話を聞いた。当時のメンバーたちはまだ子どもだったが、そのうちの何人かは、母親が「女性が投票権を得たのだから、アメリカは二度と戦争をしないだろう」と話していたのを覚えていた。そんな風にならなかったのは、言うまでもない。

#6
アンチフェミニスト的な考えを持つ人々は、この理論を逆手に取って、女性は軟弱だから戦時下に厳しい決断など下せないのではないかと言ったりもする。1984年に副大統領候補ジェラルディン・フェラーロは、「必要な場面で核兵器のボタンを押すことができるか」と政敵から問われている。［訳注：ジェラルディン・フェラーロは主要政党で初の女性副大統領候補者だった］

彼らは次のような理由から、女性は戦争に行くことができないと考える。

1　女性は心身ともに弱く、また戦

戦うという考えへとつながっている#8。まさに「子どもを守るためなら、母親はどんな困難にも立ち向かう」というものだが、この理論を極端に飛躍させてみれば、母親が戦う相手を「脅威となる個人」から「脅威となる軍隊」へと拡大することも可能だろう。驚くことではないが、家庭や子どものために戦った女性について調べてみると、そのほとんどが防御に徹していたことがわかる#9。戦時中の母親たちも、子どもを守るために防御的な立場から全力で抗っていた。後方支援用の無蓋《むがい》貨車を守り、塹壕《ざんごう》を掘り、要塞を再建し、武器や水を前線に運び、民兵組織を編成しては、正規軍に入れない男性の老人や子どもたちと一緒になって訓練を行なった。必要に迫られれば、包囲された都市や要塞の壁の上に立って、石や煮えたぎる油、銃弾、汚い言葉などを浴びせかけて敵を撃退した。

だが母親が軍を率いるとなると、話は変わってくる。本章では、自分の子どもを守るため、あるいは復讐を果たすために、小さな王国を治めながら大帝国に挑んだ3人の女性たちを見ていきたい。

そなたを血に飽かせてしんぜよう——女王トミュリス

幼子だろうが、成人していようが、我が子を捕えられ、殺された母親の怒りは凄まじい。女王トミュリスの話からは、そのことがよくわかる。

紀元前530年、ペルシア帝国のキュロス大王は、コーカサスからインド洋、地中海からインダス川にも及ぶ広大な領土を治めていた。即位から20年もの間に、メディア王国を征服し、巨万の富を持つリュディア王国のクロイソスを捕虜にすると、イオニアの植民都

場にいることで男性兵の集中力を削ぎ、危険な状態にさせるため、戦場には行ってはいけない（女性だって紛争地域に住んでいたり、男性への戦争の影響に耐えたりと、戦争の恐怖を直に感じている。彼らは、この事実を重視していないようだ）。

2　戦争に身を投じたことのない人間は、本質的に戦争について決定を下すことができない。

3　したがって、女性は戦争に行くことが許されないので、彼女たち（私たちとすべきだろうか？）は戦争に関する決定を下す資格はないのである。

まさに映画『キャッチ22』のような不条理さだ。［編注：22は軍規22項のことで、映画が描く〝戦争の狂気〟の元凶。アメリカでは公開後、このタイトルが〝お手上げ状態〟〝理不尽だがどうしようもない事態〟といった意味に転じた］

#7　サッチャーは「女性は戦争に関する決定を下すことができない」という主張に対して、自身が主婦として培

市を支配下に置き、バビロンを陥落させて新バビロニア帝国を滅ぼしていた。

キュロスの次なる狙いは、現在のカザフスタンに位置するスキタイの草原であった。伝説のアマゾン族の故郷とされ、騎馬遊牧民マッサゲタイの女王トミュリスが統治する一帯だ#10。マッサゲタイの女性は、他の近隣地域とは違って、男性と同様に馬に乗って戦い、自分の名前で財産を所有し、性的自由を享受していただけでなく、伝統的に女性が治めてきた民族でもあった#11。

トミュリスが単独で統治していることを知ったキュロスは、まずは彼女を妻に迎えたいと遣《つか》いを出す。女性が父親や夫の所有物とみなされる文化では、王国併合のための伝統的な手段であった#12。トミュリスは、それが彼女の領土を支配したいがための求婚であることを見抜くと、毒リンゴを拒むように、これをはねつける。

だがキュロスはこれを無視し、自国とマサゲッタイ族との土地の境へ兵を進めると、アラクセス河に船橋をかけるよう部下に命じた。彼の頭には、和平などなかったのだ。

これに対してトミュリスは、「御自分の領土だけを治め、われらがわれらの国を統治するのを見て気を廻されぬがよい」#13と、橋を渡すなんてことはせずに、自分たちが川岸から3日の行程を退いたところで河を渡って来ればいいと告げた。あるいは、キュロスの軍隊が撤退し、自分たちを迎え撃ってもいいだろうとも。

それについてキュロスが軍の幹部と協議したところ、「カンビュセスの子キュロスともあろう方が、一婦女子に屈して退去するなどとは恥辱であるのみならず、とうてい耐えられることではない」という意見が出される。彼らは、女性に敗れるという、より大きな屈辱を味わうことになるとは想像すらしていなかったようだ。

った実務能力は、戦争にも完璧に通用すると反論した。たしかに中世ヨーロッパでは、貴族の女性たちにとって物資の配給などの後方業務はごく一般的な「家事」の一部であった。

#8 このような考え方は、とりわけ西洋特有のもののようだ。例えば「両親を敬う」ことが「母の愛」よりも美徳とされている中国では、このような話はあまり聞かれない。親の仇を討ったり、助けたりするために暴力に訴える女性の話も多く、強い母親よりも、強い娘が登場しがちだ。まるで同じメロディに、違う歌詞が乗っているような感じだろうか。

#9 ときに攻撃と防御は表裏一体だ。1119年、イングランド王ヘンリー一世の非嫡出の娘であるフォントヴロー家のジュリアナは、父に向けてクロスボウの矢を放った。当時、ヘンリー一世はジュリアナのいたブルトイユの要塞を包囲していたのだが、それよりも前に、彼は戦略の要とな

こうして両国は争いに突入する。当初、トミュリスはペルシア軍の侵攻から国境を守ることに専念していたが、そんななかで、マッサゲタイ族の部隊が敵の罠にかかってしまう。その部隊の中には、トミュリスの息子スパルガピセスもいた。

キュロスの罠が成功したのは、マッサゲタイ族が、スキタイ族と同様にワインではなく馬乳を常飲していたところが大きいだろう[#14]。まずキュロスは、自軍の陣地に手の込んだ宴の席を設け、大量のワインを用意させると、軍の中で無用とされる者を残して、それ以外は退却させた。そこにやってきたスパルガピセスをはじめとする一軍は、その場を「守っていた」ペルシア兵を倒すと、目の前に残された宴のご馳走を大量に飲み食いし、酔いつぶれていたところをペルシア軍に襲われた。マッサゲタイ族のほとんどが殺され、スパルガピセスは捕虜となる……彼はピーナッツバターにつられてワナにかかったネズミのように捕まってしまったのだった。ワインでヘマをしたスパルガピセスでも、武力外交についてはわかっていた。その後彼はキュロスに頼んで、自分の体を縛っていた縄を解かせると、母親との交渉材料にならないように自殺を遂げるのだった。

スパルガピセスが罠にかかったことで、争いは激化する。トミュリスは、キュロスを臆病者と糾弾しながら、「マッサゲタイ族の主なる日の神に誓っていうが、血に飽くなきそなたを血に飽かせてしんぜよう」と言ってのける。

キュロスは、そんなトミュリスの言葉を歯牙にもかけなかった。

トミュリスは残りの全軍をあげてペルシア軍と激闘する。この争いの模様を耳にしたヘロドトスは、「この一戦こそは、外国人同士が戦った合戦の数ある中で、最も激烈なものであった」と述べている（はるか未来に起こる残虐な戦争を見たら、ヘロドトスはなんと

る城を巡って娘と対立。ジュリアナの幼い娘たち（つまりヘンリー一世にとっての孫娘）は彼の家臣によって、人質とされた挙句に目を潰され、体を切断された。ジュリアナがクロスボウで攻撃したのは、そのことへの報復だとされている。だがジュリアナは単なる被害者ではない。彼女と夫も、ヘンリー一世の家臣の息子を人質にしていたのだ（ヨーロッパの貴族や王族の間で、争いが起こったときには互いに人質を取ることもあった。双方の善行の保証、あるいは悪行の防止を目的としたものだが、人質にとっては悲惨な結果になることが多かった）。そして理由は定かではないが、ジュリアナらは人質の目を潰しており、その報復としてヘンリー一世は彼女の娘たちへの傷害を家臣に許したのだった。

#10
「一次資料」という言葉を大まかに使用するなら、ヘロドトスは、現代で知られているトミュリスの一次資料の記録者ということになる。ヘロドトスは、彼女が生きていた時代か

言うだろうか）。マッサゲタイ族は捕虜を取ることもなく、軍の随行者も含めて、行く手を阻むすべての者を殺し、ついにはキュロスを葬った。戦いが終わると、トミュリスはペルシアの兵士の遺体の中からキュロスの亡骸を見つけ出してその首を刎《は》ね、血で満たされた革袋――ペルシア軍の兵士の血を溜めたものだと言われている――に投げ込んだのだった。その後キュロスの頭蓋骨はくり抜かれ、トミュリス専用のワインゴブレットにされたとも言われている#15。

キュロス亡き後も、ペルシア帝国はそれまでと変わらず領土を広げていった。だがトミュリスとマサゲッタイ族に手出しすることは、二度となかったのだった。

反旗を翻す女王ブーディカ

紀元61年、別の母親も巨大帝国に牙《きば》を剥《む》いていた。ブリタニア（現在のグレートブリテン島）のケルト人イケニ族のブーディカが、ローマ帝国相手に反乱を起こしたのだ。わずか数か月で鎮圧されてしまうが、ローマ帝国をブリテン島から追い出しかねないほどの、とてつもない勢いの反乱であったと言われている。

43年にブリテン島に属州ブリタニアを設置したローマ帝国は、それからたった十数年で圧倒的な存在感を示すようになっていた。ローマの侵攻とは、それからただ兵士がやってきて兵舎を建てるだけのものではなかった。軍人も商人も、家族連れで移り住むとそこに町や都市を作り、温泉や寺院を建設しては「第二のローマ」のような飛び領土を形成していった。ローマの支配領域のすべてがその属州になったわけではなく、同盟関係を築く王

らおよそ１００年後にペルシア戦争の歴史にまつわる記録にて、彼女について触れている。自国民とペルシアの長い争いの歴史を書いたギリシャ人のヘロドトスは、「敵の敵は味方」という視点からトミュリスを英雄、少なくとも善良な人々のリーダーとして登場させている。その他の記録、特に旧約聖書では、キュロスこそ寛大で、慈悲深い人物として描かれ、トミュリスについてはまったく触れられていない。誰がストーリーを語るか、そしてその者の持つ偏見によってストーリーがどう形作られるかという問題は、いつだって興味深いものだ。

#11 マッサゲタイは一妻多夫制の文化だったと、ヘロドトスの記録が解釈されることもある。マッサゲタイの女性が複数の夫を持っていたかどうかは別として、ペルシア帝国の女性――もしくはヘロドトスの時代のギリシャ女性よりも、自由だったのは確かだろう。

国もあった（ユダヤの王国を統治したヘロデ王がその代表的な例だ）。不平等な関係ではあったが、同盟を結ぶことで王国はローマ帝国に属州として組み込まれるのを一、二世代ほど先延ばしにすることができた。

　ローマの侵攻によって属州ブリタニアが誕生した際、イケニ族は自発的にローマと同盟を結んでいた。だがその関係は楽なものではなかった。49／50年、イケニ族は複数の部族連合体を率いてローマに対して反乱を起こしたが、そのきっかけは皮肉にもローマの長官が反乱の可能性を見越して地元の同盟者の武装解除を要求したためであった。その反乱が鎮圧されると、ブーディカの夫であるプラスタグス王が、イケニ族の頭領としてローマの同盟者となった。

　その11年後にプラスタグスは他界し、それに代わるようにブーディカが歴史の表舞台に登場する #16。ローマとの取り決めでは、同盟領主の死後、その王国はローマ皇帝の所有物となることになっていた。プラスタグスはこれを回避し、家族と王国を守るために、ブーディカとの間に生まれた2人の娘をローマ皇帝ネロとともに相続人とし、ブーディカが摂政を務めるように遺言を残していた。これはローマ貴族が一族の遺産を皇帝の強欲から守るためにしばしば用いていた法的手段でもあるのだが、ローマ皇帝ネロはそのようなプラスタグスの意思を無視する。

　ネロの命を受けたと思われる行政長官 #17 デキアヌス・カトゥスは、プラスタグスの領地を奪って王国をローマ帝国に編入しただけでなく、帝国兵を差し向けて財産を奪わせた。これに抗議したブーディカは鞭《むち》打たれ、娘たちは彼女の目の前でローマ兵らに犯された。

#12 王国を併合することには、女王自身の同意の有無にかかわらず、女王の性的併合も含まれる場合が多かった。妻や妾として連れていかれることもあれば、スーザン・ブラウンミラーが定義した通りの「男にとって女を征服した誇るべき証」としてレイプされる場合もあった。（スーザン・ブラウンミラー著『レイプ・踏みにじられた意思』より）。敗北を喫した側の女王が、敵が門前までやってきたところで自殺を図ることがあるが、それには理由があるのだ。

#13 トミュリスについての引用はすべて、ヘロドトス『歴史（上）』松平千秋訳、岩波書店より。

#14 なんとなく優しげな飲み物を想像してしまいそうだが、発酵した牝馬の乳（馬乳酒）は、なかなかパンチが効いているそうだ。

この侮辱に対してブーディカとイケニ族は憤りながらも、属州にされればさらに酷いことになるだろうと考え、ローマの支配に不満を抱く他の部族にも呼びかけて反撃の狼煙《のろし》を上げる。ローマの歴史家タキトゥスの記録には、他の部族も自由を奪回すべくブーディカに呼応したとされている #18。

ブーディカは手始めに、ローマの植民市カムロドゥヌム（現在のコルチェスター）で反乱し軍を率いる。かつての軍事拠点であり、ローマの退役兵が先住民トリノヴァンテス族の土地や家屋を（公式に許可を得て）奪い、彼らを奴隷として扱っていた場所である。ベテラン兵がいたにもかかわらず、カムロドゥヌムでは防衛を強化するよりも、亡き皇帝クラウディウスを神として祀る神殿の建設に力を注いでいた。後世に行なわれた調査では、彼らがもともとあった防御線をならして、その上に家を建てたこともわかっている。ブーディカの攻撃を受けたローマ人は、一部完成していたその神殿に退避するのだが、神格化された皇帝の防御力は優れた防壁に劣ることを身をもって知るのだった。防衛軍は農民として働いていた退役兵とデキアヌス・カトゥスが派遣した少数の現役兵で構成されていたため、ブーディカは3日も経たずに神殿を攻め落とし、街を焼き尽くしたのだった。

蜂起の少し前にローマ帝国の属州総督ガイウス・スエトニウス・パウリヌスが、ドルイド僧の要塞があるウェールズのモナ島（アングルシー島）へと軍を率いていた。要塞に反乱者を匿《かくま》っていると危険視されたドルイド僧らに対する、捜索・破壊のための出兵であった #19。そしてモナ島での制圧を終えたスエトニウスは、ブーディカの反乱を知るとそのまま軍を率いて南下する。

ブーディカから反乱軍が次に目指していた商業都市ロンディニウムに一足先に到着たスエ

#15
とてつもなく恐ろしげなエピソードにも聞こえるが、スキタイの戦士は伝統的に、敵の頭蓋骨に宝石をあしらってゴブレットを作っていた。ロマン派の詩人バイロン卿は、見知らぬ人の骸骨のゴブレットを愛用していたとも言われている。

#16
トミュリス同様に、ブーディカについても、限られた資料と現代の考古学から判明した少ない情報しか得られていない。ヘロドトスによるトミュリスの記録とは違って、ブーディカの物語は彼女の敵の視点から書かれたものだ。ブーディカが起こした反乱の5年前に生まれたタキトゥスは、その反乱について2つの記録を残している。ローマの軍人である義父を持ち、また彼自身が他の反乱の軍人らにインタビューした証拠もあるため、少なくともタキトゥスは、二次的な知識を持っていたと言えるだろう。これ以外の資料は、その約１００年後に書かれたディオの記述の断片だけで、これは11世紀にギリ

トニウスは、そこで属州長官のデキアヌス・カトゥスがガリアに逃亡したことを知る。壁もなく、要塞化されていないロンディニウムは、たいへん無防備な状態で、裕福な者たちもすでに脱出していた。残った町人たちはローマ軍に自分たちを守って欲しいと懇願したが、スエトニウスはろくに防御もできぬ場所に兵を捨てるつもりはないと、すぐに町を去るように住民に伝えた。

　ブーディカらがロンディニウムに到着したときには、貧しすぎたり、弱すぎたり、頑固すぎたりする者だけが残っているような状況であったが、反乱軍はここでも住民を殺し、町を隅々まで焼き尽くした。後世に行なわれた発掘調査では、ロンドンの地下に40センチもの赤い灰の層が発見されており、ブーディカらがいかに徹底して破壊し尽くしたかが伺える。続けて反乱軍は、そこからそう離れていないウェルラミウム（セント・オールバンズ）を攻撃する。ブーディカは、ローマの協力者だとして、そこに住まうローマ化したブリトン人たちを殺害するよう命じてもいる。

　タキトゥスの記録によれば、ロンディニウムとウェルラミウムの制圧による死者は7万人にも上る。また同じくローマの歴史家であるカッシウス・ディオも、反乱軍の残虐さ、行ないの卑猥さを次のように描写している。「彼らは最も高貴な女性を裸で絞首刑にし、その乳房を切り取って口に縫い付け、あたかも乳房を食べているように見せると、体全体を縦に貫く鋭い串に突き刺した」。これは、ブーディカの娘たちに対する実際のレイプよりも、ディオが恐ろしいと感じた象徴的なレイプである。タキトゥスの記録はここまで明確ではないものの、彼も反乱軍について「斬殺と絞首台、焼打ちと磔《はりつけ》ばかりを急いだのである」と書き残している #20 。

シャの修道士が編さんした読み物の中に含まれている。歴史とは、このようにボロボロな断片をつなぎ合わせて作られるものなのだ。

#17 ローマン・ブリテンのCFO（最高財務責任者）のようなものであろうか。

#18 すべての部族がブーディカの蜂起に賛同したわけではない。ローマの歴史家であるカッシウス・ディオはブーディカの軍勢を12万人と推定している。控えめに見積もられた数字ながら、かなりの規模である。

#19 ここに登場する反乱者は、ブーディカの反乱とは関係ない。

ブーディカにとって最後となる戦いの前夜、ブーディカとスエトニウスは、それぞれの兵士たちに声をかけている。スエトニウスは、火を囲む兵士たちに向かって、ブーディカ率いる反乱軍は女性が多いので恐るるに足らないと励ましたようだが、これで兵士たちが勇気付けられたかはわからない。というのも、ケルト人の女性が男性とともに、あるいは男性以上に戦うことはよく知られており、ローマ人は彼女たちの存在に不安を抱いていたからだ（この3世紀後、ガリアでケルト人相手に戦ったローマの歴史家アンミアヌス・マルセリヌスは、「彼らのうちの誰か一人が取っ組み合いをして、そばに女房がついていようものなら、これが夫に輪をかけて滅法強く（略）異国の者が束になっても適うまい」[#21]と述べている）。

一方のブーディカは、籐製の戦車に娘たちを乗せると、集まった部族たちの間を走り回った――なぜ、自分たちが戦っているかを鮮明に思い出させる光景であった。ブリトン人の文化では、女性が集団を率いるのは珍しいことではなかったが、次のブーディカの言葉からは、これが彼女にとっては個人的な戦いであったことがわかる。「しかしいまは、偉大な王家の子孫として、私の王家と富のために戦うのではない。人民の一人として、奪われた自由と、鞭で打たれた体と、凌辱された娘の貞節のため、復讐するのである。（略）戦争の原因を考えるなら、この戦いにどうしても勝たねばならない。でなかったら死ぬべきである。これが一人の女としての決心である。男らは生き残って奴隷となろうと、勝手である」[#22]。

ブーディカとの対戦では、スエトニウスの従えた兵はローマ軍、連合軍のブリトン兵を合わせても1万人ほどだったとされている。この数字が誇張であったとしても、ブーディ

#20 タキトゥスやディオとは違って、私たちは、ブーディカによるロンディニウムとウェルラミウムの住民に対する虐殺と、パウリヌスによるモナ島のドルイドの巫女に対する虐殺とを比較すべきである（スエトニウスの命令によって、ドルイドの巫女は祭壇の火で焼き殺された）。男であれ女であれ、戦争は醜いものである。この事実は、これからの章で何度も繰り返されるだろう。［訳注：引用文は、『年代記（下）ティベリウス帝からネロ帝へ』タキトゥス著、国原吉之助訳、岩波書店より］

#21 アンミアヌス・マルケリヌス『Roman History』1956、p195。［訳注：引用文は、『ローマ帝政の歴史1 ユリアヌス登場』アンミアヌス・マルケリヌス著、山沢孝至訳、京都大学学術出版会より］

#22 この演説はタキトゥスのでっち上げ

カ軍よりもはるかに小規模で、圧倒的に不利な立場であったことは明らかだ#23。にもかかわらず、百戦錬磨の第14軍団のローマ兵たちはロンディニウムで下した決断とはまったく異なる見通しを立てていた。熟練した第14軍団の兵士たちは、短剣、槍、グラディウスと呼ばれる刃渡り60センチほどの剣（剣闘士《グラディエーター》の主要武器）を武器とし、甲冑、頭と首を保護できる兜《かぶと》、彫刻が施された木製の盾で武装していた。

それに比べると、ブーディカ軍は、家庭的とすら言えるような集まりであった。非戦闘員は後方に置かれた荷馬車に座って、戦いの様子を観戦していた。男女問わず兵士として戦い、英雄同士が一騎打ちするためのケルトの長剣を携えていたが、兜と盾で武装するのは最高位の者だけで、大多数は鎧など特別な衣装もほとんど身につけていなかった。楽器を演奏し、激しい咆哮《ほうこう》を上げながら前進する彼らは、整然と隊列を組んで戦うよう訓練されてきたローマ兵の目には、暴徒のように映っただろう。

スエトニウスは、この会戦に挑む上で地形を慎重に選ぶと、正面に平原が広がり、側面と後方を森が囲む場所に兵士を配置した#24。戦いが始まったばかりの頃は、その狭い地形に守られたローマ兵たちは戦線を維持したまま、正面からやってくる反乱軍に対して投槍するだけであった。しかし反乱軍が怯《ひる》み、混乱したところで、ローマ軍は突然、楔《くさび》形の隊列になって前進すると、反乱軍を追い詰めながら、ついには後方の荷馬車にまで到達してしまう。それは死の罠だった。ローマ兵は戦闘員だけでなく、武装もしていない女性や子ども、さらには家畜までも容赦なく殺害していった。タキトゥスの推定では、ケルト人の死者は8万人、ローマ人は400人ほどだったとされている（繰り返すが、数字には注意が必要だ。比喩として考えたほうがいい場合もある）。

とも考えられる。ブーディカが軍隊を集結させるのを近くで聞いていたローマ人はいなかったはずだからだ。もしローマ兵がケルト人のキャンプに迷い込んだとしても、ローマで使用されていた蝋で覆われた書字板（蝋板）にメモを取っていたとは考えにくい。［訳注：引用文は、『年代記 ティベリウス帝からネロ帝へ（下）』タキトゥス著、国原吉之助訳、岩波書店より］

#23 今日の歴史家は、近代化以前に記録された軍隊の規模や死者数を、頭っから信じたりはしない。当時の作家が正確な数字を入手できなかったり、あるいは勝利をより輝かしく、逆に敗北をより屈辱的でないものにするために、数字を作り上げる、あるいは改ざんした場合があったはずだからだ。現代の戦史家は、その時代に関する独自の仮定に基づいて数字を調整し、推定値を算出する。

#24 ブーディカに関する他の多くの事柄

タキトゥスによると、ブーディカが死んだのは戦場ではなかったようだ。ローマの手に落ちることなく、自ら毒を服してこの世を去ったとされている。彼女が受けてきたローマ人からの残虐な仕打ちを考えれば、その判断を非難することなどできない。ブーディカの娘たちがどうなったかは、まったくの不明だ。なにせ名前すらわかっていないのだ。

ローマ人からしてみれば、ブーディカによる反乱は悪夢であった。先のいくつもの戦いで敗れた相手が女性だったという事実も、ディオによると「最大限の屈辱であった」ようだ。これは、キュロスが味わった「女に負ける屈辱」と似ている（本書には、「恥を受ける男女」が繰り返し登場する——女戦士に敗れた男性の恥と、武器を手にした女性の恥である）。

ローマ人にとっての恥の意識は、ケルト社会とローマ社会における女性の地位の根本的な差異に根ざしていた。ケルトの女性は、地中海の女性にはない権利と自由を享受しており、戦場でも、生活の場でも女性が上に立つことも多かった。対するローマの女性には法的権利などほぼなく、生まれてから死ぬまで、親族の男性の付属物にすぎなかった。特定の条件下では、財産を所有・相続することもあったが、我が子に対する法的権利はなかった。公的な市民でありながら、選挙権もなく公職に就くこともできない #25 ——20世紀以前のアメリカやイギリスにおける女性の地位とさほど変わらなかったのだ。

そのようなローマ人が、異国の女王の扱いを心得ていなかったのは当然だ。ローマでは、女性が夫のそばで戦うことなど笑い話であり、ましてや女性が軍隊を率いるなど考えられっこなかったのだから。

と同じく、最後の戦いがどこで行なわれたか正確にはわかっていない。この場所の特定は、学術的な室内ゲームとなっている。

#25 身分の高い女性の中には、規則に縛られずに公務の裏方として活躍する者もいた。ネロの女性の親族がその良い例、いや、実に悪い例かもしれない。

インドと子のために戦った王妃ラクシュミー

それから1800年後には、別の小さな王国の寡婦が、我が子の相続権を守るために世界最大の帝国に立ち向かっていた。ジャーンシー国王妃ラクシュミー・バーイー（1828〜1858）は、イギリスによる植民地支配に対して起こったインド大反乱（セポイの反乱、第一次インド独立戦争などとも呼ばれる）にて兵を率いて戦った——彼女には、それ以外の道は残されていなかったのだ。

かつてのローマ帝国がしていたように、イギリスもインドの藩王国を個別に統治していた。18世紀半ばから藩王らはイギリス東インド会社と交渉しては、他の藩王に対抗するために軍事支援を得ていた。しかし1857年にインドで東インド会社への反乱が起こったときには、用心棒に対して「みかじめ料」を支払っているような関係になっていた。藩王たちは豪奢な生活を楽しみながらも実質的な権力は持たず、財政面を管理し、軍事的脅威を持つ東インド会社代理人こそ、それぞれの藩王国の実権を握っていた。東インド会社は藩王国に、イギリス製の武器を使用するインド人兵士（セポイ）とイギリス人将校で構成される軍隊を配備していた。これらの軍隊は、公式には王室の特権でありながら、同時に王室の頭上に剣を突きつける存在でもあった。自治・主権を実施的に維持できたのは、有力で幸運な一部の王国にすぎなかった。

ラクシュミー・バーイーは、ジャーンシー国王ガンガーダル・ラーオに嫁ぎ、王妃となるが、1803年にジャーンシーは藩王国となってしまう。子どもがいなかったガンガーダル・ラーオは、死の数か月前に従弟に当たる5歳のダモダール・ラーオを世継ぎとして養子に迎え、ラクシュミーを摂政とするように遺言を残した。彼は、この養子縁組を正式に成立させるために念入りに根回しを行なっていた。

インドの王国では、養子の相続人が広く認められており、ガンガーダル・ラーオも、その前代の王も養子であった。だが不幸なことに、ラクシュミーとその息子には、それが認められなかった。インド総督に就任したダルフージ侯爵ジェイムズ・アンドルー・ブラウン＝ラムゼイが、現代からすれば（また当時のインド人にとっても）とても薄っぺらな表面上の理由で、インドの藩王国に対する併合政策を強引に推し進めたからだ。当時のインドの最高権力者であるイギリスが「藩王の交代に対する許諾権」を行使して相続を拒否すれば、その藩王国はイギリスに接収されてしまうことになり、養子に王位継承が認められたケースはほぼなかった（当然の流れだ）。

１８５３年にガンガーダル・ラーオが他界すると、ダルフージ侯爵は、養子のダモダール・ラーオを正式な王位継承者として認めず、代わりにイギリス人官僚がジャーンシーの支配権を握ることになった。ラクシュミーはこの併合に暴力で対抗しなかった。ジャーンシーに駐在していたイギリス人の先任の政策顧問と弁護士の助言を得ながら、イギリスの総督府に考え直すように訴え出たのだが、彼女が１８５６年初頭まで提出し続けた嘆願書は、すべて却下されるのだった。

その頃、イギリス東インド会社の軍隊の大半を構成していたインド人兵士の間でも不満が高まりつつあった。イギリスはヒンドゥー教徒やイスラム教徒の兵士の宗教的信条を攻撃するような政策決定を立て続けに下しており #26 、最新鋭のエンフィールド銃が用意されたことで彼らの怒りは頂点に達した。口で開ける仕様となっている銃の薬包《やくほう》に、ヒン

#26 イギリス側は、支配下に置いた人々

ドゥー教徒にとって神聖な牛の脂とイスラム教徒が不浄と見なす豚の脂を混ぜた油が塗られているとの噂が流れたのである。だがイギリスの将校らは、忠誠心が高い兵士たちがそんな馬鹿げた噂を信じるわけがないと高《たか》を括《くく》り、説明を怠ってしまう。あとから薬包には蜜蝋や植物油が塗られていると説明したときには、すでに手遅れの状態に陥っていた。

1857年5月、ついに反乱が起こる。メーラトの駐屯地のセポイ85人が新たな銃の使用を拒否し、軍法会議にかけられた末に監獄に入れられたことで、メーラトの部隊が蜂起。獄舎を襲撃し、イギリス人将校とその家族を殺害すると、有名無実化していたムガル皇帝が統治するデリーに向けて進軍した。

メーラトでの反乱は、すでに火薬が装填《そうてん》されていた銃の口火を切る役目を果たす。軍に所属していなかった何千人ものインド人が、イギリスへの不満を持っていたのだ。東インド会社による児童婚の禁止や寡婦の保護などに関する改革はヒンドゥー法に対する攻撃とみなされており、ベンガル地方での農地改革では多くの地主が追い出されていた。藩王国の強制的な取り潰しに業を煮やす王族も多く、彼らは、次は自分の国が奪われるのではないかと気を揉んでいた。こうして権力を脅かされた指導者らが立ち上がったことで、単なる反乱から主体性を持たない抵抗運動へと発展し、北インド中で暴動が連鎖していった。

6月6日、ジャーンシーの駐屯兵が反乱を起こし、その2日後に市内のイギリス人を殺害すると、反乱軍に合流するためにデリーを目指す。ラクシュミーはイギリス政府と対立していたため、彼女が反乱を手引きしたのではないかと疑われたが、彼女が最初に関与したという証拠はない。実際、ラクシュミーは6月12日に最も近いイギリス当局者であるウォルター・アースキン少佐に書簡を送り、反乱の状況を説明した上で、指示を仰いでいる。

についてまったく理解しようとしていなかったのだろう。

#27
不運なことに、新たに入隊した者の中には、ジャーンシー駐屯軍の反逆者も含まれていたようだ。第一の過ちだ。

アースキンは他の情報とも一致するというメモを添えてこの手紙をカルカッタに転送すると、秩序回復のために兵士を派遣するまで、彼女が地域を統括することを認めた。

そんなななかで、近隣の2つの国、遠方のジャーンシーの王位継承者からも攻撃を受けたラクシュミーは、王国を守るために立ち上がる。部隊を募り #27、街の防衛を強化し、バンプールとシャーガルの王《ラージャ》と保護同盟を結んだ #28。1858年2月になると、ラクシュミーは顧問らに対して、イギリスが到着したら地域の管理を引き渡すと話している。

アースキンはラクシュミーに対して好意的な評価を下していたが、それだけでは不十分だった。カルカッタの東インド会社領中央政府は、ジャーンシーの反乱とそれに続くイギリス人虐殺の責任はラクシュミーにあると考えていた。ジャーンシーを守ろうとする彼女の行動が、そんな考えを強化してしまったのである。

3月25日、イギリスのヒュー・ローズ将軍らの軍勢がジャーンシーに到着し、街を包囲した。このまま捕らえられれば反逆者として処刑されると知ったラクシュミーは必死に応戦するも、3月30日までに自軍の大砲のほとんどが破壊され、城の壁も破られてしまう。そして4月3日、イギリス軍が市街の門を破って乱入し、王宮を奪う。イギリス軍による最終攻撃の前夜、ラクシュミーは10歳の息子と4人の従者を引き連れて城を脱出すると #29、カールピー城に向かった。

その後も戦闘が起こる度にラクシュミーはなんとか生き延びるが、6月16日にイギリス軍と衝突。その2日後、馬上から指揮を執っていたラクシュミーは狙撃されて、命を落とすのだった。

ローマ帝国の歴史家らはブーディカを悪者にしたが、ラクシュミーに対するイギリスの

#28
2人ともすでに反乱の旗を掲げていた。第二の過ちである。

#29
ラクシュミー・バーイーが、背中に息子をくくりつけて走り去ったという説もある。戦争における力強い母親のイメージではあるが、信憑性は薄い。実際に10歳の少年と接したことがある人なら想像できるだろうが、この年の子どもは活発で、なんでも自分でやりたがり、おんぶして馬に乗るには重すぎる。彼女の息子も鞍の上に座って、後ろから母親の体をギュッと掴んでいたのではないだろうか？　そちらの方が現実的だ。

#30
15世紀にフランス軍を率いてイギリス軍を破ったジャンヌ・ダルクが、イギリス主導の裁判で死刑になったことを考えると、これは奇妙な称賛である。きっとローズ将軍は、そこまで深く考えてジャンヌ・ダルクと比較したのではないのだろう。19世紀になると、「ジャンヌ・ダルク」

反応はそれほど単純なものではなかった。イギリスの新聞は、ラクシュミーを旧約聖書に登場する悪妃になぞらえて「インドのイゼベル」と呼んで非難したが、ローズ将軍は報告書の中で彼女をジャンヌ・ダルクに例えると[#30]、こう讃えてみせた。「王妃は賢く、勇敢で、忍耐力に優れ、部下に対する寛大さも際立っていた。これらの資質とその地位を備える彼女こそ、反乱軍の指導者の中でももっとも危険な存在であった。女性でありながら、もっとも立派で勇敢な相手。反乱軍の中の男であった」[#31]。

そのような賞賛を得ながらも、彼女は真に求めていたものを得られずに終わる。彼女の息子には年金が支給されたが、ジャーンシーはイギリス領に没収されたために、国の統治者として認められることはなかったのだった。

戦争・母性・祖国が組み合わさると、強力なシンボルが生み出されるものだ。ときを経て、トミュリス、ブーディカ、ラクシュミー・バーイーは国民的な英雄となった。19世紀後半、ブーディカは、ヴィクトリア女王の前任者だとして注目を浴び[#32]、ラクシュミーも20世紀初頭のインド独立運動で民族主義の象徴として掲げられた。トミュリスは、ソ連崩壊後、民族的アイデンティティを求めたウズベキスタン、カザフスタン、アゼルバイジャンのいずれでも自国の祖先だと主張されている[#33]。

20世紀後半にアフリカ、アジア、ラテンアメリカで起こった解放運動では、愛国心の象徴として片手に子どもを抱え、片手にライフルを持った母親のイメージがしばしば起用された。ニカラグアのサンディニスタ民族解放戦線は、女性防衛隊員の勧誘のために、このイメージを露骨に使用している。武装した女性たちが川を渡る写真に、「子どもを狙った

は、女性が率いる勇敢な国防を指す代名詞にもなっていたのだ。これはまたあとの章で取り上げたい。

#31 「男のように考えることができる」と称賛されたり「少女のようだ」と侮辱されたりしたことがある女性なら、聞き覚えのある褒め言葉だろう。ジョイス・チャップマン・リーブラ『The Rani of Jhansi: A Study in Female Heroism in India』p114より。［訳注：『王妃ラクシュミー：大英帝国と戦ったインドのジャンヌ・ダルク』薮根正巳訳、彩流社を一部引用］

#32 Boudica（ブーディカ、ボウディッカとも）の音韻は、ヴィクトリア女王と同じく、「勝利」を意味する古代語に由来する。19世紀の学者たちは、点と点を結びつけるようにしてこの2人を重ねた。

#33 その対象を英雄とするかどうかは、

犯罪をなくそう！」というキャプションが付けられてもいた。それこそ何千人ものニカラグアの女性兵があげた闘志に満ちた叫び……だが、彼女たちが所属していたのは準軍事部隊であった[#34]。

今日では、アメリカの母親兵士たちが、ユニフォーム姿で子どもに母乳を与えている写真が物議を醸したが、彼女たちはこのイメージの力を自分たちのものにしようとしたのだ。母親であり、兵士である女性たちのサポートを行なう非営利団体「ブレストフィーディング・イン・コンバットブーツ」が制作したチャレンジコイン[#35]には、彼女たちの立場が集約されている。コインの片面には、子どもに母乳を与える２人の軍人――１人は将校で、１人は下士官だ――が描かれ、「赤ん坊と国に授乳する（Giving the Breast for Baby and Country）」というスローガンがその周りを囲む。もう片面にはコンバットブーツが描かれ、こちらには「保護し、促進し、支援する（Protect, Promote and Support）」とある。メッセージは明確だ。母親である兵士は、子どもと国を等しく守る。そう、ママを侮ってはいけないのだ。

立場によって異なる。トミュリスが、国民的な悪役とされているところもある。私がトミュリスについて研究をしているとツイートしたとき、「トミュリスはビッチだ。イラン人なら誰だってそう言うよ」なんてリプライがあった。どうやら２５００年経った今でも、偉大なるキュロスが女性に敗れたことを耐え難き不名誉だと考え続けている人がいるようだ。

#34 ロレイン・バヤール・ドゥ・ボーロ『Drafting Motherhood: Maternal Imagery and Organization in the United States and Nicaragua』（The Women and War Reader）１９９８、p２４６。

#35 チャレンジコインとは、組織のマークが入った小さなメダルのこと。伝統的に軍人に与えられてきたもので、軍の一員であることを証明するために作られる。

CHAPTER TWO

父の娘

HER FATHER'S DAUGHTER

娘としての役割を果たすために、戦士となった女性は古今東西に存在する。中国のファ・ムーラン（花木蘭）はその代表格だ[#1]。

そんなムーランに関する資料は、古代の女戦士のなかでも特段に少ない。そのため、何世紀にもわたって研究が続けられているにもかかわらず、実在したかどうかについてはいまだにはっきりとわかっていない。だがムーランの物語を知る上で、それも大した問題ではないだろう。

ムーランの名前が最初に登場するのは、作者未詳の全62句からなる叙事詩『木蘭辞《もくらんじ》』だ。12世紀に郭茂倩《かくもせん》[#2]が編さんした楽府集に、北朝（３８６～５８１）頃に書かれたものとして収められている[#3]。「皇帝」ではなく「可汗《かかん》」という言葉が用いられていることから、北魏に書かれたものだとも考えられている。

本書では、架空の女戦士は取り上げないことにしている[#4]。実在した女戦士は大勢いるので、想像上の存在まで含める必要はないと判断したからだ。しかしムーランは例外だ。中国では、西洋でのジャンヌ・ダルクほどに広く知られた存在であり、最古の原典に詳細が書かれていないのに、「ここそムーランが生まれた地」だと主張する地も多い。

１９９８年公開のディズニー映画『ムーラン』[#5]のおかげで、中国以外でもおなじみ

#1 作品によっては、「花」の代わりに「魏」や「木」となっている場合も。人名が時間・空間・音訳をスムーズに超えられないことがわかる。

#2 著作もあるが、楽府の編さんをしたことで最も知られる人物。

#3 隋（５８１～６１８）の作とも言われている。その曖昧さは、アビゲイル・アダムズに当てはめて考えてみるとよくわかる。もしアダムズの手紙が１７７６年のものか１９７６年のものかわからなければ、未来の歴史家だって彼女について調査し、書くことにだいぶ苦労するはずだ。

の存在となったが、ウォルト・ディズニー・カンパニーが手がけるよりもずっと前から、『木蘭辞』を脚色した京劇や民話、果てはビデオゲームなどが作られてきた。

　作品によって細部は異なるものの、物語の基本となる流れはほぼ同じだ。北方からの侵略者の脅威に晒《さら》された皇帝（あるいは可汗）が、国を守るために兵士を徴集する。ムーランは年老いた父親と幼い弟に代わって馬・武器・鎧を買い集め、男装して出征する。

　もととなった『木蘭辞』では、次のようにムーランの兵士としての生き方が簡潔に、しかし鮮烈に描かれている。

> 父さん母さんがむすめを呼ぶ声は聞こえず、聞こえるのはただ黄河の流れがざあざあと鳴る音。
> 朝には黄河に別れを告げ、暮れには黒山《こくざん》のふもとに泊まります。
> 父さん母さんがむすめを呼ぶ声は聞こえず、聞こえるのはただ燕山《えんざん》の胡《えびす》の騎兵たちのすすり鳴く声。
> 万里のかなたまで、戦さに向かい、国境の山々も飛ぶように越えていきます。
> 北国の寒気《かんき》を伝わる銅鑼《どら》の音、冷たい陽《ひ》の光が鉄のよろいを照らします。
> 将軍どのは百戦ののちに命を落とされ、壮士は十年を経て帰還しました #6 。

　戦に赴く一兵士の目線で詠まれたこの詩からは、悲惨さと優美さ以外のあらゆるものが削ぎ落とされている。だが後世のムーラン作品では、その空白を英雄的な行為やジェンダー問題をはらんだロマンスなどが埋め、さらに1998年のディズニー版では口達者なドラゴンの相棒まで登場する。

［訳注：第2代米大統領ジョン・アダムズ夫人。政治批評を述べた手紙を夫に何度も送ったことで知られる］

#4 アマゾン族も登場しない。軽い話題として一、二度触れる程度だ。

#5 ディズニー作品よりも前に、アメリカの大衆文化にムーランを紹介した作品がある。1976年に発表された、中国系アメリカ人作家マキシーン・ホン・キングストンの『チャイナタウンの女武者』である［訳注：日本でも1978年に藤本和子訳で、晶文社より発行された］。キングストンのこの本が、アメリカにおける女性、そしてマイノリティ作家による回顧録という分野を開いた。

#6 川合康三編訳『新編 中国名詩選（上）』（岩波書店）より。

いくつもの戦場で勇戦したムーランは、仲間の兵士とともに皇帝から栄誉を授かり、高い地位に任命され、多くの褒美が与えられる（作品によっては、ムーランが女性だと知った皇帝が妃に迎えたいと申し出る展開もある。それに対してムーランは、死んだほうがマシだと答える）。ムーランはそのすべてを辞退する。彼女が望むのは、家へ帰るための駿《しゅん》馬《め》だけであった（作品によってはラクダの場合も）。故郷に帰り着いたムーランは、女性の服を身にまとって化粧を施す。そして訪ねてきた仲間の兵士は、彼女の正体を知って仰天する。ムーランが戦場に身を置いた10年（12年の場合も）もの間、女性だと気づいた者は誰もいなかったのだ[#7]。

ムーランの物語では、娘であることと兵士になることが、疑いようもなく直接的に繋《つな》がっている。中国ではムーランの行動こそ、究極の「孝」だと考えられており、唐代には親孝行と忠義の意味を持つ「孝烈将軍」という名で追号されてもいる。父母を敬い、従うことを意味する「孝」とは、儒教における基本的徳目だ。子は親に仕え、妻は夫に仕え、臣下は君主に仕え、君主は国そのものに仕える。すべての人間が、自分の上に立つ存在に対して任務を果たせば、社会は繁栄する。果たされなければ、世は混迷を極め、皇帝は天命を失い、王朝は滅びる。「社会的義務」よりも「権利」を重んじる文化で育った者にとっては異質の概念だが、そこでは「すべての人間は平等だ」という考えと同じくらいに強力な社会原則となっているのである。

そのようなレンズを通して見たムーランは、父、家族、そして社会秩序をまとめて守るために戦士になった。つまり彼女は、社会の規範から踏み出すことで、それらを守ったことにもなるのだ。

#7 ディズニー版では、ムーランが負傷した際に、仲間の兵士たちに女性であることがバレて、拒絶される――少なくとも、彼女が国を救うまでは。この大きな改変には、実在した「男装の女戦士」たちの存在が反映されている（ムーランのようにたった一人で国を救った女性は存在しないが）。彼女たちは、怪我を負えばたちまち女性であることがバレる危険にさらされていた。このことについては第7章で詳しく取り上げたい。

娘たちが戦った理由はさまざまだ。ムーランのように社会を守るために戦った者もいれば、既存の社会を覆《くつがえ》すために戦った者、女性に押し付けられた狭い枠組みから逃れるために戦った者もいる。だがその理由がなんであれ、彼女たちの多くにはある共通点が見られる――「父親との関係」が大きく影響している点である。

伝統的な社会では、大家族または核家族の男主人が、他の家族に対して政治的・社会的・経済的な権力を行使している場合がほとんどだ。だがそこで娘が戦士になったとしても、父親から直接働きかけがあったわけではなかったりする。時代と地域で細部は異なれど、父親と娘の役割の基本的な輪郭は、記録が存在する産業革命以前の社会では驚くほど似通っている。結婚適齢期の娘は贈与経済の究極の「商品」であった――この考え方の名残は、今日の結婚式でも、父から花婿へ花嫁が「引き渡される」儀式に見ることができる #8 。王家は権力間の同盟を強化するため、または敵対する国同士の平和を構築するために、娘を交換しあった（中世イギリスでは、このような女性は「peace-weaver（平和を織る者）」と呼ばれた）。豪商や牛飼い、農園主らは、協力関係を築き、小作地を合併し、新たな市場への参入を図るために娘を交換した。裕福であったり、都市部に暮らす小作人も、土地や家畜、その他の財産の交換や取得の際に、複雑な経済的計算に娘を含めた。結婚する女性側が品物や金銭を用意する「持参金」という形であれ、男性の家族が花嫁の家族に支払う「婚資」や「結納金」という形であれ、基本的にこれらの取引は、子どもを生む可能性や食料、地位、コネ、家事 #9 などに基づいて、女性を交換し／与え／受け取り／取引する商品として扱っているのだ。このような社会では、娘は「パパの小さな女の

#8 文化人類学者のゲイル・ルービンはこう指摘する。「女性が贈り物であるならば、その代わりとして交換されるべきなのは男性だ。その相互交換が、プレゼントではなく、パートナーという形をとることで、社会的なつながりという疑似的な神秘力を帯びるのである」。（『The Second Wave: A Reader in Feminist Theory』収録の「The Traffic in Women: Notes on the 'Political Economy' of

子」というよりも「パパの小さな資産」になりがちだ。現代になり、あからさまな娘の交換がなくなった地域でも、娘たちの法的な位置づけは、まずは父親との関係、次に夫との関係の延長線上にある場合がほとんどだ（１９７２年になってもなお、人気テニス選手のビリー・ジーン・キングが、無職の法学部生である夫のサインなしにクレジットカードが作れなかったという話は有名だ）。

対する「息子」は、古今東西の伝統的な社会において、その存在自体に価値があるとされてきた。家族は、姓・家業・王朝を継承するために息子を必要とした（息子が生まれるまで妃を変え続けたイングランド王ヘンリー八世など、その最たる例だろう。彼の姿からは、「跡継ぎは男であるべきだ」という考えが、男をどこまでも駆り立てることが窺《うかが》える）。彼らは、息子にこそ、祖先の霊を祭る儀式や一族の名誉を守るための血の復讐が託されるべきだ、家族で営む農場の跡継ぎとされるべきだと考える。

息子がいないケースでは、娘を使って「購入」した婿、つまり義理の息子を後継者としたり、甥、従兄弟、兄弟が息子の代わりを務めるが、場合によっては、娘にそのチャンスが巡ってくることもある。そんな娘たちは、教育を受ける機会に恵まれたり#10、家業や王座を引き継いだり、さらには期待された役割を外れて戦地に赴くこともあった。ムーランのように父の代わりを果たす娘もいれば、父とともに、あるいは父の背中を追って戦場へ向かう娘もいた。

反乱軍を率いて父を救った平陽公主《へいようこうしゅ》

Sex」より）

#9 現代の「家事」という言葉では表せないほど、はるかに幅広いことが含まれている。

#10 歴史家のゲルダ・ラーナーは、17世紀以前に女性が教育を受けられたのは、次の3つの利益を享受した場合に限られていたと述べている。富や地位のある家の娘であること、父親が「女性の教育を受ける能力について知識がある」こと、そして一家に息子がいないこと、だ。（『The

ムーランの数百年後（『木蘭辞』が実際に書かれた年代によるが）#11、父のために反乱軍を率いて王朝と戦い、中華文明の黄金時代とも呼ばれる唐の建国に貢献した女戦士がいた。平陽公主《へいようこうしゅ》（598〜623頃）だ。

平陽が武器を手にしたのは、隋の二代皇帝、煬帝《ようだい》の時代のことである#12。604年に父の文帝と、皇太子である兄を殺して即位した煬帝は、それから10年ほどの間に、大運河を建設すれば、万里の長城を修復し、洛陽に東京《とうけい》を開き、ベトナム・チベット・中央アジア・朝鮮半島への遠征を繰り返し強行する。重い税負担と徭役《ようえき》に苦しむ民衆の間では、そんな皇帝への不満が高まっていた。そして612年から2年続けての高句麗《こうくり》遠征でさらに疲弊した人々が、ついに各地で蜂起する。反乱は大規模な私兵を有する貴族の間にも広がり、615年には全省が混乱に陥って、王朝軍が10を超える前線で戦わなければならない状態となっていた。

将軍たちが反乱軍と戦う一方で、煬帝は少しでも疑わしい家臣たちを次々と粛清していった。なかでも平陽の父、李淵《りえん》は、煬帝が最も恐れる人物の一人であった。強力な武将である李淵は、太原留守《たいげんりゅうしゅ》（現在の山西省・太原地区の軍司令官）に就いていたため、隋の都である長安と洛陽に進撃するだけの戦術的位置を確保していたのだ。だが別の不合理な要素が、窮地に立たされた皇帝の猜疑心《さいぎしん》をさらに煽《あお》った。614年に大衆の間で流行した、次期皇帝は「李」だとする予言詩である。加えて予言者から直接警告を受けたことで、煬帝は「李」という苗字の人間を処刑していく——皮肉なことに、この行為が予言を現実のものとするのだが。そのような皇帝の姿が、李淵に反旗を翻す決心をさせた。李淵は、息子と、平陽の夫である柴紹《さいしょう》に密使を送り、反乱に力を貸してくれるよう頼む。

Creation of Feminist Consciousness: From the Middle Ages to Eighteen-Seventy』より。革新的で、物議を醸したフェミニスト思想史である）。

#11 ムーランが、中国人の心の中だけの存在ではなかったと仮定して。

#12 平陽とともに、史実の記録の世界へと足を踏み入れるわけだが、そこは私たちが理解している歴史とは、まったく違った世界であるかもしれない。彼女は、唐代について書かれた2つの歴史書に登場する。劉昫《りゅうく》（887〜946）らによって編さんされた『旧唐書《くとうじょ》』と、欧陽脩《おうようしゅう》（1007〜1072）と宋祁《そうき》（998〜1061）による『新唐書』である（ここでもまた、ずっと後になって記録された歴史について扱うことになる）。平陽が存在していなかったと主張する者はいないが、後世の（そして中国以外の）歴史家の多くが、反乱における彼女の役割の重要性を著しく

娘である平陽は、父親から助けを求められた訳ではなかったが、自らの意思で父親の力になることを決める。

柴紹は、皇太子の安全を守る高官として宮廷勤めをしており、平陽とともに長安の王宮内に住んでいた。そのため、李淵の計画を聞いたときは逡巡した。平陽をともに連れていけば、疑惑が生じて反乱が計画倒れになる恐れがある。だが残していけば、反乱に加勢したことが明らかになった場合に、平陽の身に危険が及ぶ。しかし、当の平陽に迷いはなかった。彼女は自分のことは心配せずに、父の元に行くように夫に告げたのだった。

柴紹が太原へ旅立つと、平陽は山西省にある一族の領地を目指す。だがそこで目にしたのは、干ばつと飢饉に苦しむ人々の姿であった。何もできずにただ手をこまねき、あるいは端《はな》から何もしようとしない高官#13を他所《よそ》に、平陽は家の穀物庫の食料を人々に配ると、手持ちの財産を売り払って「娘子軍《じょうしぐん》」#14を結集する。軍の新兵として集まったのは、飢えから救った人々であった。さらに平陽は、反体制派や盗賊を仲間に勧誘し、近隣の武将たちと同盟を結んでもいる。ある武将が1万もの私兵を引き連れて駆けつけたりと、最終的に平陽が率いた兵は7万にも上ったとされている#15。

記録によると、平陽による軍の統制は厳しく、歴史上の多くの軍事指導者とちがって、軍による略奪や強姦を禁止し、違反者には重い罰を与えていた。また、新たな地を支配するときには、その地の人々に食料を配ることで、征服者ではなく解放者として迎え入れられるようにしてもいた。

山西省で皇帝軍を下した平陽は、父と夫と合流。反乱軍は長安を目指すと、一年も経たないうちに王宮に迫った。

矮小化している。その一方で、少数の（さらに後世の）歴史家は、証拠を捻《ね》じ曲げて、彼女が女性だけの軍隊を率いていたとも主張している。本書には女性だけで構成された軍隊は登場するが、平陽の軍は該当しない。

#13 中国史では、皇帝が天命を失ったことを示す証となっている。

#14 このような名前なので、修正主義的な人間が興奮して「女性だけで組織された軍隊」だと主張してしまうことがある。

#15 繰り返しになるが、古い一次資料をもとに描写された兵力の規模は、やはり疑わしいものだが、この数字か

都を逃げ出した煬帝が側近に殺害されことで、随が滅び、唐が建国される。それから300年にわたって存続する唐王朝の始祖となった李淵は、平陽に公主（皇帝の娘、王女）の位を与えて、元帥《げんすい》の地位に任命する。また、のちに「徳を明らかにした」という意味を持つ「昭」という諡号《しごう》もつけられている。そのような地位や名誉に恵まれながらも、平陽は、国家の危機が去ったために軍に携わる立場を辞したとされている[#16]。

　平陽が歴史の舞台に再び登場するのは、623年に20代前半の若さで死去したときのことだ。一説によると、父のために激戦をくぐり抜けたことで消耗したためだとも言われている[#17]。悲しみにくれる李淵は、娘の葬儀に軍楽の礼を加えると宣言する。儀式をつかさどる太常は、女性の葬儀にそのような礼を用いることは伝統に反すると進言する[#18]が、李淵は「軍楽隊は軍楽を演奏するものであり、かつて公主は軍を起こし指揮したのだから、軍の功労者ではないか（略）その功績は高官に匹敵するものであり、市井の女性と比べるべきではない。まさに彼女の葬儀には軍楽がふさわしい」[#19]として、その規模をさらに大きくするよう命じたのだった。

父の足跡をたどって——男装のロシア将校ナジェージダ・ドゥーロワ

　1806年9月17日、ナジェージダ・ドゥーロワ（1783〜1866）は、男装して家から逃げ出すと、ロシア正規軍の軽騎兵連隊に入隊する[#20]。ドゥーロワは、父親が軽騎兵であったために、騎兵隊の生活の自由さ、冒険性に憧れていたと振り返る。その後ナポレオン戦争に従軍し、「真の勇士の証」であるゲオルギイ勲章を女性として初めて授

らは、平陽が率いていたのが小規模なゲリラ部隊などではなかったことがわかる。

[#16] かつての中国では、国の危機に女性が武器を手にし、軍を指揮することは珍しくなく、危機が過ぎればまた娘・妻・母としての伝統的な役割に戻ることが求められていた。同じことは他の国でも見られる。第二次世界大戦中のアメリカでは、女性が工場で「男手」となったり、軍需工場から基地まで戦闘機を飛ばして輸送したり、従軍したりしながら、終戦後にはそれらの仕事から離れることが期待された。

[#17] このような主張は、他の時代や場所でも見られる。「女性は戦争に行くようにできていないので、戦いで勝利を収めたとしても、その過程で限界を迎えて、命を失う」ということのようだ。13世紀に書かれたグルジ

与されいる。

ドゥーロワは貴族の家に長女として生まれた。男児を待望していた両親は、それぞれ異なる方法でその失望を受け止めていたようだが、ドゥーロワの手記によると、その失望ゆえか衝撃的な出来事もあったという。ある晩、まだ生後4か月だったドゥーロワは、泣き止まないことに業を煮やした母親によって、次の駐屯地に向かう馬車から放り出されてし

若い頃のナジェージダ・ドゥーロワ。
"Nadezhda Durova," HIP/Art Resource, New York.

ア王国の女王タマルの年代記『Life of the Queen of Queens, Tamar』（原著は『Жизнь царицы цариц Тамар』）でも、30年にもわたる軍事活動の末、1213年に他界したタマルの死を「女性の脆弱さは、絶え間ない戦いのなかで無傷でいられる訳がなかった」としている。タマルも戦いで限界を迎えながらも、何十年も戦い続けたというわけか。遅効性の〝限界〟もあったものだ。

#18 中国史には、より大きな問題や個人的な犠牲に発展するリスクを負いながらも、皇帝に異を唱える高官がたびたび登場する。

#19 「旧唐書」より（『Amazons to Fighter Pilots: A Biographical Dictionary of Military Women, vol. 1: A-M』2003、p343所収）。

まう。父親に助けられると、馬車が止まるまで鞍《くら》の上で抱きかかえられていた。この出来事が事実かどうかはわからないし、誇張や捏造の可能性だってあるだろうが、ここで示されたような「母性からの拒絶」と「父性との結びつき」は、ドゥーロワの母親が亡くなるまで続く。

この後、父親はドゥーロワの世話を、同じく即衛軽騎兵であったアスターホフに託している #21 。父親やアスターホフと過ごすことが多かったドゥーロワは、手記に「養育係のアスターホフは、毎日わたしを両手に抱いて竜騎兵厩舎《きゅうしゃ》にともない、馬に乗せ、ピストルで遊ばせ、サーベルを振ってみせた。とび散る火花やきらきら光る鋼を見て、わたしは手を打ったり、キャッキャッと笑ったりした」 #22 と残している。夜に部屋に戻っても、軽騎兵らに教わった指揮を叫びながら駆け回ったために、母親をひどく怒らせもした。

ドゥーロワが5歳のとき、父親は退役し、ウラル山脈の西麓の都市サラープルの市長に就任する。これをきっかけに母親は娘に騎兵の真似事をいっさい忘れさせ、ロシア女性としての生き方を仕込もうとする。ドゥーロワを部屋に閉じ込めると、レース編み、裁縫、編み物などを教えようとした。だがドゥーロワにはそのようなことに対するやる気も、技術もまったくなかった。いつだって彼女の手の中には破れた作品ばかりが握られ――もちろん、完全に偶然というわけではない――、怒り狂った母親から手を叩かれるのだった。だが、そんな風に母親から女の運命の惨めさを見せられなかったら、「普通の少女になっていたかもしれない」とドゥーロワは述べている。「母はわたしのいるところで、女性の宿命について、もっとも侮辱的な表現で語った。母の意見によれば、女性は隷属状態で生まれ、生き、死なねばならず、永久の不自由と、重苦しい従属と、ありとあらゆる種

#20 ドゥーロワの自伝こそ、彼女の人生を知る上での一次資料だ。ロシアを代表する詩人アレクサンドル・プーシキンの協力を得て、彼女が存命中に出版した『女騎兵の手記』（1836年）と『The Notes of Aleksandrov（durova）（アレクサンドロフ「ドゥーロワ」の記録』（1839年・未邦訳）は、ドゥーロワが軍に所属していた10年間の手記から抜粋・編集したものである。その後のドゥーロワは、短編小説家として短いキャリアを築くが、その多くは同じ題材を扱っている。ドゥーロワは信頼できない語り手だ。本人は16歳でロシア軍に入隊したとしているが、軍の記録などの資料を確認すると、実際には23歳であったことがわかる。また手記では、結婚や1803年1月7日に息子を産んだことについても言及されていない。（11世紀のマティルダ・ディ・カノッサの伝記からも、同じく夫と子どもの存在が省かれている。どちらの場合も、夫を捨てた女性という現実の姿を、女戦士のイメージに置き換

類の抑圧とが、揺り籠から墓までつづくのであり、弱さに満ち、いかなる完成にも見放され、何ごとにも才能がない。ようするに、女性は世のなかでもっとも不幸で、もっともつまらない、もっとも軽蔑すべき被造物なのだった！」#23。

ドゥーロワは父親を理想としていた。彼女の目に父の生きる世界は、母から押し付けられる狭い世界とは正反対に映った。編み物の針や社交上の礼儀に背を向けたドゥーロワは、サーベルや壊れた銃などを庭の隅に隠して、母親の目を盗んで訓練を行っていた。夜には馬小屋に忍び込み、父親が乗用馬として飼い慣らそうと購入したチェルケスの雄馬の世話をし、乗って楽しんでもいた#24。母親に見つかって怒られても、ドゥーロワがその「禁断の遊び」をやめることはなかった。10歳になる頃には乗馬と銃器の扱いを覚え、いつか男装をして家出することを夢想するようになっていたのだった。

その後、ドゥーロワはそんな夢を一旦封印する。思春期を迎えた娘は母親と衝突するものだが、ドゥーロワの母親も、思い通りにならない娘をウクライナの親戚の家に預けてしまったのだ。絶え間ない対立や母親の泣き言から離れることができたドゥーロワは、そこで、少女であることの楽しさを知っていく。

だが異国での伸びやかな生活も、父の不倫、母のうつ病のために終わりを告げる。家に連れ戻されたドゥーロワは、隠遁者《いんとんしゃ》のようになってしまった母親を前にしても、自分には何もしてあげられないと感じていたようだが、父親とは毎日のように馬に乗って町中を走り回っていた。娘の乗馬の腕前を見込んだ父親は、ドゥーロワに合うコサックの長上着を誂《あつら》え、前述のチェルケスの馬を与え、若い頃の自分に生き写しだと自慢した。彼は、息子を持つことを夢見ていた。もしドゥーロワが男だったなら、父親の老後の支えとなり、彼の

えている——女性が物語の主人公でい続けるためには、背いてもいいとされている社会的規範に限度があるようだ）。

#21 ドゥーロワの伝記作家の一人であるA・A・サックス大佐によると、帝政ロシアでは20世紀に入っても最初の10年ほどは、将校の子どもの付き添いを個人的に行なうことが一般的であったという。つまり育児革命ではなく、ロシア革命によってこの習慣は終わったことになりそうだ。

#22、#23 引用文はN・A・ドォーロワ著、田辺佐保子訳『女騎兵の手記』（新書館）より。

#24 古代中国から現代のアメリカ軍まで、女戦士たちは共通して、女性的だとされる教養や趣味を拒否して、男性的だとされてきたものを追い求める傾向がある。アントニア・フレイザーは『The Warrior Queens』の中

名を高めたことだろう。

母の病状に悩まされながらも、父の関心を一身に浴びる喜びを感じていたドゥーロワは、かつて描いた計画を再び実行に移すことにする。「軍人になり、父の息子となり、その運命と永遠の依存性に恐怖を抱くようになった女という性から離れよう」#25と目論《もくろ》んだのだ。

コサック連隊がサラープルにやってきたとき、計画を実行に移すチャンスが巡ってきた。１８０６年9月15日、コサック連隊はサラープルを出発する。町から50キロ離れた地点でコサックたちが休息を取ることがわかっていたドゥーロワは、その2日後に髪を切り、コサック兵の格好になると、父親のサーベルと、聖名の日のお祝いとして送られた３００ルーブリを持って家を抜け出し、夜を徹してコサック連隊の野営地へと向かった。連隊にコサック兵として潜り込むことに成功すると、それから１か月かけてたどり着いたポーランドとリトアニアの国境近くのグロドゥノで正規軍への入隊を果たす。ナポレオンがドイツを通ってロシアの西端にまで進出してきており、10か月前のアウステルリッツの戦いで大勢の兵を失った軍は、身分を証明できないような家出少年であっても新兵として受け入れた。

まず槍騎兵連隊の所属となったドゥーロワは、他の若い兵士とともにサーベルや槍を使った厳しい訓練を受ける。それは己の力量と技術への挑戦であった。数日の訓練の後、先にドゥーロワの入隊を認めたカジミールスキイ大尉から「父親のような寛容さ」で、訓練は気に入っているか、軍人の仕事をどう思うかと尋ねられた#26。

これに対してドゥーロワは、幼い頃から軍人の仕事が大好きで、軍人の職務こそ最も崇

で、この現象を「トムボーイ症候群」と呼んでいる。戦うことを選んだ女性たちは、人形や針仕事など女性的な趣味を拒み、代わりに武術や狩猟、現代ではチームスポーツなどを好むのだ。フレイザーは同書の中で、「トムボーイ症候群」について、「戦う女王の出現で呼び起こされる“この女性は他の女性とは違う”という安心感を得たいと、繰り返し願うこと」と述べている。

#25 前掲#22に同じ。

#26 ドゥーロワは、その若さゆえか、軍

高なものであると答えた。熱心な若い兵を大勢見てきたであろう大尉は、そのようなドゥーロワの確信も、最初の戦闘を経れば変わるだろうと言った。

訓練を終えると、ドゥーロワは騎兵中隊に配属され、前線へと送られる。出発前、彼女は父親に手紙を書いた。家出したことの許しを乞い、自分を祝福してほしいと願った。当然のことながら、ドゥーロワが望んだ通りの答えは返ってこなかった。おてんば娘を育てたことと、家出して軍隊に入ったことはまったくの別問題だったのだ。

ドゥーロワが初めて戦闘を目の当たりにしたのは、1807年5月22日、のちにロシアとポーランドに分断される東プロイセンのグトゥシタートで行なわれた、ロシア軍によるミシェル・ネイ元帥率いるフランス軍に対する攻撃であった。このときのことを「わたしがいやというほど聞かされてきた初陣の話には、恐怖や臆病かぜや、はてはやけっぱちの勇気の話には、何と虚言《そらごと》が多いことか！　何とでたらめなことか！」#27とドゥーロワは爽快な感想で綴っているが、その後には自省の言葉も続く。連隊は一中隊ずつ、かわるがわる突撃をかけており、彼女はその全てに加わってもいたのだが、そんな自分の姿を「勇気あまっての行動ではなく、たんに無知のなせる行動だった」#28と振り返る。さらに、それからの1か月間、パサルジャ、ハイリスベルグ、フリードランドと戦い続けるなかで、連隊の半数以上が戦死者となり、さすがのドゥーロワも戸惑いを深めていき、さらにフリードランドでは負傷者を助けたために連隊から離脱し、コサックの一団に危うく馬を奪われそうにもなった。上官であるカホフスキイ将軍は、そのようなドゥーロワの姿勢を狂気じみた果敢さ、無分別な同情心だと叱責し、物資の運搬を担う輜重隊《しちょうたい》へ移るよう命じる。「父のように愛してくれた」カジミールスキイ大尉がこれに抗議するも、カホフ

隊に身を置くなかで何人もの「代理の父親」を見つけている。

#27〜#31 前掲#22に同じ。

スキイ将軍は、ドゥーロワのための決断だと答える。ドゥーロワが十分な経験を積み、その大胆さを実戦で使えるようになるまで保護するために、輜重隊へ送るのだと。これはドゥーロワの勇敢さ――今は何の役にも立たず、ただ命を危険に晒すだけのもの――を讃えた言葉ではあったかもしれないが、本人は最悪の罰を受けたと感じ、「恥辱と悲嘆の涙にくれ」#29たのだった。

それから間もない7月7日、ロシア皇帝アレクサンドル一世とナポレオンがティルジット条約を締結。ロシアとフランスの関係は一旦落ち着いた。

その頃、所属する連隊とともにポーランドの駐屯地に滞在していたドゥーロワの元には下士官がやってきた。下士官はドゥーロワに向かって、装備を返却したのちに、ヴィテプスクの参謀本部に出頭するように告げる。

何の説明も受けないまま、ドゥーロワはポーランドの国境からヴィテプスクへと移動し、さらにそこで命を受けたのちにサンクトペテルブルクにてアレクサンドル帝に謁見《えっけん》する。皇帝は彼女の手を取ると「そなたは男性ではないとか。それは本当か？」と尋ねた。思わず目を伏せたドゥーロワだが、顔を上げると皇帝が顔を赤らめていることに気づき、彼女も顔を赤らめると、握られたままの手を震わせながら、自分が女であることを認めた。皇帝は、ドゥーロワが軍隊に入った理由を詳しく聞いてから、上官はみな、類い稀な勇敢さを賞賛していると語った。さらに後から、カホフスキイ将軍が非難した彼女の「愚かな」同情行為が、実は大切な将校の命を救ったと明かして、ゲオルギイ勲章を授与してもいる。

ドゥーロワはこれで最悪の事態を切り抜けたと考えたかもしれないが、そうではなかった。ドゥーロワの行方を案じた父親の手紙を受け取っていた皇帝は情勢も落ち着き、余裕もあったために、ドゥーロワを名誉ある形で帰郷させようと考え、そう告げようとする。だがその言葉が終わらぬうちにドゥーロワはしゃがみこむと、皇帝の膝に泣きついてどうか帰さないでほしいと懇願した。

皇帝はドゥーロワを立ち上がらせてから、何が望みか尋ねた。

「軍人をつづけたいのです！」とドゥーロワは答えた。「軍服を、武器を身につけていたいのです。それが、陛下がわたくしにお授けになれる唯一の報奨です」[#30]。

その熱意に打たれた皇帝は、ドゥーロワが願うならばと、軍服と武器を身につけることを許可し、さらに自らの名にちなんで「アレクサンドロフ」という新しい姓を与えて男装を続けることを後押ししたのだった。ドゥーロワが父から別の父の元へと移った、象徴的な養子縁組が結ばれた瞬間である。

１８１２年6月、ロシアとフランスの間に築かれた脆弱な和平が崩れると、ドゥーロワはポーランド国境に送られる。

彼女はロシアの後衛部隊で戦った。それはモスクワへと退却する行軍のなかでも、フランス軍からの激しい攻撃にさらされるポジションであった。ミール、ダシュコバ、スモレンスクと戦い抜いた彼女であったが、ボロジノでは、被弾して、満足に立つことも、馬に乗ることもできないほどの傷を負ってもいる。数か月後に復帰すると１８１３年のプロイセン遠征に参加し、8月10日から10月20日までポーランドのモドリン要塞の封鎖に携わり、１８１５年3月10日にナポレオンがエルバ島から脱出した後は、ロシアの西部国境に配備された。

戦場での日々について次のように綴るドゥーロワにとっては、平時の駐屯地生活よりそこでの生活の方がはるかに楽しいものであったようだ。「いまや一日ごとに、一時間ごとにわたしは生き、生きているということを実感している。おお、ここでの生活のほうが、千倍も、千倍もすぐれている。舞踏会、ダンス、女性を追い回すこと、音楽。おお、神よ！　何たる俗悪さ、何という退屈な日課だろう！」#31。

そんなドゥーロワの軍人としてのキャリアは、始まりと同じく、父親を喜ばせたいという想いで終わる。１８１６年、年老いた父親が自分の生活の面倒を見させるために、娘に軍隊を去るよう求めたのだ#32。

その後50年にわたって、ドゥーロワは10年間の軍隊生活で得た名誉ある男らしさと、それが象徴する自由にしがみついていた。誰もがドゥーロワの正体を知っていたが、本人は男性用の衣類を着て、男言葉を話し、周囲にも男性として自分を呼ぶように主張した#33。死後には、男性の軍人として埋葬されたとされている［訳注：ただし日本語版の『女騎兵の手記』（N・A・ドォーロワ著、田辺佐保子訳、新書館）では「男性としての埋葬は司祭に許されず、神の僕ナジェージダとして、軍服で葬られた」とされている］。

20世紀以前に、ゲオルギイ勲章を授与された〝女性〟はドゥーロワだけであった。

勇敢な尼僧——チベットのレムダ・パチェン

さて、20世紀半ばのチベットには、一族の長である父の地位を受け継ぎ、民衆を率いて中国の支配に武力で抗った尼僧がいた。レムダ・パチェンである。

１９３３年、チベットのカム地方ゴンジョのレムダ族酋長《しゅうちょう》の一人娘として生まれたパ

#32 ロヒゲがトレードマークとされていた軽騎兵隊では、ドゥーロワは「ヒゲが生えるには若すぎる兵士」として通しており、軍におけるピーターパンのような存在であった。ときに仲間の兵士の間でさまざまな憶測が飛び交うこともあり、変装した〝女戦士《アマゾン》〟がいるという噂まで流れた。ドゥーロワは、「その女と一緒になった者を知っている」「その姿を見た」という自身にまつわる不正確な噂——ときには、「その女が死んだ」といった話まで——を何度も耳にしたのだった（実際に兵士たちは〝女戦士《アマゾン》〟を目の当たりにしていたのだから）。

チェンは、成長して尼僧になると「勇敢な尼僧」を意味するアニ・パチェンという名が与えられる。のちに彼女は、その名にふさわしいことを身をもって証明することになる#34。

　パチェンが17歳のときに、部族の行く末を案じた父親が、娘と他部族長との結婚話を強引に進める#35。その結婚がどうしても受け入れられなかったパチェンが僧院に逃げ込んだため、父親は計画を白紙に戻した。そして半年後に娘を家に呼び戻すと、パチェン自身が部族を治められるよう、長としての義務を学ばせることにした。彼女は父に従ったが、許されればそのまま僧院にとどまって修行を続けていただろう。

　混沌とした時代であった。１９５０年、中国人民解放軍がチベットに侵攻する。だがチベット側には、本格的な訓練すら受けていない小さな軍隊があるだけだった。軍の将校は政府当局者で、数か月ごとに交代で勤務しているような状態であり、国境を越えて押し寄せる4万人もの中国兵に太刀打ちできるはずもなかった。人民解放軍は、わずか2週間でチベット軍を包囲し、総督以下を捕虜とした。

　軍が壊滅したチベットは、アメリカ、インド、イギリスに援助を求めたが反応が返ってこなかったため、君主に即位したばかりの15歳のダライ・ラマが使節団を北京に派遣する。そして１９５１年5月23日、使節団はやむなく「中央人民政府と西蔵地方政府のチベット平和解放に関する協議（十七か条協定）」に署名する。この協定では、中国によるチベット併合を認める一方で、チベットでのダライ・ラマの地位の保証や宗教・風俗・習慣の維持などが約束されていたが、中国はこの協定をすぐに破棄してしまう。

　ほどなくして、カム地方で中国による「民主改革」が始まる。中国兵がチベットの僧院

#33 この本を書くにあたり、筆者である私は、女戦士たちの人称代名詞をどうしようかあまり悩んでいない。女性である場合は「彼女（she）」を使えばよかった。だが問題なのは、男性に変装した人物を登場させるときだ。現代であれば、相手が自身の性をどう認識しているか、ときに難しい場合があっても、直接尋ねることができる。しかし歴史上の人物相手にはそうもいかない。そこで本書においては、ドゥーロワからヒントを得ることにした。自身を男性と認識して、そう生きることを選んだ人物には、男性の代名詞「彼（he）」を用いることにした――つまり、その人物がどう自称するかにならうことにしたのだ。

#34 アニ・パチェンの人生を知る上で、自伝『Sorrow Mountain: The Journey of a TibetanWarrior Nun』（アデレード・ドネリーとの共著、出版は２０００年）を参考にした。ドネリーによると、厳密にはこの本

に入り、仏像や聖典を盗み、僧侶や高僧《ラマ》を脅した。子どもたちは家族から引き離され、中国の学校に送られた。成人男性は、中国とチベットを結ぶ道路の建設に駆り出され、国内の他の地域に住むチベット人は、労働キャンプに送られたり、処刑されたりもした。

そのような情勢のなかで、パチェンは父親から射撃を教わる。家の横に広がる畑に立つ柱の上に小さな木箱を置くと、2人は屋根の上からそれを撃つ練習をしていた。ライフルを撃つときの反動は大きく、まるで馬に胸を蹴られたような衝撃だったが、パチェンは父親を喜ばせたい一心で射撃の練習を続けた。的に当てられるようになると、父は「では、これが中国人だったらどうする？　殺せるのか？」#36 と彼女に尋ねた。パチェンはそれに答えられなかった。

中国兵が路上で高僧を殴り、その頭に放尿するといった事件が起こると、パチェンの父親は周辺地域の指導者らと定期的に会合を持ち、侵略者への対策を話し合うようになる。父に言われてそれらの会合に参加していたパチェンだったが、自分が歓迎されているとは思えなかった。人々はこっそりと「まるで女性が参加する場所ではないと思っているかのように、好奇心、不信感、狼狽が入り混じった表情」#37 を彼女に向けていたという。パチェンは、その視線に気づいていた。

中国は、チベット北部の人口の少ない地域で村人の財産を没収し、地主を殺すと、そこにコミューンを設立する。そして何百人もの中国人農民を住み着かせた。これにチベット側は、何千人もの抵抗軍で立ち向かう。

膠着《こうちゃく》状態に陥っているように見えるなか、1956年の春にリタンの僧院に最初の爆撃が行なわれた。

は伝記ではなく、アニ・パチェンの人生に基づいた物語だという。そのため、記憶によって再現された会話など細部には注意が必要だが、物語の大まかな流れは、史実に沿っている。

#35 パチェンのケースが特別だったわけではない。彼女の大切な友人も、親が取り決めた相手との結婚に悩みながらも「両親が選んだ相手と結婚すれば、私たちの家族が強くなる」と語っている（#34 前掲書）。政治的な同盟関係を強化するために娘を結婚させることは、近代になっても続いていたのだ（現代でも続いているかもしれない）。

#36～#38 #34 前掲書p55、111、139。

背景はこうだ。中国側から僧院の所有物のリストを提出するように求められたが、高僧はこれを拒否すると軍議を開き、村の男たちに武器を持って対抗するように要請。男たちは近くの中国軍の宿営地を襲撃するが、撃退されて追われ、僧院に立てこもる。中国兵は、村の男たちを降伏させなければ僧院を爆撃すると脅したが、僧侶たちはそれに従わなかった。

外界から隔離された生活を送っていた当時のチベット人は、ロンドンやドレスデン、東京での爆撃など知らなければ、飛行機すら見たこともなかった。最初の飛行機が僧院の上空に現れたときには、その音だけですくみ上がった。爆弾が投下され、建物が爆破されたとき、僧院には6000人がおり、そのうち4000人が死亡した。

この爆撃を受けて、カム地方のいたる所で抵抗運動が起こった。1956年末までに何万人ものチベット人が山に入っていった。中国から逃れる者もいれば、武装反乱軍に加わる者もいた。

パチェンの父も行動を起こす。村から村へと渡り歩くと、地元の指導者や高僧と会って対抗策を講じ、村人たちに男手、馬、剣、銃などを提供するように指示しては、部族の者を山に送って抵抗運動に参加させた。

1958年に病気で父を亡くすと、アニ・パチェンがレムダ部族を率いた。仏門に入ることを夢見てきたパチェンだったが、父の遺志を引き継ぐという使命感に突き動かされていた。チベット仏教の精神に根ざした平和主義を守るには、戦うしかなかったのだ。

そして1959年のはじめ、パチェンは銃と剣で武装して馬に乗ると、部族から600人の勢力を率いて山へ入っていく。

地の利をいかして中国の護衛部隊を待ち伏せし、中国軍の宿営地を破壊する。そんなパチェンのもとに、チベット語で書かれ、中国語の署名が入った手紙が使者から届けられた。そこには「家族のもとに帰れば、あなたの財産に何も起こらないことを保証する。さらに、リストにある武器を引き渡せば（略）ふさわしい階級を与えよう」。これに激怒したパチェンは「中国人に降伏するくらいなら、死んだ方がましだ」と使者に言い放つ。「私が女だから、彼らは武器を明け渡すと思っているのだろう。それは侮辱だ。彼らには、私は絶対に降参などしないと伝えろ」#38。

パチェン率いる部隊と彼女の家族は、２年間にわたって中国の手を逃れるが、１９６０年に母親、おば、祖母と一緒にヒマラヤを越えてインドに逃げる途中で、中国に捕らえられてしまう。のちにパチェンは、仏教雑誌『シャンバラ・サン』で、このときのことを次のように語っている。「手足を縛られて逆さに吊るされ、尋問されました。殴られ続け、気絶すると水をかけられて、さらに殴られました」#39。

それから21年もの間を、パチェンは中国の刑務所で過ごす。手錠をかけられ、拷問を受け、長いこと独房に入れられた。１９８１年に釈放されると、ゴンジョに戻れという命令を無視してラサへ赴き、そこで数年間、公的通告を避けながら中国支配に反対するデモに参加した。

１９８８年に再び身柄を拘束される恐れがあることを知ると、ダライ・ラマが住む亡命政府の拠点インドのダラムサラへと避難し、２００２年に他界するまでチベットの自由のために活動を続けた。

そんなパチェンは、自身の軌跡をたどる回顧録の最後をこう締めくくっている。「物語

#39 「ニューヨーク・タイムズ」紙（２００２年2月18日）掲載のダグラス・マーティンによる追悼記事「Ani Pachen, Warrior Nun in Tibet Jail 21 Years, Dies」より。

はこうなるだろう。彼女は民衆を率いて中国と戦った。ラサでの抗議活動にも参加した。古代の精神的な教えを守ろうとした。私が死んだら、私の物語だけが残る」#40。

現在では、女戦士を生み出す上で「父と娘の関係」がこれまで以上に大きな役割を果たすようになった。かつては、家族レベルであれ、社会全体のレベルであれ、一家の娘が戦士になることは、制度の「失敗」だとみなされていた。しかし今日では、米軍の女性兵などが当たり前に存在する。これは制度の失敗などではなく、制度が変革されたからである。1972年、アメリカでは雇用機会均等法と教育修正法という2つの法律が制定され、女性に対して新たな扉が（少なくとも理論上は）開かれた。若い女性が、軍隊に所属する父親の足跡を踏むこともできるようになった。

父、おじ、祖父などに続いて、息子も国のために働くという「軍人の家系」的な考え方は古くから存在する。米ウェストポイント陸軍士官学校が毎年発行する『卒業生&元士官候補生の名簿』をめくれば、そのような家系がいかに多いかがわかる。1802年以降のウェストポイント卒業生と同校の子孫（または先祖）の一覧に女性の名前が登場し始めるのは1980年に入ってからだ。最初のクラスに在籍した119人の女生徒のうち、卒業したのは62人#41。うち5人はウェストポイントの元卒業生の娘である。それ以来、同校の娘、孫娘、姪、姉妹、さらには曾孫娘が登場していき、2007年の卒業生には卒業生を両親に持つ女性が2名もいた。新たな伝統の始まりだ。

この名簿を見れば、軍人一家の遺産が、現代の米軍女性兵にどのように引き継がれているかを簡単に追跡することができる。他にも「ミリタリー・タイムズ」紙のような軍関係

#34 #40 掲出書p282。

#41 一方の男性の卒業率は62・3%で、10ポイントの差があった。ウェストポイントで学位を取得することは、気の弱い人間には向いていないようだ。

者向けの出版物に収録される事例や、アフガニスタンや中東で従軍する女性の回想録[#42]が増えていることからも、軍で働く家族に刺激を受けて入隊を希望する女性が増えているのは明らかだ。

２０１５年に「タイム」誌のウェブサイトに『アシュリーの戦争―米軍特殊部隊を最前線で支えた、知られざる「女性部隊」の記録』の著者ゲイル・スマク・レモンによる父の日の記事が掲載された。そこで彼女は、世間から押し付けられる限界を黙って受け入れない女性を育てる上で、父親が果たす役割の重要性について明らかにしながら、次のように女性が軍人の道を選ぶことに父親が大きく関係していると語る。

私は2年間かけて、２０１１年（まだ女性の直接戦闘禁止が適用されていた頃）に陸軍の特殊作戦パイロットプログラムに志願した20人以上の若い女性たちに、インタビューを行なった。彼女たちは、国の要請に応えて、米軍の５％以下に与えられるような戦闘任務に就く女性たちなのだが、そのすべてが、父親からあらゆる限界に挑むように教えられてきていた[#43]。

過去における「女性に対する教育の重要性を知る父親」は、現代では「フェミニストの父親」にあたるだろう。かつて私の父は「女性の平等な権利を信じるには、賢い娘を持つことが一番の近道だ」と述べていたが、この「賢い娘」は、壮健な娘、大胆不敵な娘、戦士になりたい娘にも置き換えられそうだ。

#42 このジャンルの例として、以下のような作品がある。ドナ・M・マクアリア著『Porcelain on Steel: Women of West Point's Long Gray Line』、ヘレン・ソープ著『Soldier Girls: The Battles of Three Women at Home and at War』、ゲイル・スマク・レモン著『アシュリーの戦争―米軍特殊部隊を最前線で支えた、知られざる「女性部隊」の記録』、メアリー・ジェニングス・ヘガー著『Shoot Like a Girl: One Woman's Dramatic Fight in Afghanistan and on the Home Front』［訳注：『アシュリーの戦争』以外は未邦訳］。

#43 Time.com掲載（２０１５年6月19日）のゲイル・スマック・レモンによる「How Dads Can Raise Strong Women」より（http://time.com/3928792/fathers-day-dads-and-daughters）。

COLUMN ONE

母の娘

HER MOTHER'S DAUGHTER

紀元前4世紀、アレクサンドロス三世の異母妹キュンナ（前358〜320頃）は前線に赴き、マケドニア軍を指揮した #1。アレクサンドロス三世と彼の（短命な）帝国が歴史に名を残した一方で、キュンナの存在はほとんど忘れ去られている #2。

母から受け継いだ女戦士の伝統を、娘にも伝えたのがキュンナであった #3。キュンナの母アウダタは、もともとはイリュリア王バルデュリスの娘であったが、前350年にマケドニアのフィリッポス二世（アレクサンドロス三世の父）がイリュリアを下し、その和平条件の一部として王女アウダタを娶《めと》った #4。イリュリアでは、王族の女性は男性とともに乗馬、狩猟、戦闘などを行なっていた。アウダタも王女である娘を戦士として育て、幼いアレクサンドロス三世が学んでいた

#1
キュンナの一次資料は、マケドニアの歴史家ポリュアイノスの『戦略論』だ。紀元2世紀に入ってから書かれたものだが、ここでもやはり、これを〝一次資料〟として扱ってよいものか考え込んでしまう。出典が曖昧であるにもかかわらず、誰も彼女が存在しなかった、あるいは戦わなかった可能性に言及しない。

#2
とは言え、歴史ベースのストラテジーゲーム『トータル・ウォー』のプレイヤーにはおなじみの存在だ。彼女は、プレイアブルな指令官「キュナネ」として登場する。

#3
彼女の名前は、マケドニア語で「小さな雌犬」を意味する。今では「雌犬（ビッチ）」という表現には侮蔑の意味が込められているが、当時はそうではなかったのだろう。希望的観測にすぎないかもしれないが。

軍事技術も授けた。

20歳になる前から有能な軍事指導者として知られていたキュンナは、フィリッポス二世によるマケドニアの領土拡大において、バルカン半島を北上する部隊を率いた。きっとイリュリアの祖先のように、馬に乗って戦っていたことだろう。マケドニア人の著述家ポリュアイノスは、キュンナがイリュリアの軍隊を破り、その女王カエリアを接近戦で殺害したと伝えている#5。

紀元前337年頃、フィリッポス二世は、キュンナを彼の甥にあたるアミュンタス四世と結婚させる。アミュンタス四世は幼い頃、父の死に際して一時的にマケドニアの王座に就いていたことがあった#6。そして紀元前336年、アミュンタス四世が殺され、キュンナとの短い結婚生活は終わる。父の王位を継承したアレクサンドロス三世が、王位に上る可能性のある者を皆殺しにしたからだ。なかでもアミュンタス四世の継承権は、アレクサンドロス三世と同等に強力なものであった。

20代で夫を亡くしたキュンナは、アレクサンドロス三世から再婚を申し込まれるも、それを拒んだ。アレクサンドロス三世が東方遠征に乗り出したときにも、キュンナはマケドニアに残り、イリュリアの伝統に則《のっと》って幼い娘アデア（前337〜317）を育てていた。紀元前323年にアレクサンドロス三世が死去すると、キュンナは歴史の表舞台に登場し、戦場へと舞い戻る。

アレクサンドロス三世の早すぎる死によって、マケドニアは明確な統治者を失っていた。妻ロクサネは、彼が他界した数か月後に息子アレクサンドロス四世を出産する。アレクサンドロス三世が、生前に王位継承権を持つ者を容赦なく抹殺したため、一族に残された成人男性は異母兄のアリダイオスだけであったのだが、同時代の資料から彼には知的障害があったことがわかっている#7。幼児か、不適な男性か。選択を迫られた王国の4人の将軍は、ある妥協案をまとめた。この2人を共同統治者とし、ペルディッカス将軍を摂政、つまりマケドニアの真の統治者とすることにしたのである。

#4 王族間の結婚では王女が「取引」されるものだが、戦士として戦う王女であってもその対象になった。フィリッポス二世は、7人の妻と政略結婚をした。その中には、アレクサンドロス三世の母オリュンピアスもいた。

#5 イリュリア人同士の戦いということで、現在にいたるまで史上唯一の、双方が女性指揮官による戦争であったかもしれない。

#6 その後、摂政となったフィリッポス二世は、アミュンタス四世を王座から追い出すのだが、他の簒奪者《さんだつしゃ》と違って前王を殺すことはしなかった。その代わりに、自分の子どもと一緒にアミュンタス四世を育てている。

#7 ギリシアの歴史家プルタルコスなどは、フィリッポス三世の障害を、アレクサンドロス三世の母オリュンピ

ペルディッカス以外にも、実権を握りたいと考えた者がいた。キュンナである。マケドニアは王位継承について、厳格な方針を定めていなかった。そのため、次のいたってシンプルな3つの条件を備えた者なら、誰でも王位に上ることができた。男性であること、統治者一族の出であること、そして王位を奪うだけの能力と冷酷さを備えていることだ。1つだけ条件が合わなかったキュンナは、武力に訴えてでも、娘アデアを自身の異母兄である傀儡《かいらい》の王アリダイオス（即位してフィリッポス三世となる）に嫁がせることに決める#8。

ペルディッカスとその取り巻きが共同統治を定めてから1年も経たないうちに、キュンナは、軍を伴って王都バビロンへ赴いた。一方のペルディッカスは、それを阻止すべくマケドニアの国境へと軍を差し向ける。キュンナはストリュモン河（現在のストルマ川）で追っ手を破ると、アジアへ渡った。ペルディッカスは、自身の弟であり、キュンナとともに育ったアルケタス率いる第二軍を送り出す。幼なじみを軍の先頭につければ、キュンナも心変わりするだろうと踏んだのかもしれないが、計画はうまくいかなかった（〝少年たち〟は、自分たちが思っているほどに、彼女のことをわかっていなかったのだ）。

著述家ポリュアイノスによれば、アルケタスの軍は戦地に立つキュンナの姿を見て敬服したという（キュンナは、フィリッポス二世の娘であるとともにアレクサンドロス三世の妹であり、かつ10代の若さでイリュリアの女王をその手で打ち破った女性なのだ）。キュンナは、敵勢の大きさにも怯まず、アルケタスと対峙すると彼の忠誠心のなさを滔々《とうとう》と非難した。だが、その演説が終わる前に、アルケタスは彼女を殺してしまう。

誤った判断であった。自軍の将軍がキュンナを手にかけたことにマケドニア兵は憤慨し、彼女の願いを叶えるべきだと暴動を起こしたのである。

この暴動が決定打となり、ついにアデアはフィリッポス三世の妻となった。彼女はエウリュディケ二世と改名すると、陰の権力者として束の間だがマケドニアを支配するのだった#9。

アスが仕組んだ毒殺計画の失敗によるものとしている――が、そのせいで王位を争うことができなくなったのだから、計画は成功したと言えるだろう。

#8
政治権力を持つ女性は、男性と同じ手段に訴える場合が多い。政治的な人質になることを避けたカスティーリャ女王のイサベルでさえ、娘たちの結婚を利用して政治同盟を築いた。

#9
アレクサンドロス三世の母オリュンピアスが、幼い孫であるアレクサンドロス四世の名で2人を退位させるまでは。アデアたちも、アレクサンドロス三世の死後に起こった、権力の座をめぐる血みどろの椅子取りゲームの敗者であるのだ。

CHAPTER THREE

暴れまわる寡《か》婦《ふ》たち

THE WIDOW'S RAMPAGE

アルテミシア二世（？～紀元前３５０頃）は、寡婦であったからこそ歴史書に登場した人物だ #1 。

アルテミシアは、兄弟であり夫でもあったマウソロス #2 とともに、現在のトルコ南西部に位置するエーゲ海沿岸のカリア王国を治めていた。アケメネス朝ペルシアのサトラップ（太守）という立場にありながら、事実上独立を保っていたのがカリアであった。紀元前３５３年頃にマウソロスが没し、単独支配者として君臨したアルテミシアは、亡き夫のために豪華絢爛な廟墓を建てた。かの有名なマウソロス霊廟 #3 である。伝説では、アルテミシアはその悲しみから立ち直ることはなかったとされているが、泣いてばかりいたわけではなかったようだ。

マウソロスの死によって地中海の征服地ロドス島が反乱を起こしたとき、彼女はそれを見事に平定してみせたのである。この反乱の理由を、ローマの建築家ウィトルウィウスは「女性がカリア全土の都市を統治することに憤慨したため」#4 と記録しているが、他の資料では「追放されたロドス島の指導者らが島の独立を回復しようとしたため」ともされている。理由はどうあれ、反乱を目論《もくろ》むロドス島はアテネに助けを求めた。アテネの弁論家デモステネスは、アテネがロドス島に干渉することに、アルテミシアは何もできないだ

#1
アルテミシア一世と混同しないように。アルテミシア一世は、この100年ほど前にサラミスの海戦でペルシア側について戦った女性である。アルテミシア二世の一次資料には、ギリシャの歴史家ディオドロス・シケリオテス『歴史叢書《れきしそうしょ》』とローマの建築家ウィトルウィウスの『建築について』がある。いずれも紀元前1世紀の書で、アルテミシア二世がいた時代からずっと後になって書かれたものだ。また考古学的な資料としては、主に彫刻や碑文の形で詳細が残されてもいる。古典学者のなかには、アルテミシア二世は夫の死を悼む以外に、古代の史料に残されているようなことは何もやっていないと主張する者もいる。だが少

ろうと予言して、その求めに応じようとアテネの同胞を説得するも失敗に終わる。アテネ側はデモステネスほど楽観的でなかったか、あるいはカリアとペルシアとのつながりを警戒していたのかもしれない――ギリシャにとって、ペルシアに手出しするのは得策ではないのだ。いずれにせよロドス人はアテネの援護なしにカリアの首都ハリカルナッソス（現在のトルコのボドルム市）に海軍を送った。

　敵が攻めて来ることを察知したアルテミシアは、城壁に弓兵を配置し、主要な湾と人工的な水路で結ばれた秘密の港に人員を乗せた船を隠すと、敵が罠にかかるのを待った。

　民衆には「敵が上陸したら、侵略者ではなく、解放者のように迎えろ」と指示を出してもいた。そして民衆がロドス人を町の中に招き入れたところで、港に身を隠していたカリア艦隊が出現して、誰も乗っていないロドスの船を奪取。同時に弓兵が、街中にいるロドス人を一斉に攻撃した#5。

　アルテミシアは奪った船を、古代の勝利の証である月桂樹で飾ると、自軍を乗せてロドス島に送り返した。勝利の帰還だと勘違いして出迎えたロドス人に為《な》す術はなく、結果、カリアは戦わずして都市を占領したのだった。アルテミシアは、反乱軍のリーダーを処刑させると、勝利を記念して、ロドス島に奴隷の烙印を押す自らの像を建てさせている。

「寡婦を侮るな」という、きつい懲《こ》らしめだ。

「戦争」と「夫に先立たれた女性」が同じ文脈で語られる場合、そこには「戦争未亡人（寡婦）」――夫を失った女性は精神的、社会的、そして経済的な損失を負っているという認識が込められていることがほとんどだ。19世紀半ば、南北戦争の寡婦や孤児を支援す

なくとも、彼女が実在しなかったという主張は――ブーディカや15世紀（あるいは16世紀）に存在したハウサの女王アミナについて調べていると、実際にそんな主張を目にしたものだ――聞かれない。「あの女戦士は存在しなかった」「実際には戦っていない」などという歴史家の主張を読んでいると、なんだか冷笑的な気持ちになってしまうものだ。

#2 現代人からしてみると、きょうだいとの結婚には大きな違和感を覚えるものだが、古代の地中海世界やエジプトの王家における慣習であった（19世紀半ばまでハワイの王族でもきょうだい間の結婚が行なわれていたが、キリスト教の宣教師から大反対された）。

#3 墓廟建築を意味する「マウソレウム」の語源となった。

#4 ウィトルウィウス『On Architecture

る慈善団体が設立された際もそうであったし、現在でも、アフガニスタンや中東の紛争にまつわる報道——夫や息子の死によって貧困に陥ったイスラム女性、そして、夫を亡くした喪失感を癒し、社会的な影響に対処するために当事者団体を立ち上げるアメリカ人女性たち——を見るにつけ、その認識が変わっていないことがわかる。

女性たちは夫を亡くすと同時にそれまでの結婚生活で享受してきた暮らしを失い、社会的・経済的に不利な立場に置かれることが多い。この「戦争未亡人」という言葉には、そんな前提にもとづいた感情的な力が込められている。この考えは古く、聖書に登場する「やもめの献金」という言葉も「最も貧しい人々からのわずかの寄付」を意味する。

このような相対的な貧困にくわえて、寡婦たちはあらゆる文化で経済的・性的・社会的な脅威だと見なされては、苦しめられてきた。特権階級の女性や、それに近い女性は、夫に先立たれると社会から身を引くことを奨励され、場合によっては強制された #6 。つまりそれは、しばらく喪に服して身を潜めていろということで、その期間は数か月の場合もあれば、中国の明などでは3年に及ぶ場合もあった。

隠遁することが、すなわち宗教に身を置くことを意味する文化もあり、そこでは女性たちが自発的に、あるいは無理矢理、仏教・カトリック・ロシア正教などに入信する（させられる）#7 。19世紀のイングランドでは、そうするだけの余裕がある女性は、寡婦のベール越しに世界を眺めながら、複雑な作法に則《のっと》って亡き夫を偲《しの》び、一方のアフリカでは、世事を逃れた生活を送ったのちに、清めの儀式が行なわれたりもした。近代でも、伝統的なヒンドゥー教徒の家の上級カーストの女性は、夫を亡くせば、死ぬまで禁欲的な生活を送ることが求められていた。身に着けるのは白いサリーのみで、装飾品を取り去り、食事

(trans. Richard Schofield)』２００９、p54。

#5 この襲撃で、個人的に最も信じ難いのが、ロドス島が城壁の弓兵の存在を想定していなかったことだ——紀元前4世紀ともなれば、真新しい戦略などではなかったはずだが。

#6 現代のアメリカにも、このような考えは存在する。やや若い女性が、夫を亡くした途端に、それまでよく行っていた夫婦出席が原則のイベント——まるでノアの方舟のようではないか——に呼ばれなくなったなんて話も聞く。

#7 宗教に入門したからといって、公の世界から完全に引退するわけではない。「尼将軍」こと北条政子

の量を減らし、催淫効果があるとされる食品・調味料の摂取をやめる。その極端な例が「寡婦殉死」だろう。最もよく知られているのが、ヒンドゥー教の慣行で、寡婦が夫の亡骸と生きながらに焼かれる「サティー」である #8 。インドだけでなく、中国でも寡婦殉死は社会的な理想とされていた。あらゆる喪失から定義される「寡婦」とは、従順で無力な、一見すると「女戦士」とは対極に位置するように感じられる。しかし……。

寡婦だって百人百様

「寡婦」と一言でいっても、さまざまなタイプが存在する。夫と死別したことで制限を受けながらも、一族の農場・家業・王国などを管理し続けた女性だっている。フランスの高級シャンパン「ヴーヴ・クリコ」の名前の由来となったバルブ＝ニコル・ポンサルダンは、夫を亡くして27歳で引き継いだ家業を、世界的なシャンパン企業へと成長させた。王家や貴族の家系では、幼い息子の摂政をその母親、つまり夫を亡くした妻・女王が務めることが多いが、これは権力に飢えたおじや母方の祖父よりも、母性愛のある母親のほうが安全だろうという、必ずしも正確ではない思惑から選ばれるからだ（女性の相続を禁止する法があるために、女王が王権を握れない場合も）#9 。

中流階級に目を向ければ、成人した息子や婿のいない場合は、夫を亡くした女性が事業や農場の事実上の経営者に収まる例が多い。

それらの強力な寡婦たちは、生きた時代や場所では例外的な存在だったかもしれないが、歴史を通してひとまとめに見てみると、また別の姿が立ち上がってくる #10 。

（１１５７〜１２２５）は、夫・源頼朝の死後に尼という立場でありながら政権を動かし、７００年続く武家政治の根幹を築いた。イギリス女王ヴィクトリア一世も寡婦のベールの奥に引っ込むことなく、夫亡きあとの40年を喪服で過ごしながら、世界最強の女性でい続けた。

#8 ごくわずかな女性に限定されていた。そのほとんどが上級カーストの人々であった。

#9 「母の愛」が「権力への執着」に勝るとは限らない。息子が成長しても、権力を手放そうとしない女王は存在した。

歴史を振り返ると、寡婦たちが独立性やある程度の権力を維持しようとすると、やむを得ず比喩的に戦うことになるのだが、その戦いが「比喩」ではなく「実戦」へと発展するケースは驚くほど多い。

摂政となった女性は、息子の権利や財産を守るために、多くの男性と戦った。おじや義理の兄弟だけでなく、遠い血縁者が相手になることもあった。長子相続制度が敷かれていない世界では、王家の血が一滴でも流れ、剣の腕が立つ成人男性であれば、王位継承、領有権を狙うことができた#11。シャンパーニュ伯夫人のブランシュ・ド・ナヴァール（?〜1229）は、夫が他界したときに、妊娠9か月になろうとしていた。その後、生まれた息子の摂政として、21年間ブルターニュ公国を統治。1215年に勃発したシャンパーニュ継承戦争では、息子の公位継承権を守るために、義理の兄の義理の息子と交戦した。預言者ムハンマドの幼妻アーイシャ（614〜678）は、夫から受け継いだ権力をベースに、さらなる権力を手に入れる。第3代カリフ（イスラム共同体の最高指導者）であるウスマーンが死亡したことで起こった後継者争いでは、アーイシャ自身が軍隊を率いて、ムハンマドの養子アリーと戦った。ジャンヌ・ド・ベルヴィル（1300〜1359）は、夫オリヴィエがブルターニュ継承戦争に巻き込まれ、フランス王フィリップ六世に斬首刑に処されたことに激怒し、夫の復讐のために海賊となってフランスの海岸線を荒らしまわった。

その一方で、6世紀の則天《そくてん》皇后（則天武后《ぶこう》／武則天）、17世紀の秦良玉《しんりょうぎょく》、10世紀のイングランドのエセルフリーダなど、夫と軍事的責任を分担し、夫の死後は後継者として軍事指揮を執《と》る女性もいれば、亡くなった夫の武器を手に戦い続けた女性もいる。ナンシー・

#10 夫を亡くした（殺された）女性が、夫の跡を継いで政治的な権力の座に就くことを、政治学者が「寡婦の権力への歩み（widow's walk to power）」と呼んだりもする。彼女たちは、亡き夫の政策を継承し、それまでと同じ利益を守らなければならない。フィリピンの元大統領コラソン・アキノや、スリランカの元首相シリマヴォ・バンダラナイ（世界初の女性首相）がその典型例だ。

#11 「伝統的な社会では長子相続が原則だったはずだ」と考えられがちだが、長子相続の考えが生まれたのは西洋で、比較的あとの時代になってからだ。他の多くの文化では「適者生存」に則《のっと》って、生き残った者が後継者となっていた（最も残忍な者、とも言えそうだが）。

ウォード（1738頃〜1824）は、クリーク族（北米先住民）との戦いで倒れた夫の代わりに、チェロキー族を奮い立たせて戦いを勝利に導いた。女性指導者に対する最高の称号ギグア（「最愛の女性」、または「戦う女性」という意味）が与えられたウォードは、戦士たちの評議会の投票権も得ている #12。ウォードこそ、この称号が与えられた最後のチェロキー族の女性でもあった。

さらに、亡き夫の記録を凌《しの》ぐほどの大きな成功を収めた女性も存在する。マヴィアである。

ローマ帝国に挑んだ「アラブの女王」マヴィア

紀元364年――ブーディカの反乱からちょうど300年経った頃だ――、寡婦となったアラブの女王マヴィア（?〜425）#13 が軍隊を率いてローマ帝国に反旗を翻した。

マヴィアは、夫の跡を継いでタヌーフ部族連合の支配者となった。タヌーフとは、3世紀にローマ帝国のシリアに移住してきた、半遊牧民のアラブ人の連合体だとされている。

マヴィアが族長の座に就いたとき、ローマ帝国は、西と東の両国境で侵略の脅威にさらされ、危機的な状況に陥っており、また中央アジアのステップ地帯からの遊牧民の侵入もますます深刻になっていた #14。ゴート族・西ゴート族・バンダル族らが、ライン川以南に広がる豊かな農地――そしてローマ軍の楽な仕事――に惹かれて波のようにプロイセンやハンガリーの平原から侵入してきていたのだ #15。

東方では、紀元前146年に終結した第三次ポエニ戦争でカルタゴが滅亡して以来、ペ

#12 のちに起こるアメリカ独立戦争では、イギリス側に立つチェロキー族の攻撃を、アメリカ人入植者に警告したことでも知られている。ウォードを英雄とするか、はたまた裏切り者とするかは、立場次第で変わる。

#13 他の女戦士同様に、マヴィアに関しても資料がほとんど残されていない。細部が矛盾していたり、後世になってロマンティックな演出などが加えられることもある。例えば、ビザンチンの歴史書では、もともと「マヴィア」はローマのキリスト教徒で、彼女の美しさに心奪われたアラブの首長に捕らえられ、彼の死後、その跡を継いで王位に就いたとされている。今日の歴史家の間でも、詳細を

ルシアがローマにとって最大の敵であり続けた。激しい対立抗争にあったローマとペルシアは、両国の間に位置する緩衝《かんしょう》国で戦闘を起こすこともあった（特にアルメニアで頻発した）。ローマは、タヌーフなど砂漠での戦いに精通した現地兵を使って、ユーフラテス川西の長く、紛争の絶えない国境を警備していた。

　マヴィアの夫の支配下で、タヌーフはローマにとってペルシアに対する緩衝材として機能していた。ローマは、タヌーフに報酬を支払うことで、ペルシアや非同盟部族の襲撃から辺境を守っていたのだ。だがマヴィアの夫が他界し、成人男子の後継者がいなかったからか、そのようなタヌーフとローマとの同盟関係も消滅する[#16]。

　明確な理由はわかっていないが、マヴィアはローマと新たな同盟関係を結びなおさなかった。ローマ当局が、女性指導者と同盟を組むことに抵抗を感じていた可能性もあれば、マヴィアがローマとの関係を続けることに疑問を抱いた可能性もある。ともあれ363年にローマのユリアヌス帝（在位361〜363）がアラブ諸族に支払う金を減らしたことで、関係は悪化する。

　同盟の関係については置いておくとして、5世紀に記録されたいくつもの資料にあたると、宗教上の対立がマヴィアの反乱の直接の原因であったことがわかる[#17]。当時、キリストの神性の解釈をめぐって、2つの説が対立していた。1つは「父」「子」「精霊」の三位は神の現われで一体のものであるとするニカイア派で、こちらは325年に採択されたニカイア信条でキリスト教の正統教義と定められていた。もう1つは、イエスが「父なる神」によって想像された、神とは異質の存在だとするアリウス派で、異端とされていた。

めぐってさまざまに展開されている。マヴィアが実在したと信じるに足る証拠があるのか。実在したとしても、彼女が起こした反乱は単なる境界争いにすぎなかったのではないか——。彼女に関する情報の大半が、5世紀に書かれたギリシャの教会史から得られたものであり、これらはすべて、4世紀のパレスチナからやってきた司教が記した、すでに失われてしまった歴史書に基づいているようだ。これらの資料は、異端のアリウス派と、のちのカトリック教会や正教会の信条となるニカイア派との対立の節目とされる、マヴィアの反乱の宗教的な側面に焦点を当てている。そこではマヴィアは物語の英雄として描かれているのだが、ローマの歴史家らは、彼女よりも前にローマ帝国と対立関係にあった女性たちを次のように記録している——クレオパトラ＝性的に強欲、ブーディカ＝野蛮、ゼノビア（3世紀に存在したパルミラ帝国の女王。ローマに反抗し、分裂を企てた。ローマ、アラブ両方の歴史家の嘲笑の対象とされていた）＝侵略欲が強く、殺人を犯し、さら

３６４年、皇帝に即位したばかりのヴァレンティニアヌスは、弟のヴァレンスを共同皇帝に任命し、帝国の首都コンスタンティノープルから東側を統治する権限を与えた。ヴァレンティニヌスは宗教的寛容策をとっていたが、熱心なアリウス派であるヴァレンスは、穏健なニカイア派の大主教を追放してアリウス派と交代させた。さらに、タヌーフにも、アリウス派の主教を置こうとしたところ、マヴィアとその部族が反発したのである[#18]。

半遊牧民のアラブ部族民は機動力に優れていた。ローマ軍団は、マヴィア率いる軍が得意とした、相手を攻撃してすぐに後退する「一撃離脱法」やゲリラ戦術に対抗できるような訓練を受けていなかった。ローマ軍は彼らを「天幕のアラブ人」と呼んでは、パルミラなどの都市に住む定住型のアラブ人とは区別していた[#19]。「天幕のアラブ人」は宿営地から撤退するやいなや砂漠に溶け込んでしまうため、ヴァレンス率いる軍が攻撃しようにも、その姿を捉えることができなかった。ローマ側は、同盟関係にあったアラブ部族を敵にまわしたことで、砂漠そのものまでをも難攻不落な敵にしてしまったのだった。

シリアに駐留するローマ軍団からの反撃がないまま、マヴィアはフェニキアやパレスチナの奥から、エジプトのナイル川にかけて進軍していった。フェニキアに駐留していたローマ軍の将軍（名前はわかっていない）は、上官である東ローマ帝国の軍司令官（こちらも名前はわかっていない）に援軍を求めた。首都コンスタンティノープルから到着した上官は、すでにマヴィアと戦場で対峙したことのあった現地軍の警告を一蹴した。そして現地の将軍に戦場から離れているように命じると、予備軍をおかずにマヴィアに挑んだ。その後、命令に従わなかった現地の将軍の助けがあったために、この上官は一命をとりとめた[#20]。

には臆病者であった。ちなみに歴史家ソゾメンは、マヴィアの活躍を讃えるアラブの詩が存在したことを示唆している。史料として、重要な価値がありそうだ。

#14 ここでも、ローマが「3世紀の危機」にあったことが伺える。

#15 467年、西ローマ帝国が滅亡したときには、軍の大半がゲルマン人の援兵や雇われ兵であった。

#16 マヴィアの夫については何もわからない。名前さえも。

#17 誕生してから300年ほどは、キリスト教は、ローマ帝国ではマイナーな宗教であり、多神教や一神教など宗教の「食べ放題ビュッフェ」の一つにすぎなかった。キリスト教に対する迫害には、彼らがどれほど問題を起こしたか、または統治する皇帝

歴史家ソゾメンが「女が率いたとはいえ、決して軽蔑すべきものではなかった」[#21]と総括したこの争いは、和平実現のためにローマ側が譲歩して終わった。マヴィアが提示した条件のなかで最も重要だったのが、モーゼスというアラブ人隠修士を主教とすること——アラブのキリスト教徒にとって、初のアラブ人主教となる——であった。同年、再びローマと同盟協定を結んだマヴィアは、ゴート族が首都コンスタンティノープルを包囲するなか、ローマ軍を救援するために駆けつけた。ローマの歴史家アンミアヌス・マルケリヌス（本書の第1章では、彼の「ケルト人の女戦士の獰猛さ」にまつわる発言を取り上げた）も、マヴィア率いるアラブ部族がローマの窮地を救ったと伝えている[#22]。

マヴィアにまつわる最後の記録は、アレッポ近郊の町に残されていた。彼女が亡くなったことを示す碑文だ。コンスタンティノープルでゴート族を下してから、47年後にこの世を去ったとされている。そんなマヴィアと比べると、記録の残るクレオパトラやブーディカがいかに恵まれていたかがよくわかるのだった。

踊り子から司令官へ——ベーグム・サムルー

舞台は18世紀半ばのインド。身長１４０センチにも満たない元踊り子（高級娼婦だった可能性も）が、夫（もしくは愛人）から傭兵《ようへい》部隊を相続すると、優れた司令官へと成長する（念のため付け加えておくが、彼女以外にも大勢の兵がいるなかでのことだ）。

後にベーグム・サムルーとして知られるようになるファルザナは[#23]、１７５０年頃にデリー郊外の小さな町で生まれる[#24]。父親はアラブの商人で母親は第二夫人あるい

の信心の深さに応じて波があった。しかし３３１年、コンスタンティヌス一世（在位３０６〜３３７）がキリスト教徒の宗教活動を合法化したことで、キリスト教の地位が向上。彼の治世が終わる頃には、キリスト教は帝国の宗教を支配するようになっていたのだった。

#18 マヴィア自身は、ニカイア信条を保護したかったからかもしれないが、主教任命には、神学的な意味だけでなく、政治的・財政的な意味も含まれていた。

#19 たしかに彼らは天幕で生活していたが、この表現では彼らの恐ろしさがいまいち伝わってこない。チンギス・ハーンが統治した遊牧民国家と同様に、タヌーフも複数の部族が集まった、洗練された連合体であった。不変の都市や王宮、大理石のモニュメントを持たずとも、侮りがたい強かな力を有していた。国家の首都が支配者とともに移り変わる、移動都

は二番目の内縁の妻であった（名前は不明。このように、母親の名前がわからないケースは多い）。１７６０年頃に父が亡くなると、異母兄（第一夫人――または一番目の内縁の妻――の息子）から養うことを拒否されたため、ファルザナは母親とともにデリーへ向かった。母親は、そこで高級娼婦になったと考えられており #25 、一方のファルザナは14歳になるまで、デリーのチャウリ・バザールでノーチガール［訳注：インドの古代舞踊カタックの踊り子］#26 として働いていたことがわかっている。

このころのインドは、政治的に混迷を極めた時代であった。偉大なるムガル帝国は衰退に向かい、デリーの皇帝は無力な存在になり果て、地方軍閥の支援のみで王座にとどまっていた。１７１０年にシク教徒が反乱を起こし、パンジャーブ地方をムガル帝国の支配から解放させ、１７１４年にはマラーター同盟がプネー周辺に独自の勢力基盤を築く。

各地方の太守らは、デリーの皇帝を最高の政治権力者と認めながらも、その地方の実質的な支配者は自分だと宣言した――都合のよい虚構である。不安定な王座をめぐる争いも頻発し、さらには貿易特権・統治領・専売権をめぐって対立してきたイギリスとフランスの両東インド会社も、現地インドの対立に介入する形で勢力を争った。両国の凄まじい交戦を目の当たりにした太守らは、ヨーロッパ人の傭兵《ようへい》を軍曹・戦術家・指揮官として迎え入れるようになるのだった。

傭兵の中でも特に優秀な者（「最悪な者」と言い換えることもできそうだが）が、それぞれの傭兵部隊の指揮官となり、その中にオーストリアの傭兵ヴァルター・ラインハルトがいた。ラインハルトは、その顔色か、表情か、あるいは気質からなのかはわからないが、「暗くて陰鬱」という意味を持つ「ソンブレ」という名で呼ばれていた。のちに彼の部下

市であったのだ。

#20、#21 ソゾメン『The Ecclesiastical History of Sozomen, Comprising a History of the Church, from A.D. 324 to A.D. 440』１８５５、ｐ３０７～３０８。

#22 もちろん、マルケリヌスは、全裸のアラブ部民族が雄叫びを上げながら戦いに突入し、倒れた敵の喉から血を吸ってはゴート人を恐怖に陥れた、などと描写することも忘れていない。取扱注意の資料である。

#23 「ベーグム」は身分の高い既婚女性に用いられる称号だが、ファルザナの場合はそうではなかった。

#24 間違いなく、ベーグム・サムルーは実在の人物である。彼女は、18世紀後半から19世紀前半にインドを訪れた大勢のヨーロッパの兵士・商人・行政官らを魅了していたようで、彼

のインド兵たちは「ソンブレ」を「サムルー」と発音するようになる（ベーグム・サムルーの名前の由来である）。

ラインハルトがインドにやってきたのは、１７５０年のことであった。最初は傭兵として働き、気の赴くままに雇い主を転々としたが、ビハール州北部プルニアの軍司令官にヨーロッパ型の歩兵大隊の新兵採用と訓練のために雇われると、独立旅団の司令官に任命された。ベルガル太守のミール・カーシム――１７５７年のプラッシーの戦いに勝利したイギリスは、ベンガル地方を支配下に置き、ベンガル太守を傀儡《かいらい》化していた――が独立を目指し、イギリスのいやがらせを避けて３００キロも離れた場所に首都を移すと、ラインハルトはこれに付き従った。２つの部隊で指揮を執ったことで「パトナの虐殺者」との悪評が立ち、イギリスから反感を買ってしまったラインハルトは、イギリスの報復を逃れ、自分と自分の旅団のために、強力なアワド太守に救いを求める。１７６４年10月22日のブクサールの戦いでは、アワド太守、ベンガル太守を退位したミール・カーシム、ムガル帝国の皇帝シャー・アーラム二世の軍とともにイギリス軍と戦った。

ブクサールの戦いのあと、傭兵隊長ラインハルトはアワド太守の妻とその財産をインド北西部のローヒルカンドの安全な場所まで護送する任務を与えられるのだが、彼こそ、護衛を任せてはいけない人物であった。イギリスの追手から逃れようと、守るべきアワドの宝石や現金を盗み、旅団を率いてジャート族の藩王ジャワヒール・シンのもとに逃げ込んだのである。

そこでファルザナとラインハルトは出会う。１７６５年1月、ラインハルトが一晩の娯楽を求めてデリーを訪れ、ファルザナがノーチガールとして働くコータ（売春宿）#27 に

らの残した手紙や回想録、学術的な著書にベーグム・サムルーの名がたびたび登場する。なかでも重要な資料となっているのが、以下の３つの文書である。

＊ジェームス・スキナーの回想録。アングロ・インディアンの傭兵隊長として成功をおさめたスキナーは、ベーグム・サムルーの戦友でもあった。

＊イギリスの東洋学者ウィリアム・フランクリンによる、シャー・アーラム二世とアイルランド生まれの傭兵隊長ジョージ・トーマスの伝記的資料。２人とも、ベーグム・サムルーの人生に大きな影響を与えた人物だ。

＊サー・ウィリアム・スリーマン陸軍少将によるインド当局者に関する記録。スリーマンはベーグムの死後、数年経ってから、彼女が率いたサルダナ旅団のメンバーにインタビューを行なっている。

また19世紀初頭にイギリス人行政官の妻たちが書いた手紙にも、ベーグム・サムルーについての興味深く、意外な記述が見られる。当時、「サ

たどり着いたのだった。

若きファルザナは誰の目にも美しく、魅力的であった。ラインハルトは、すぐに彼女を連れ出すと、自分の家に招き入れた。彼女がラインハルトの第二夫人（または二番目の内妻）となった点は母親と同じであったが、年長の内縁の妻バリ・ビービーやその息子ルイ・バルタザール・ラインハルトと互角に渡り合った点では異なっていた。

２人を知るジェームズ・スキナー中佐の「彼女の才能と的確な判断力は、ラインハルトにとって非常に有益なものであり、そのため彼よりも優位に立つようになった」[#28]という発言が記録に残されている。ラインハルトの軍隊が出陣する際には、ファルザナも駕籠《かご》に揺られて戦場に赴いた——傭兵隊長として実地訓練を積むためである[#29]。１７７２年から１７８５年までイギリス東インド会社の初代総督を務めたウォーレン・ヘースティングズは、ファルザナについて「彼女は（駕籠に乗って）すべての兵のもとをまわり、彼女の勇姿に魅せられた男たちを励ましていた」[#30]と報告している。ラインハルトがファルザナと結婚したかどうかは不明だが、彼の部隊は彼女のことを、敬意を込めて「ベーグム・サムルー（サムルーの妻という意味）」と呼んだ。

ジャート族のジャワヒール・シンに9年間仕えたラインハルトだが、彼の忠誠心は最後まで続かなかった。ムガル帝国軍がジャート族をアグラから追放すると、彼はシャー・アーラム二世の軍隊のもとへと逃亡したのだ。このときのラインハルトは、３０００人にものぼる旅団を引き連れており、そこにはインドでの豊かな生活を求めてヨーロッパの戦場やスラム街からやってきた２００人の自称将校も含まれていた。

１７７６年、シャー・アーラム二世はラインハルトを、デリーの北東60キロほどに位置

ルダナのベーグムの招待状」を持つことは、社交界の有名人の証のようなものだった。

#25 「高級娼婦（courtesan）」と資料に残っていることから、一般の「娼婦」に比べれば、自身の境遇をコントロールしやすい立場にあったのかもしれない。正確な情報かどうかはわからないため、誰かが理想を込めてこの言葉を使った可能性もある。

#26 一口に「ノーチガール」といっても、ピンキリだ。トップクラスの女性は日本の芸者のような存在で、歌や舞などで客を楽しませながら、もてなすための訓練を受けている。一方の下っ端の娼婦は、腰を動かすダンスを披露して客を惹きつけた。成功の尺度はどこでも同じ——太っ腹な客がついているかどうか——だが、報酬率や関係の長さは大きく異なる。

#27 バー・売春宿・娯楽施設を組み合わ

する約２０００平方キロメートルの広大な領地サルダナのジャーギールダール[#31]に任命する。雇われ兵にとっては夢のような状況だが、それも長くは続かなかった。その2年後に、ラインハルトが他界してしまうからだ。こうしてベーグム・サムルーは、サルダナと旅団——歩兵5個大隊、ヨーロッパ人とユーラシア人の士官と砲手３００人、大砲40門、それを引くための大きな雄牛——を手に入れた。一方、指揮者として不適格とされたラインハルトの「愚息」ルイ・バルタザールには、指揮権は譲渡されなかった。シャー・アーラム二世は、文字の書ける者には署名させ、書けない者には立証した嘆願書を提出させて、ベーグム・サムルーを正式にサルダナ旅団の司令官に任命したのだった。

サルダナ旅団の団員は、前任のラインハルトよりも優しい指導者を得たと思ったかもしれないが、ベーグム・サムルーは積極的に軍を率いて、その考えが誤りであることを身をもって証明した。彼女は自ら戦いながらも、砲術や攻城術といった技術的なことは士官に任せていたようで、敵から「魔女」と評されるほどの負け知らずであった（「魔女」という言葉は、何世紀にもわたってさまざまな女指揮官に投げつけられた言葉でもある）[#32]。そんな彼女にも、優しい面はあった。旅団長として、敵対するルイ・バルタザールを処刑したり、目をつぶしたりする当時の慣行を拒んだのだ——とはいえ、これがのちに彼女を悩ませることになる。

ラインハルトが率いていた頃は、略奪を繰り返し、雇い主を転々としていた旅団も、ベーグム・サムルーの時代にはそれも改められる。優れた管理能力と忠誠心を持つ彼女は、自分と旅団の経済的安定を図るために、皇帝との関係を深めていった。さらにサルダナの土地を豊かに耕し、傭兵たちの寡婦や子どもたちを支援した——その中には年老いたライ

せたような場所——昔の西部劇に出てくるダンスホールを思い浮かべてもらいたい。

#28 ジュリア・キー『Farzana: The Woman Who Saved an Empire』所収、ジェームズ・ベイリー・フレイザー「Military Memoir of Lieut.-Col. James Skinner」２０１４、p69より。

#29 「トムボーイ症候群」ではないケースだ。

#30 ニコラス・シュリーヴ『Quoted in Nicholas Shreeve, Dark Legacy: The Fortunes of Begum Samru』１９９８、p51。

#31 ムガル帝国では、軍隊に直接給料を支払う代わりに、徴税権を認めた封土ジャーギールを軍事指導者らに与えることで、軍事資金を調達していた。ジャーギールの所有者（ジャー

ンハルトの第一夫人もいた。

ベーグム・サムルーは、皇帝シャー・アーラム二世の命と王位を何度も救っている。最初は、1787年にローヒラー族のグラーム・カーディル族長がデリーに進軍したときのことだ。侵攻の2日後、ベーグム・サムルーとサルダナ旅団は、皇帝が窮地に陥っているとの知らせを受けて、急ぎ駆けつけた。グラーム・カーディルから「こちらに寝返れば、略奪したものを山分けしよう」とそそのかされても動じず、誘いを断るとカーディルらをジャムナ川の向こう側まで追い返した（これがラインハルトであったなら、甘言に惑わされていただろう）。

翌年にもまた、グラーム・カーディルが戻ってきた。ベーグム・サムルーは再びシャー・アーラム二世を守るために進軍するも、今度は間に合わなかった。カーディルは皇帝の目をつぶし、存在しない宝物を求めて宮殿を荒らしまわった挙句、皇女たちを婦人部屋（ゼナナ）#33から引きずり出すと、自分たちの軍のために踊らせたのである。

その後、逃亡したカーディルは、サルダナ旅団とマラーラー王国軍に捕まる。特製の檻に入れられたまま2日間吊るされると、皇帝への仕打ちに対する報復として手足を切断され、両目もえぐられた。えぐられた眼球は箱に入れられ、目の不自由なシャー・アーラム二世が愛でることができるようにと贈られた。

シャー・アーラム二世は、ベーグム・サムルーの自分に対する想いを認め、彼女にムガル朝時代のインドでは大変価値があるとされた「名誉のローブ」を与え、軍隊を支えるためにジャーギール（封土）を増やしただけでなく、「皇帝の娘」と「性の装飾品」という意味を持つ称号も授けたのだった——カルカッタのスラム街の踊り子から大出世である。

ギールダール）は、集めた金の一部を帝国に渡し、残りを兵隊への支払いにあてたり、自分の取り分にしていた。

#32 女の指揮官が男の敵を倒すことに対して、これ以外にどのような説明がなされていたのだろう？

#33 裕福なヒンドゥー教徒やイスラム教徒の家の内側の部屋で、その家の女性が住んでいた。

1792年、ベーグム・サムルーは「寡婦」であり続けるための鉄則を破る。再婚したのだ。だがその相手が、部下のフランス大砲職人ピエール・アントワーヌ・ルヴェソであったことが問題だった。ルヴェソは人望の薄い人物であったのだ。結婚するやいなや、ルヴェソは旅団の指揮権を握るべく、将校やインド人の雇い兵を追放してしまう。

夫の厄介な行為だけでなく、信じがたい事態がベーグム・サムルーを襲う。サルダナ旅団が、ルイ・バルタザール（前夫ラインハルトの「愚息」だ）の名のもとに謀反を起こしたのである。彼らは、マラーター王国が傀儡の皇帝シャー・アーラム二世の名で帝国を支配したように、ルイ・バルタザールを見せかけの司令官として任命し、旅団を乗っ取ろうとしていた。

計画を知って、身の危険を感じたルヴェソは、ベーグム・サムルーを説得し、イギリス領を目指して一緒に逃げた。さまざまな資料に、2人が「捕まったら自殺しよう」と約束していたと記録されているが、そのあとの展開については説が分かれる。なかにはベーグム・サムルーは死んだと思い込んだルヴェソが自殺するという『ロミオとジュリエット』ばりにロマンティックな説まで存在する（ベーグム・サムルーとその女中が、使えない夫を処分するために死を装ったなどという説まである）。現代では、ルヴェソは、彼のことを軽蔑し、戦場での接近戦に慣れた追っ手に殺されたと考えられているが、2人の逃避行はルヴェソが死に、ベーグム・サムルーがかつて率いた軍の捕虜となって終わるのだった。

そんなベーグム・サムルーを、元サルダナ旅団のアイルランド人傭兵ジョージ・トーマスとその小部隊が救う。ベーガム・サムルーの元恋人でもあったトーマスは、脅し・はったり・賄賂などを駆使して、彼女をサルダナ旅団の指導者に復帰させると、ルイ・バルタザールをデリーへと送り返した。

ラインハルトとベーグム・サムルーが、さまざまな苦難からムガル帝国皇帝シャー・アーラム二世を守っている間に、世界は大きく変化していた。それまでは「商人」や「傭兵」のような存在であったイギリス東インド会社が、「キングメーカー」「帝国建設者」へと変貌を遂げていたのである。

1803年9月23日、ベーグム・サムルーは、アッサイェの戦いで初めてイギリスと相対する。この戦いで、サルダナ旅団の5個大隊はマラーター同盟側に立ち、のちのウェリントン公爵アーサー・ウェルズリー司令官率いるイギリス東インド会社の軍隊と一戦交える。これは、ウェルズリーが初めて大勝利を収めた戦いとなるのだが、のちに彼は「その規模に反して、最も血なまぐさい戦い」#34であったと振り返っている（ワーテルローの勝利者にしては、なかなかの発言だ）。それはベーグム・サムルーにとっても同様であった。かつてラインハルトは、傭兵の最良の戦略は「戦って逃げる者は、また別の日に戦うことができる」ことだと彼女に教えたことがあったが、ベーグム・サムルーは戦場に留まり、そこで部下の4分の1を失っている。

この戦いは、イギリスとマラーター王国との間で続いてきた戦いの転換点となり、デリーにおけるマラーター族の優位性が消滅した。そのためイギリスが、マラーター族に代わるシャー・アーラム二世の主要な保護者となり、サルダナもイギリスの支配下に置かれることとなった。

その後、ベーグム・サムルーは交渉を成功させ、サルダナの所有権とサルダナ旅団の名目上の指揮権を含む、それまで享受してきたすべての権利を維持できるようにした。イギ

#34 ジョン・ウィルソン・クローカー『The Croker Papers, 1808～1857』1967、p100。

リス統治下で、軍隊を維持することができた傭兵司令官は2人存在し、そのうちの1人がベーグム・サムルーであった。

ベーグム・サムルーは、その後30年間サルダナを統治し、旅団は東インド会社の非正規部隊として活動し続けた。彼女が最後に部隊を率いたのは、1825年にジャート族が立てこもるバラトプールを包囲したときのことであった。彼女はイギリス軍の司令官の隣にテントを張り、それまで多くの人々を魅了してきたように、彼の気持ちも掴んでしまったことだろう。

8万の手下を率いた中国の海賊、鄭一嫂

19世紀前半、女性の足が文字通り縛られていた清（中国）で[#35]、鄭一嫂《ていいっそう》（資料の年代によっては、シ・シアン・クやシ・ヤン、レディ・チン、チン夫人、鄭一の妻などとも呼ばれていた）が南シナ海を荒らしまわっていた。

もともとは広東の売春宿にいた鄭一嫂（1775〜1844）は、1801年に結婚した鄭一とともに、強力な海賊連合を築き上げていく[#36]。

19世紀の中国では、海賊は家族ぐるみのビジネスであった。一族は船で生活し、なかには一生を海の上で過ごす者もいた。女海賊も珍しくなく、船を指揮し、男と肩を並べて戦った。

中国の海賊活動が活発化したきっかけが、ベトナムで起こった西山《タイソン》の乱である。

1771年、現在のベトナム・ビンディン省で反乱が勃発する。最初は地方の暴動に過

[#35] 女性は公職に就くことも禁じられ、教育や雇用の機会も限られていた。中国だけというわけではないが。

[#36] 本書で鄭一嫂、また中国の海賊について執筆するにあたり、主に次の2つの資料の英訳版を参考にした。1つ目は、中国政府の職員・袁永綸による非公式な歴史書『靖海氛記』である。1830年に広東で出版されたものを、翌年にドイツ人の東

ぎなかったが、農民や商人の幅広い支持を得て、瞬く間に国中に広がっていった。

１７９２年になると、より多くの人手を必要とした反乱軍が、中国の南海岸で活動する鄭一ら海賊を集めて、非公式の海軍として用いるようになる #37。海賊たちは、ベトナムの西山の資金援助を受けて、数十隻のジャンク船［訳注：中国で用いられた交易船］に何百人もの海賊を乗せた大艦隊の連合を作った——西洋の海賊の無秩序さとは似ても似つかない組織であった。

１８０２年、西山朝は滅び、阮朝が成立 #38。阮朝の艦隊は海賊軍を打ち破り、中国へと駆逐した。

西山の保護を受けて繁栄してきた海賊たちは、この頃から鄭一とその妻を強力な指導者として頂くようになる。そして「非公式の海軍」として培《つちか》ってきた経験を活かして、海賊行為を大きなビジネスへと変えていった。

西山朝時代に誕生し、敵対しあってきた海賊組織を6個の艦隊からなる連合体に統合し、各艦隊を6色の旗で区別すると、個別の指導者を据えた。１８０５年には、約４００隻の武装ジャンク船と4~6万人もの海賊を擁するまでになっていた。

１８０８年に鄭一が急逝したことで、海賊団の新たな指導者となった鄭一嫂は、後継者争いを避けるために、養子の張保《ちょうほ》を最も強力な艦隊の指揮官に任命した #39。

それまで個人的な関係で成り立ってきた海賊団は、張保が作った掟に基づいて「海賊国家」と呼ぶにふさわしい組織へと統率されていく。その掟では、違反に対する罰則から戦利品の分配方法まで、細かく定められていた。

こうして鄭一嫂は、全盛期には１５００隻の船と7~8万人の部下を管理するまでにな

洋学者カール・フリードリッヒ・ノイマンが英訳して『１８０７年から１８１０年まで中国の海を荒らし回った海賊たちの歴史（History of the Pirates Who Infested the China Sea from 1807 to 1810）』を発表した。これは鄭一嫂との戦いで殺された役人たちのひとりである袁永綸が、海賊たちと直接戦った人物の証言に基づいて執筆したものである。もう一つの資料が、『ラドロネスの中で過ごした私の捕虜生活と扱いについての覚書（A Brief Narrative of My Captivity and Treatment Among the Ladrones）』。東インド会社の船員であったリチャード・グラスプールが、7人のイギリス人船員とともに中国の海賊（ポルトガル語でラドロス）に捕らえられた際の体験談を綴っている。

#37 16世紀のヨーロッパで利用された「私掠船（敵に対する攻撃・略奪を国家から認められた個人の船）」と同類だ。

っていた。海岸沿いに財務事務所を設置して手数料を徴収するなど、「ビジネス」にも精を出した。小さな交易船から帝国の軍艦まで、手当たり次第に船を攻撃するだけではなく、沿岸の漁村や貿易船から保護費を取り立てたり、高級官僚の領地を襲撃したり、広東へ塩を運ぶ政府の船を護衛したりもした。

１８０９年、広東の沿岸全域を脅かす存在となっていた海賊団を取り締まるために、中国政府はヨーロッパに助けを求め、交渉の末にイギリスから20門もの大砲を載せたマーキュリー号を、ポルトガルから6隻の軍艦をそれぞれ借り受けた。だが、それでも鄭一嫂を捕らえることはできなかったため、翌年には戦術を切り替えて、海賊に「恩赦」を与えることにした。

この恩赦についての交渉の場に、まずは張保が臨んだ。だが話し合いがまとまらなかったため、2回目の交渉には鄭一嫂が代わって出席する。

１８１０年4月10日、鄭一嫂は部下の妻や子どもたちを引き連れて、武器も持たずに広東の総督本部に出向くと、船上と同じく強力な存在感を発揮して交渉を有利に進め、海賊の恩赦、海賊行為で得た金を保持する権利、帝国の軍隊への優先的な登用などの条件を勝ち取った。この結果、張保は大尉の地位と、個人艦隊の指揮権を得ている。鄭一嫂は、69歳で他界するまで、広東で平穏な生活を送ったとされているが、その実は「悪名高い賭博場の経営者として許される限り、平和に暮らしていた」[#40]ようだ（あの鄭一嫂が、編み物や麻雀だけしていたなんて、誰が信じるだろうか？）。

現在も、戦争による寡婦は依然として存在する。これからも人類が国境・資源・宗教・

#38 フランス人宣教師の助けを借りている。これがフランスの植民地支配への契機となる。

#39 のちに2人は結婚している。すでに張保は組織内で尊敬を勝ち得ていたからか、ベーガム・サムルーの2度目の結婚のときのような「内輪もめ」は起こらなかったようだ。

#40 ディアン・H・マレー『Cheng I Sao in Fact and Fiction』より。（「Bold in her breeches : women pirates across the ages」所収。１９９５、p

政治哲学・政治指導者のエゴなどをめぐって争い続ける限り、いなくなることはないだろう。だが、かつてのような「寡婦戦士」はもういない。現代には、マヴィアやベーグム・サムルー、鄭一嫂のような女性たちなど存在しないのだ。戦いに身を投じる寡婦はいても、その理由は怒り、悲しみ、恐怖といった、より個人的なものである#41。

ソ連軍将校の妻、マリア・ヴァシーリエヴナ・オクチャブリスカヤ（１９０５〜１９４４）の例を見てみたい。１９４１年8月、夫がキエフ近郊で戦死したことを知ったマリアは、復讐を誓うと、持ち物をすべて売り払って、T-34戦車を赤軍に寄贈するための資金を集めるのだが、彼女は寄贈にある条件をつけている。「自分が戦車を運転して戦うこと」である。これに対して軍は、悲しみに暮れる寡婦が亡き夫を偲んで戦車を運転すれば、よい宣伝になりそうだと判断し、条件を呑んだ。

それから5か月間、マリアは操縦と整備の訓練#42を受けたのちに、スモレンスクの第26親衛戦車旅団に配属される。彼女は「戦う女友だち」と名付け、車体にその言葉を書いた戦車#43を伴って、前線へと赴いた。本当に戦えるのかと周囲から軽んじられながらも、彼女はすぐにそれが邪推であることを証明してみせる。１９４３年10月21日の初戦にて、対戦車砲1問と機関銃数丁を破壊して、誰よりも早く敵陣を突破したのである。戦車が被弾すれば身一つで飛び出して、銃弾が飛び交うなかで戦車を直しもした。マリアは妹への手紙で、戦いについて「怒りで息ができなくなることもある」と書いている。

マリアはその戦闘で軍曹に昇進するも、１９４４年1月17日の戦闘で致命傷を負ってしまう。戦車の駆動輪を修理しているときに榴散弾が頭に当たって負傷し、ついには帰らぬ人となるのだった。没後、彼女には、ソ連英雄の称号が授与されている。

２１２）

#41 もちろん、過去にも個人的な理由で、戦いに身を投じた女性は存在する。さらには王妃・伯爵夫人・ファーストレディといった限られた女性だけではなく、市井の女性たちだって夫を失ったために大砲を構え、剣（または自動小銃）を手にし、復讐を叫んだ。「マッド・アン」ことへネス・トロッター・ベイリー（１７４２〜１８２５）は、１７７４年に起こったダンモアの戦争で最初の夫リチャードをショーニー族に殺されたことで参戦を決意。男性用の服を身につけると、近所の者たちにも武器を取るように呼びかけた。アメリカ独立戦争が始まると、7歳の息子を近所の人に預けて、偵察や伝達係として志願してもいる。戦後になっても国境で偵察を続けながら、「インディアン・ファイター」として活躍した。

そう、「やもめの献金」だって、ときに並外れた力を発揮するものなのだ。

#42
戦車操縦士の訓練期間としては異様に長い。戦車の操縦など、鍵を渡されて、向かう方向を指示されるだけだ。赤軍は、自分たちの「広告塔」がヘマをすることを恐れたのかもしれない。

#43
アメリカのテストパイロット、チャック・イェーガーが、妻に敬意を表して「グラマラス・グレニス（Glamorous Glennis）」と機体に入れたのと、さほど変わらない。

CHAPTER FOUR

チェス最強の駒 ――クイーン

THE MOST POWERFUL PIECE ON THE CHESSBOAD

チェスにおける最強の駒といえばクイーン〈女王〉だが、最初からそうだったわけではない。8世紀頃、ムスリムによって南ヨーロッパにチェスが持ち込まれたときには、クイーンは存在すらしていなかったという。

のちに加わったクイーンが、その機動性を誇るようになったのはカスティーリャ王国（のちのスペイン王国の中核）のイサベル女王（1451〜1504）の時代に入ってからだ。クイーンがビショップ〈僧正〉とルーク〈城・戦車〉の力を併せ持った末に「狂った女王のチェス（マッド・クイーンズ・チェス）」などと呼ばれる、物議を醸すゲームが誕生したのである（当時の記録によると、クイーンがナイト〈騎士〉の力を得なかったのは「女性のか弱い力では、武器を持てるわけがないから」#1との理由だったようだ）。

そこにイサベルの影響があったかはわからないが、そうであっても不思議ではないほどイサベルは強く、機動力に富んだ女王であった。彼女こそ、女君主が珍しい時代に君主として在位した女性であり、15世紀ヨーロッパの権力政治の世界にいながら、卓越した政治手腕・軍事力・駆け引きで、ポーン〈兵隊〉から見事にクイーンに昇格してみせた人物なのだ。

イサベルが統治する間、カスティーリャでは絶えず戦争が起こっていた。王位に上ると

#1 マリリン・ヤローム『Birth of the Chess Queen: A History』2004、p214。

きには、イサベルの支持勢力が12歳の姪ファナを擁立する勢力と対立し、5年にも及ぶ内乱が勃発#2。ファナ派を破って正式にカスティーリャ女王になると、次いでイベリア半島最後のイスラム王朝グラナダ王国に宣戦布告する。

イサベルは王位に就いた直後から、夫・アラゴン王フェルナンド二世とともに軍を指揮する立場にあった#3。戦場を駆け巡るのはフェルナンドでこそあれ、そのほかの争いごとのすべてはイサベルが取り仕切った。戦場で部隊を率いずとも（まったく率いなかった訳でもなかったようだが）、開戦時には身重の体でも前線に赴き、戦術を立てた（10年にも及ぶグラナダ王国との戦いでは、会議用のテーブルで陣痛が始まったことさえあった）。軍資金の交渉や物資の手配にも奔走し、各都市に要請する騎士・歩兵の数から、道路・橋の建設や攻城兵器などの製作に必要な技師・労働者・道具・武器の数を算出。イスラム世界から伝わった最新の重砲について調べては、適切な銃や弾薬を買い求めるためにフランスやドイツから専門家を呼び寄せた。北アフリカのイスラム勢力からの救援を阻止すべく地中海を巡回する艦隊を編成し、さらには「クイーンズ・ホスピタル」として知られる移動式の野戦病院を作り上げて軍事医術に大きな革新をもたらしもした。まさにイサベルは、カスティーリャの最高司令官であり、経理・補給などを一手に担う主計将校《しゅけいしょうこう》であり、軍の士気を高める存在であったのだ。「統治を望む君主こそ、働かなければならない」#4──イサベルが残したこの言葉にこそ、彼女の統治者としての姿勢がとてもよく表れているのだった。

#2
正確には、ファナの王位継承に乗り気だったのは、ファナのずっと年上の夫・ポルトガル王アフォンソ五世のほうであった。年若き妻がカスティーリャを支配するようになれば、自分が両国王として君臨できる。彼には、単なる「配偶者」に収まるつもりはなかったはずだ。

#3
イサベルとフェルナンドは15世紀を代表するパワーカップルだ。「Tanto monta, monta tanto, Isabel como Fernando（イサベルとフェルナンドは同格だ）」というモットーのもと、2つの王国を共同で統治した。この言葉は「イサベルが、フェルナンドと同じ高さで立つように」とも訳されることがあるが、実際には「フェルナンドが、イサベルと同じ高さで立つように」のほうが真実に近いかもしれない。兄王エンリケ四世に嫁ぎ先が決められそうになったが、イサベラはただ手をこまねいて見ていたりはしなかった。

＊＊

イサベルに端を発し、異例なほど大勢の女性が統治者、摂政、男王の配偶者として席巻したのが16世紀ヨーロッパであった。彼女の孫娘メアリー一世をはじめとする女性たちが、自ら軍を指揮し、包囲された城や町を攻撃から守り、戦地にいる夫の代わりに要塞の留守を預かった。

もちろん、そのずっと前から「戦う女王」は存在していた。本書でもすでに紹介したように、紀元前6世紀にはトミュリスが、紀元前4世紀にはアルテミシア二世が、それぞれ自国を守っている。3世紀のアラビアの女王ゼノビアもローマに対抗した。ローマの東方地域3分の1ほどを征服してパルミラ帝国を築くと、短くはあったが、アラビアからエジプト、現代のトルコの一部にも及ぶ広大な領土を治めた。あのクレオパトラ（紀元前69～同30）も、アントニウスとオクタウィアヌスの間で起こった海戦でエジプトの海軍を指揮した（ただ美しかっただけではないのだ）。古代ヌビアのクシュ王国では、「カンダケ」という称号を持つ女王たちが軍を率いて戦場に赴いた。ギリシャの地理学者ストラボによれば、なかでも有名な勇者アマニレナスは、紀元前25年頃の戦いで片目を失いながらエジプトでローマ軍を打ち破ったという #5 。4世紀の中国では、前秦の毛皇后《もうこうごう》が数百人の兵士を率いて姚萇《ようちょう》ら後秦軍に挑み #6 、インドでは父親から後継者として指名され、デリー・スルターン朝における唯一の女性君主となったラズィーヤ・スルターン（１２４０年没）が、実兄率いるトルコ系貴族の武力反乱に抗った #7 。中世ヨーロッパでも、イサベルの祖先にあたるサモーラのウラカと、その姪であり（また名も継いでいる）カステ

若くて器量がよく、アラゴン王国の後継者であるフェルナンドを夫に選ぶと、秘密裏に結婚してしまったのだ。アラゴン王国は、規模も、富も、権力もカスティーリャに劣っていたため、イサベルは結婚に先立って、フェルナンドの伴侶となっても、彼女自身がカスティーリャの君主であるとする「婚前契約」を交わすことを主張した。

#4
ジャイルズ・トレムレット『Isabella of Castile: Europe's First Great Queen』２０１７、ｐ１５３。

#5
その15年後には、別の「カンダケ」であるアマニシャケトもローマ軍に勝利している。このようにローマ人はしばしば女戦士に破れているにもかかわらず、なぜか「女性が戦うこ

イーリャのウラカが、ともに女王でありながら戦士として戦った。サモーラのウラカは弟のために別の弟と戦い、もう一人のウラカはカスティーリャの支配権をめぐって夫と争った――といった具合に、「戦う女王」の例には枚挙にいとまがない。

歴史を紐解けば、戦う女王など簡単に見つかる。男性が軍隊を指揮するのが当たり前の文化でも、探せば彼女たちに行き当たるのだ #8。

「王の妻」か「女の王」か？

だが「戦う女王」が古今東西に存在していても、彼女たちの存在基準は社会的・政治的にもほとんど明確にされていないままだ #9。

「王」というものの本質については、これまで長い時間をかけて、実践的にも、理論的にも追求されてきたし、今後も続けられるだろう。なのに「女王」の本質については放っておかれっぱなしなのだ #10。王権とはなにか比較研究を行なったA・M・ホカートは、政治理論家らのあいだで形成されてきた女王についての総合的な見解をこう要約している。「女王の本質が、王のそれよりも曖昧なのは、他国の役人と同じく女王も王に吸収されているからである。女王は、王と世界を共有することをやめてしまうのだ。王こそ宇宙になり、女王はその一部に過ぎなくなる。アダムの肋骨からイヴが創られたのはその結果なのだ」#11。

ホカートの理論では、女王は王の付属物にまで貶《おとし》められているが、こういった考え方は、実在する女王を対象とした研究にも反映されており、女王は「王国」との関係ではなく、

と」を理解できずにいたようだ。

#6
多勢に無勢で、まさに「暴挙」であったが、それでもある程度のダメージを与えてもいる。姚萇は、毛皇后を妻（あるいは妾）にしようとした――前任者の妻を支配することで、より強固に支配するという典型的なやり方だ。憤った毛皇后が、「天子を殺し、皇后を凌辱しようとする男を受け入れるわけがない」と答えると、怒った姚萇は、毛皇后だけでなく、皇帝の2人の息子も殺したのだった。

#7
当時の年代編集者は、彼女の功績を、ほかの女戦士にも当てはめられそうな言葉でまとめている。「彼女は、王にふさわしいあらゆる資質を備えていたが、正しい性別で生まれてこなかった。そのため男性の評価のなかで、これらの美徳はどれも役立たずとされた」（ミンハジ・ウス・シラージュ、タバカティ・ナシリ『History of India as Told by Its

「王」との関係で定義されがちだ。女王たちは、まずは「王の妻」として登場させられ、その後に「王の母」として描かれる。英語で女王を意味する「Queen」は、アングロ・サクソン語の「qwen」に由来するのだが、この言葉は、王とは全く関係のない「妻」を意味する初期ゲルマン言語と関連している。このような背景があるからこそ、名誉男性としての地位を主張し、自らを「女王」ではなく「女の王」と称する女王がいたのも当然であろう。これこそ、古代ヨーロッパから存在する「戦術」なのだ。

前章でも見てきたように、女王たちが「王の母」として戦ったり、「王の妻」として夫の不在を守るために戦ったりするのは、珍しいことではない。彼女たちは、母として、妻として、自分が権威を得る王の名のもとに戦う。

しかし、そのように息子や夫の代わりとしてではなく、己の力で国を統治し、実際に戦った女王について議論をしようとしても、歴史家や政治理論家から「そんな女王は例外だ」と片付けられるのがオチなのだ。ジョン・キーガンが戦争に従事した女性を「ごくわずかな例外」#12と片付けてしまったように。

さらには、女性君主という存在自体が異例だと見なされることもある。18世紀の歴史家エドワード・ギボンは、スコットランド女王メアリー（在位：１５４２〜１５６７）を筆頭にイングランド女王メアリー一世（在位：１５５３〜１５５８）、エリザベス一世（在位：１５５８〜１６０３）、メアリー二世（在位：１６８９〜１６９４）、アン（在位：１７０２〜１７０７）が国家権力を行使することを「自然異例」だとして、その理由を次のように説明する。「ところが、多くの世襲制君主国、とりわけ近世ヨーロッパのそれになると、一つにはいわゆる騎士道精神による女性尊重、二つにはちゃんとした継承相続法

Own Historians, vol.2』より）。

#8 産業革命よりも前に存在した文化のほとんどすべて、ということになる。これには例外もあり、正当な統治者が慣習化された人物である場合、または軍事的指導者が独立して統治していたような文化ではそうではなかった。なかでも、鎌倉幕府から明治維新にかけて（例外はあるものの）、天皇から任命されて、将軍が国を統治していた日本の事例だろう。酋長、王、または天皇が戦争に出ない文化には、戦う女王も存在しない。とは言っても、そのような文化に女戦士がいないというわけではない。「女の侍」がいたのだ。

#9 例外もある。アントニア・フレイザーの『The Warrior Queens』では、戦う女王たちの物語に共通するテーマが考察されている。

#10 実際に、家にある辞書をかたっぱし

の制定を見たせいか、自然異例が生まれるようになり、文武ともに、いかに些細な国務にもたえられそうに思えぬ女にまで、しばしば強大国の絶対君主論を求める例が現われた」[#13]。

ベン図の中心部のように、いくつもの例外が重なって生まれた「戦う女王」たちは、自己の存在を正当化してきた——しばしば剣の切っ先で。

ペルシア海軍唯一の女性、アルテミシア一世

トミュリスがペルシアのキュロス大王を倒してから半世紀ほど経った前480年頃、ハリカルナッソスの女王アルテミシア一世は、ギリシャ侵攻を目論《もくろ》むペルシアのクセルクセス大王に従軍していた[#14]。同じ名を持つアルテミシア二世[#15]と同じく、アルテミシア一世も、ペルシアに服属しながらカリア地方のハリカルナッソスを中心に、近隣のコス島・カリュムノス島・ニシュロス島を統治していた。このアルテミシアが5隻の船を率いたサラミスの海戦で、ペルシア側は大敗を喫する。クセルクセスが彼女の忠告に耳を傾けなかったからだ。

この10年前、マラトンの戦いでギリシア軍に敗北したペルシア軍は雪辱を果たそうと、新たなクセルクセス大王のもとでテルモピュライの戦い、アルテミシオンの海戦、そしてサラミスの海戦を引き起こしていく。

ヘロドトスが史上最大の軍団と評した陸軍に加えて、クセルクセスは海軍も編成してギリシャ軍に挑んだ。そこで艦隊を率いた唯一の女性がアルテミシアであったが[#16]彼女

から調べてみたが、「kingship（王政・王位という意味）」は載っていても、「queenship」という言葉はどこにも見当たらなかった。

#11 A・M・ホカート『Kings and Councilors: An Essay in the Comparative Anatomy of Human Society』p98。

#12 『戦略の歴史（上）』ジョン・キーガン著、遠藤利國訳、中央公論新社より。

#13 エドワード・ギボン『ローマ帝国衰亡史』より［訳文は『ローマ帝国衰亡史 1』エドワード・ギボン著、中野好夫訳（筑摩書房）より引用］。

#14 アルテミシア一世についての出典も、我らがヘロドトス（前490〜420年頃）からであり、現代の基準に照らせば、彼の記録こそ一次資

を含め、船にはペルシア以外の国の兵士が大勢乗っていた。ペルシアは地上兵力を誇る国であったため、その艦隊の船はすべて外洋に面した属国（今日のギリシャに該当する場所も含まれていた）から提供されたものであったのだ。

ヘロドトスは、ギリシャとの戦いに参加したアルテミシアのことを「讃嘆《さんたん》おく能《あた》わざる」#17と述べている。彼女には青年期に達した息子がいたため、その息子こそカリアの指導者に立つのが当然だとされていたが、アルテミシアは自ら船を指揮したのである。これをヘロドトスは「もって生まれた豪気勇武の気象から遠征に加わった」#18と説明する。

アルテミシアは、ギリシャのエウボイア島（現在のエヴィア島）沖でのアルテミシオンの海戦でも、目覚ましい活躍を見せた。その戦いと並行して、ペルシア陸軍はギリシアのトラキアへ侵入すべくテルモピュライ峠で戦いを起こし、勝利を収める。テルモピュライ陥落の知らせを受けたギリシャ艦隊は撤退するが、ペルシア・ギリシャ両艦隊とも大きな損失を被《こうむ》ったため、アルテミシオンの海戦には明確な勝利者はいなかった。

その後、ペルシア軍はギリシャへ侵攻してアテネを焼き払うが、ギリシャ人は一足先にアテネを放棄し、サラミス海峡近くの沿岸に海軍を集結させていた。ここでクセルクセスは決断を迫られる。これを勝利としてペルシアに凱旋するか、あるいはギリシャが和平を申し出るまで侵略を続けるか。はたまた海上でギリシャ軍と一戦を交えて、再び決定的な勝利を収めるか――。

クセルクセスが艦隊の指揮官らを集めて軍議を開くと、そこでアルテミシアは他の指揮官とは異なる意見を述べた。ペルシアのほうが大規模な艦隊を誇るが、海戦にかけてはギリシャ人のほうが一日の長があるため、海で戦うべきではないと進言したのだ。放ってお

料と見なされるだろう。まずヘロドトスは、一連の戦争の数年前に、ハリカルナッソスで生まれている。ヘロドトスの著作の翻訳者オーブリー・ディ・セリンコートが推測するように、彼には実際に争いに参加した兵士たちと話す機会が十分にあったはずだ。アルテミシア一世は、パウサニアス、ポリアエヌス、プルタコスの著書や、サラミスの海軍でギリシャに従軍した詩人アイスキュロスが書いた『ペルシア人』（前472年）にも登場する。

#15 ロドス島の反乱軍を破った人物。第3章p76〜参照。

#16 知られている限りでは、であるが。後世になると、男装した女性が陸でも海でも戦うようになる。

#17 ヘロドトス『歴史』より「#18、#22ともに訳文は『歴史（下）』ヘロドトス著、松平千秋訳（岩波書

けばギリシャ人はおのずと追い散らされるだろうが、勝ちを求めて海戦に突入すれば、ペルシアの海軍だけでなく陸軍だって壊滅しかねない。

　だがクセルクセスは、そんなアルテミシアの忠告を無視した。彼は、先のアルテミシオンの海戦で勝利できなかったのは、自分がその場にいなかったためだと考えたのだ（傲慢《ごうまん》だ）。そしてサラミス島とギリシャ本土の間の狭い海峡にギリシャ人を追い込むよう、艦隊に命じる。アルテミシアは内心はこの命令に反対していたかもしれないが、他の三段櫂《さんだんかい》船《せん》とともにファレロン湾から漕ぎ出していったのだった。

　そのようにして、前480年9月20日にサラミスの海戦が始まった。

　双方の艦隊を構成した三段櫂船は、最先端の造船技術で作られた木造の戦闘用ガレー船であった。戦闘に入ると、漕ぎ手が三段の櫂《かい》（オール）を一斉に動かしてスピードを上げ、高い操縦性を発揮する。また、その船首水線下には、木材の芯にブロンズの鋳物をかぶせた「ラム」と呼ばれる衝角《しょうかく》（突進攻撃用の武器）がつけられていた（アルテミシアの物語では、このラムが重要な役割を果たす）。敵の船に乗り込んで甲板で戦おうとするのは素人だけで――まさにペルシア人がそうであった――、ラムを使って攻撃し、反撃を受ける前に後退するのが経験豊富な船員の戦い方であった。

　サラミス島沖の狭い海峡で、多勢なペルシア軍は不利な戦いを強いられることになる。陸戦の陣形のように密集して進むペルシア艦隊に対して、小回りのきくギリシア艦隊がすぐに優勢に立った。そして混乱する戦場で、アルテミシアはギリシャ軍の船に追われていた。背後から敵が迫るなか、目の前を横切るペルシアの船に行く手を阻《はば》まれた彼女は機転を利《き》かせてそのままペルシアの船に激突し、船員を乗せたまま船を沈没させた#19。こ

店）より」。

#18 残念ながら、これからも勇敢な女性を讃えるときには、「男らしい」などという言葉が使われていくのだろう［訳注：英訳版の『歴史』では、アルテミシアの姿勢が「her manly courage（男らしい勇敢さ）」と表現されており、著者はそのことを指している］。アルテミシアの物語にも、同様の表現がまた出てくる。

れを見たギリシャ軍は、追っていた船がじつはギリシャ側のものであったか、あるいは戦いの途中でこちらに寝返ったものと思い込む――ペルシア艦隊は、帝国への忠誠度がそれぞれ異なる属国から提供された船で構成されていたため、こういうことも起こり得たのだ。

そこでギリシャ軍はアルテミシアの船の追跡をやめるのだが、じつは彼女の首には高額な懸賞金がかけられていた。「女性が武器を持って自分たちに刃向かう」ことに憤ったギリシャ人たちは #20 、彼女を生け捕りにすれば賞金1万ドラクマ #21 を得ることができるという取り決めを交わしていたのである。

戦いの様子を高台から見守っていたクセルクセスは、側近の指揮によりアルテミシアの行動に気づくと、彼女が敵船に突っ込んだものと勘違いして「わが軍の男はみな女となり、女が男になった」#22 と述べている。

この後、アルテミシアは、ペルシア戦争にもう少しだけ関わっている。サラミスの海戦で敗北したクセルクセスは、ギリシャ人が勝利した勢いでもってヘレスポントに進軍することを恐れていた。そこで将軍の一人であるマルドニウスは、自分が30万の軍勢を率いてギリシャ征圧を目指すので、王はペルシアに帰国したらどうかと提案する。ここでもクセルクセスから意見を尋ねられたアルテミシアは、この提案に従うべきだと主張する。負ければマルドニウスに責任を負わせればよく、逆に勝てばクセルクセスの手柄になる（統治者として、なんとひどい戦略か。現代では考えられない）。今度はクセルクセスも、アルテミシアの助言に従った。そして彼女に、自分の（非嫡出の）息子たちをエフェソスに送り届ける役目を与えたのだった。

エフェソスへ旅立ったあと、アルテミシアがどうなったかはわかっていない。ハリカル

#19 アルテミシアが突っ込んだ船は、彼女と諍《いさか》いがあった指揮官のものだったという説もある。もしかしたら、この指揮官は「戦場は女性がいるべき場所ではない」という考えの持ち主だったのかもしれない。

#20 1世紀以上後になって、アルテミシア二世がカリアの都市や島々を支配することに憤慨したロドス人たちと同様の考え方だ。

#21 現代のお金に換算すれば、「大金」となるだろう。

#22 アントニア・フレイザーは、男性が、自分よりも優れた「男」である女性と比較されて恥ずかしい思いをすることを「羞恥症候群（シェイム・シンドローム）」と呼ぶ。インディラ・ガンディーもゴルダ・メイアも、それぞれの内閣で「唯一の男」と評されていた。力のある女性を「男」

ナッソスに戻って息子に権力を譲ったか、もしくはその「豪気勇武の気象」でもって新たな冒険へ乗り出したのかもしれない。

ヴァイキングと奮闘した「マーシアの貴婦人」エセルフリーダ

10世紀、アングル人の王国マーシア（イングランド七王国のひとつ）で、夫の死後に統治者となったのが「マーシアの貴婦人」こと、エセルフリーダだ#23。イングランドのほとんどの地域が、40年にもわたってデーン人ヴァイキングに支配されていた頃のことであり、彼女こそ、ヴァイキングたちから領土を取り戻すうえで重要な役割を果たした人物であった。

エセルフリーダ（870頃～918）は、アルフレッド大王（在位：871～899）とマーシア王族のエアルフスウィスの長女として生まれた#24。イングランド史では、ウェセックス王としてイングランド統一を果たす弟のエドワード長兄王（在位：899～924）を助けた人物としても知られている。

ヴァイキングのイングランド侵略が始まったのは793年のことで、エセルフリーダはヴァイキングの脅威がなかった時代を知らずに育った。春になるとまるで渡り鳥のようにイギリス諸島にやってきては、海岸や内陸水路を攻撃していたヴァイキングは、次第にイングランドに定住することを考え始め、9世紀末には、北はヨークシャーから南はテムズ川まで、イングランドのかなりの地域を支配するまでに至った（ヴァイキングの支配下に置かれた地域を「デーンロウ」と呼び、グレートブリテン島に侵入したヴァイキングを

と表現することで、アルテミシアをはじめとする女性たちが、「その場にいた唯一の女性」であったという事実をうまいこと隠蔽してしまっている。

#23 古英語での綴りは一定しなかったため、「Æthelflæd」だけでなく、「Aethelflaed」「Ethelfleda」などとされる場合もある。

#24 アルフレッド大王については名前だけでも聞いたことがある人も多いだろうが、その妻エアルフスウィスに関しては専門家でもない限りまったく知られていない。このことから、歴史から母親が除外されており、彼女たちを歴史に戻すことの大きな問題点が浮かび上がってくる。近世の女王について研究を続ける作家のシャロン・ヤンセンは、政

「デーン人」と呼ぶ）。

アルフレッド大王は、ウェセックス王国をなんとか守りきりながらも、イングランドからヴァイキングを完全に追い出すことはできないだろうと考えていた。そこで８８６年に彼らと条約を結び、デーン人のイングランド北東部の統治を認め、自らが支配するイングランド南西部（西マーシアからケントにあたる）との境界線を定めた。

だが条約にあまり意味はなかった。数年ほど、境界を派手に越えない程度に大人しくしていただけで、互いに条約を守ることはなかったからだ。アルフレッド大王は次の手を打つ。ウェセックス王国と北の同盟王国マーシアの関係を強化するために、20歳に満たない娘のエセルフリーダをマーシア太守エゼルフッドに嫁がせたのだ（本書の読者なら、このあとの展開がなんとなく予想できるのではないだろうか？）。

10世紀に入り、エゼルフッドが病に伏せるようになってから、歴史上にエセルフリーダの名前が登場するようになる。それ以前の彼女については、ほとんど何もわかっていない。直系の男子が不在であったため、病気の夫に代わってエセルフリーダがマーシアを実質的に統治し始める。９１１年にエゼルフッドが死去すると、周囲から反対されることなく、彼女がそのまま跡を継ぐ――アングロサクソン時代のイングランド唯一の女性統治者の誕生である。また彼女は、中世初期のヨーロッパにおける、幼い息子や兄弟の摂政としてではなく、己の力で統治する数少ない女性君主の一人でもあった（マーシアの血を引いていたことも、マーシア人がエセルフリーダを受け入れた一因になったかもしれない）。亡き夫エゼルフッドが「マーシアの領主」と呼ばれていたように、エセルフリーダも「マーシアの貴婦人」と呼ばれた[#25]。

治史や伝記に登場する王家の家系図には、母親や妻、娘が省かれていることが多いと指摘する。あたかも王たちが何代にもわたって、「父親の頭」から生まれてきたかのようだ、と。ヤンセンが母、娘、おば、姪などをつなぐ家系図を描いてみたところ、「同族の女性同士のネットワーク」と、そのつながりのパターン」を発見した――女性たちのつながりは、血縁だけにとどまらなかったのである。だがそのようなネットワークの重要性は、エセルフリーダと母方のマーシア王室のつながりの重要性が記録されていないなど、歴史上では見逃されがちだ（シャロン・ヤンセン『The Monstrous Regiment of Women』を参照）。

以前から散発的に起こっていたデーン人の襲撃からマーシアを守っていたエセルフリーダは、デーン領内で軍事拠点の設営にも着手しており、10年かけて10か所もの要塞化された守備隊の駐屯都市を建てている。

夫の死後には、弟であるエドワード長兄王と協力して、ウェセックスとマーシアの両王国を守っていく。916年には、マーシアの司教が殺害されたことを受けて、ウェールズへ遠征し、ブリトン・ピクト・スコットの同盟を率いて、その2年前にブルターニュから海峡を渡ってきたノルウェー人またはアイルランド系ノルウェー人の大規模な侵略グループに対抗した。

917年、アングロサクソン人とヴァイキングが交戦する。西サクソンの年代記によると、復活祭の少し前にエドワード長兄王が、デーンとの国境に位置する町タウセスター（現在のノーサンプトンシャー）を占領。7月にデーン人が反撃に出るも、年末にはノーサンプトンとイースト・アングリアのヴァイキング軍が降伏している。

ちなみに同年代記には書かれていないが、このときエセルフリーダもヴァイキングと戦っていた。デーン軍がエドワード長兄王との戦いに集中しているあいだに、彼女はダービーで死闘を繰り広げていたのだ。デーンロウにおける、ヴァイキングの主な定住地を五城都市（リンカーン・スタッフォード・ノッティンガム・ダービー・レスター）と言い、このなかで最初に陥落したのがダービーであった。翌年、エセルフリーダの軍はさらにレスターに攻撃を仕掛け、レスターは戦わずして降伏する。さらにヨークのデーン人キリスト教徒は、911年から始まった非キリスト教徒のヴァイキングによる支配に耐えられなかったようで、彼らも（エドワード長兄王ではなく）エセルフリーダに接触し、忠誠を誓っ

#25
称号に騙されてはいけない。どう見てもエセルフリーダは女王君主であり、実際に彼女の称号である古英語の「hlaefdige（貴婦人）」には、同時代に使われていた称号「qwen（女農奴）」にはない、政治的権力の意味合いがあったとの説も存在するのだ。

た。だが９１８年6月12日、エセルフリーダは交渉を取りまとめる前に急死し、その後、エドワード長兄王はデーン人との戦いで勝利を収めた。

エセルフリーダ亡き後、エドワード長兄王は彼女の娘エルフウィンから、マーシア王位を奪っている。当時30歳ほどだったエルフウィン（つまり、摂政を必要とするような子どもではなかった）が新たな「マーシアの貴婦人」となってから半年後に、エドワード長兄王は彼女の土地を奪い、現代のイングランドのほとんどを統一し、支配下に置いたのだ。エルフウィンはウェセックスに連れていかれたと記録されているが、その後は史料から消えてしまっている。

エセルフリーダが「エドワード長兄王の姉」以上の存在として知られるのは、単なる偶然だ。『アングロ・サクソン年代記』など現存するイギリス史の文書資料のほとんどが、イングランド統一を成就させたエドワードのウェセックス王国に焦点を当てている。これらの資料では、エセルフリーダの功績は無視され、「マーシアの貴婦人」という称号も省かれている。ただの「エドワード長兄王の姉」として登場するだけなのだ#26。

だが、幸いなことに『マーシア人の記録（Mercian Register）』として知られる年代記の断片が残っていたために、エセルフリーダの物語が後世に伝わることになる。この年代記では、９０２年から９２４年に起こった出来事を、マーシア人の視点で眺めることができる#27。エセルフリーダを中心に描いた、３代にわたるマーシアの貴族女性たちの物語で、エセルフリーダの母エアフシウィスの死に始まるため、エセルフリーダには結婚前からマーシアとのつながりがあったことが明らかにされている。彼女の「マーシアの貴婦人」としての活躍も綴られ、９１８年にエドワード長兄王がエセルフリーダの娘を退位さ

#26 女性を本人の業績ではなく、主に男性との関係において言及することは、中世以降も続いている。レイチェル・スワビーは『世界と科学を変えた52人の女性たち』を書くきっかけとなったのが、２０１３年の『ニューヨーク・タイムズ』紙に掲載されたイボンヌ・ブリルの死亡記事を読んだことだと書いている。その記事

せたところで終わる。この記録のおかげで、エセルフリーダとマーシアの物語は、イングランド統一という大きな歴史のなかに半ば埋もれながらも、完全に忘れ去られることはなかったのだ。

エセルフリーダの死から２００年後、イングランドの年代記作家ウィリアム・オブ・マームズベリー（１０８０～１１４３）は、彼女について「国内では人を守り、国外では人を怖じけづかせた戦士」であったと描写している。ウィリアムは、エセルフリーダこそ「彼（エドワード長兄王）に力添えをした存在であり、忘れ去られるべきではない」#28とも述べている。

「母の娘」再び――西アフリカのアミナ女王

舞台は16世紀（あるいは15世紀）のアフリカのザザウ王国（現在のナイジェリアの都市ザリア）。母から王位を受け継いだアミナは、ザザウをハウサ諸王国一の強国にしながら、34年にわたって統治し続け、領土拡大のために戦いに明け暮れた#29。

西アフリカに都市国家「ハウサ諸王国」が出現したのは、１０００年頃のことであった。城壁に囲まれた7つの都市国家と7つの小国家が建てられ、これらの国は領土・奴隷・北アフリカとのサハラ交易を利用する権利を巡って互いに争っていた。13世紀後半にイスラム教が伝来すると、イスラム教に改宗したハウサ人と、改宗していないハウサ人の間で新たに宗教的な対立が生じた。

アミナの母バクワ・トゥルンクの支配下で、ザザウはハウサ諸王国のなかでも存在感を

では、ブリルは「夫に付き添って職を転々とし、3人の子どもを育てるために仕事を8年間休んだ」といった理由から「世界最高のお母さん」なる称号が与えられていたというのだ。これにうんざりしたスワビーは次のように続ける。「世間の激しい非難を浴びた後、同紙はブリルがその特別な地位を確立することになった貢献の記述から始めるように記事の書き出しを修正し、アーカイブに残した。〝彼女はすばらしいロケット科学者だった〟。オーケー。そのとおり」（レイチェル・スワビー著、堀越英美訳、青土社『世界と科学を変えた52人の女性たち』より引用）。残念ながら、似たようなケースはいくらでもある。ある意味では、暗黒時代はまだ続いているのだ。

#27 『マーシア人の記録』以外にも、エセルフリーダの経歴が残されている。信ぴょう性がより低いと考えられてはいるが、「三つの断章」としても知られる『アイルランドの年代記断章』は他国の視点から彼女の功績を

増していった。ザザウの第22代支配者であった彼女こそ、この国における初の女性君主だと考えられている。その後、アミナが王権を握るようになる経緯には、二つの説が存在する。一つは、統治者になったばかりのバクワ・トゥルンクが16歳のアミナを後継者に指名したというもの。もう一つは、アミナの弟カラマがバクワ・トゥルンクの跡を継いだというもので、こちらの説では、アミナはカラマに将軍として仕え、その軍事的能力の高さを買われて、彼の死後にザザウの支配者となったとされている。

いずれの説にせよ、アミナは1576年頃にザザウを統治すると、領土拡大に乗り出す。そこから30年以上ものあいだ、騎馬軍団を率いてニジェール川の河口まで、南へ西へと走り回り、北の支配的な都市国家カノとカツィナを占領し、サハラ以南の交易路を領土に組み込んだ。遠征で野営地を作るたびに周囲に防御用の土塁《どるい》を築いた。その古式要塞は今でも「アミナの壁」と呼ばれている。

ほぼ同時代に存在した（と思われる）イングランドのエリザベス一世と同じく、アミナも誰とも添い遂げようとしなかったが、「処女王」［訳注：エリザベス一世の異名］ではなかったようだ。不確かな言い伝えによると、町を征服するたびに現地で愛人を作り、朝になって出発する前にその首をはねるように命じていたというからだ#30。

現在のナイジェリアでも、アミナは国民的英雄であり続ける。彼女の切手が発行され、「男性と同等の優れた能力を持つ女性」といった賞賛もなされている#31。

「不幸な王妃キャサリン」？？？

評価している。

#28 ウィリアム・オブ・マームズベリー『Chronicle of the Kings of England from the Earliest Period to the Reign of King Stephen』1968、p123〜124。

#29 近世に入ってからも、実際の出来事のかなり後に書かれた「一次」資料の問題は続く。アミナの支配、そして初期のハウサ史について知られていることの多くは『カノ年代記』に依《よ》っている。これは19世紀後半に、現在のナイジェリア北西部に位置するソコト王国のムハンマド・ベロ王の依頼で編まれたもので、アラビア文字を使って書かれたハウサ語の口承文芸の集大成とされている。

#30 このような記録は慎重に取り扱わなければならない。アミナの愛人たちに対する仕打ちは、あの『千夜一夜物語』のシャフリヤール王が毎晩、

キャサリン・オブ・アラゴンと聞けば、イングランド王ヘンリー八世に最初に迎えられた女王であり、彼に不当に苦しめられた女王を思い浮かべる人も多いだろう――流産や想像妊娠に悩まされ、男の後継を産めないばかりに夫が新たな妻を迎え続け、さらには夫と裁判で争った――といったエピソードで知られる人物だからである。

だが、それよりも昔、彼女がまだ幸せだった時代には、先に登場したカスティーリャ女王イサベルの末娘であるこのキャサリンは、スコットランドの侵略から自国を守ってもいる。彼女が軍を率いたわけではないが、それもタイミングが悪く、機会を逃しただけなのだ。

1513年6月、ヘンリー八世は神聖ローマ皇帝マクシミリアン一世と連合して、ルイ十二世と争うためにフランスに侵攻する。そして自分の不在を守るキャサリンを、イングランド・ウェールズ・アイルランドの摂政と統治者に任命した。「我々が不在のあいだ、いかなる敵とも戦い、戦争を行なう」権限が与えられたキャサリンは、軍隊を編成するだけでなく、「戦争のために武装し、装備を整え、駐屯して準備し、指揮を執る」（傍点は著者によるもの）#32 権能まで持っていた。

実際に、政府文書にもその証拠が残されており、そこには「teste Katerina Anglie Regina」（イングランド女王キャサリンが証明する）という印が残され、キャサリン直筆のサイン「Katherine the Qween」（原文のまま。実際に「Qween」と書かれている）も認められる #33。キャサリンは多方面で際立った活躍を見せた。重罪人の赦免《しゃめん》嘆願を聞き、政府の経費支払いの令状に署名し、役人の任命も行なえば、サマセット伯爵夫人の財産問題や、カンタベリー大司教とウィンチェスター司教の間でくすぶっていた教会の管轄権を

若い娘を呼び寄せては、朝になるとその首をはねるというストーリーを反映したものであるからだ。また、アントニア・フレイザーは、彼女が「強欲症候群（ボラシティ・シンドローム）」と呼ぶ性欲の強さと、その反対の極端な貞節さは、どちらも「戦う女王」の物語によく見られるモチーフであると指摘する。戦う女王が普通の女性ではないことを示す表現になっているのだ。

#31 S・J・ホグベン、A・H・M・カーク・グリーン著『The Emirates of Northern Nigeria, A Preliminary Survey of Their Historical Traditions』からの引用。本書にはこれからも、この「男のように勇敢」という考え方が何度も登場するので、読み終わる頃にはうんざりしてしまうだろう。

#32 ジャイルズ・トレムレット『Catherine of Aragon: The Spanish Queen of Henry VIII』２０１０、p

めぐる諍《いさか》いまで解決した。その上、ヘンリー八世の義兄スコットランド王ジェームズ四世がスコットランドの国境に軍隊を招集したときには、イングランドの防衛を組織してもいる。

キャサリンは、フランス遠征計画を推し進めたトマス・ウルジーに宛てた手紙に「目がまわりそうな忙しさで、旗指物《はたさしもの》や軍規や記章を作っております」#34と書いている——ここで彼女は、戦争の準備を「針仕事」という淑《しと》やかな表現で説明している。母イサベルは対グラナダ戦を組織してみせたが、キャサリンもこの母にしてこの子ありの見事な働きぶりであった。イングランド防衛のために戦える者を招集し、どれくらいの人馬を提供できるか尋ねる手紙を無視したグロスターに対して、15日以内に回答するよう厳しい命令を下した（その後、回答があった）。サリー伯爵トマス・ハワード率いる軍を救援するために兵士・重砲・砲手を乗せた8隻の艦隊をスコットランド国境に派遣した上に、必要に応じてヨーク近郊のセント・メアリー修道院長が保有する穀物、ビール、ロープなどの貯蔵品、軽装の鎧、さらには1万ポンドという巨額の資金まで徴収したのだった。

同年8月22日、3万もの兵を率いたジェームズ四世が、フランスの最新型の大砲を備え、フランス王室の資金援助を受けてイングランドに侵攻。イングランドの4つの城を次々と攻略するとフローデン・フィールドの要塞化された野営地に陣取った。

8月初旬から北部に滞在していたトマス・ハワードは、今度はニューカッスルに軍を集結させた。

ハワードが打ち負かされることを懸念したキャサリンは、ミッドランド（イングランド中部）から第2軍を編成。さらに組織した第3軍では、野戦指揮官としてではなく、戦略

169。

#33 ［編注：史料アーカイブサイト「LOOK AND LEARN HISTORY PICTURE ARCHIVE」（https://www.lookandlearn.com/history-images/M584130/Your-loving-mother-Katherina-the-Qween-Catherine-Of-Aragon-Signature）にて閲覧できる］

#34 デイヴィッド・スターキー『Six Wives: The Queens of Henry VIII』より（訳文はアントーニア・フレイザー著、森野聡子・森野和弥訳『ヘンリー八世の六人の妃』（創元社）より引用）。

家として自ら指揮を執《と》ることに決める。

9月9日、キャサリンは、当時「大いなる力」または「多数の勢力」と評された軍隊を率いて出発する。キャサリンが携えた2つの兜《かぶと》のうちの1つには、王室の金細工師によって「黄金の王冠」が装飾されていたが、結局、彼女がそれらをかぶることはなかった[#35]。同日のフローデン・フィールドで、トマス・ハワードがジェームズ四世を破ったからである。これでジェームズ四世は戦死した。

ロンドンの北60キロほどに位置するバッキンガムにいたキャサリンは、勝利の知らせとともに、スコットランド王室の紋章の入ったジェームズ四世のサーコート（上着）の一部を受け取ると、それをフランスにいるヘンリー八世へ送った。

後世に書かれた戦史では、キャサリンが摂政の役割を果たしたことも、軍隊を率いて戦地へ向かおうとしたことにも触れられていない。せいぜい、ジェームズ四世の血まみれのサーコートをヘンリー八世に送ったことが書かれている程度で、ある記録では、そのサーコートは彼女にとって「お手軽な記念品」[#36]だと表現されていたりもする。

しかし、当時の人々は、キャサリンの功績をちゃんと認めていた。彼女が戦争で重要な役割を果たしたことを知っており、ヘンリー八世がフランスで成し遂げてきたことよりも、イングランドに尽くした彼女の働きのほうが大きかったと称《たた》えたのだった。イサベルも、そんな娘を誇りに思ったことであろう。

狡猾《こうかつ》で、抜け目ない女傑《ヴィラゴ》ンジンガ

[#32][#35] 前掲書p172。

[#36] ジョン・サドラー『Flodden 1513: Scotland's Greatest Defeat』2006、p86。

17世紀、アフリカの南西部、ムブンドゥ族が暮らすンドンゴ王国（現在のアンゴラ）とマタンバ王国（現在の北アンゴラ）を治めた女王ンジンガ・ムバンデ[#37]は、自国を守るためにポルトガルと果敢に戦い、交渉を続けていた。彼女は「狡猾で、抜け目ない女傑《ヴィラゴ》」[#38]と称賛されるような人物であった。

1575年、ポルトガルがアンゴラに貿易植民市を建設する。中央アフリカで2番目に大きな国であったンドンゴでは、10万人ほどの住民をソバと呼ばれる地方領主が支配しており、そのソバらを王都カバサに住むンゴラ（「王」という意味）が統率していた[#39]。

当初、ポルトガルとンドンゴは友好な関係を築いていた。ンジンガの父親でンゴラ・キルアンジがヨーロッパ人との交易を歓迎したため、ポルトガルの奴隷貿易が始まった頃は王国も繁栄していた。だがンジンガが生まれた1582年には、ンドンゴとポルトガルは戦争状態にあり、両国の対立は彼女が死ぬまで続いた。

ンジンガは、ンドンゴ建国者の孫娘であり、第4代統治者であった。ンジンガの伝記によると、彼女は幼い頃からすぐれた知性と身体能力を誇り、とりわけンドンゴ王家のシンボルでもある戦斧での戦いに長けていたという[#40]。父親の司法会議や軍事会議に同席することを許され、支配者の子息たちと同じように軍事・政治・儀式についても学んでいた。宮廷に住まう若い王族女性として外見にも気を配り、成長するとそれを「武器」にもしていった。父のキルアンジ、次いで兄のムバンディが王であった時代には、ンジンガは戦地で兵を率いてもいる。

1617年、父王キルアンジを倒したムバンディが、ンゴラを名乗るようになる。このときムバンディは、ンジンガの一人息子など、王位継承を巡って対立する可能性のある者

[#37] 他にもシンガ、ジンガ、ドナ・アナ・デ・ソウザなどとも呼ばれている。ンジンガと先王らにまつわる記録は、ポルトガルやオランダの植民地の統治者、カトリックの宣教師、兵士、商人など、ほとんどがヨーロッパ人の証言や目撃談がもとになっている。なかでも最も重要な記録だとされているのが、カプチン派の宣教師ジョバンニ・アントニオ・カヴァッツィとアントニオ・ダ・ガエタが書いた2冊の伝記だ。2人とも晩年のンジンガの聴罪司祭や助言者として、宮廷に暮らしていた。他にもンジンガによる書簡も残っている。相手は、植民地アンゴラのポルトガル人総督や役人、1530年代の同盟相手であったオランダ人、カトリック教会の布教聖省、そしてローマ法王などがいた。これらは、ンジンガの口述を、ポルトガル語のできる宮廷人に書き取らせたもので、ンジンガの視点から、ポルトガルの役人たちとどのようなやり取りがあったか

を皆殺しにし、さらなるライバルの出現を阻もうとンジンガら3人の妹たちを子どもが産めない体にした。その方法とは、さまざまなハーブを混ぜ、煮えたぎらせた油を妹たちの腹にかけ「衝撃、恐怖、痛みを味わわせて、永遠に出産できないようにする」#41 という恐ろしいものであった。その後、彼女たちは子どもを産んでいないので、効果はあったようだ。

統治者の地位を固めたムバンディは、先代の王たちが誇った富と権力を取り戻すために、4年間もポルトガルに勝ち目のない戦いを挑み続ける。

1621年、アンゴラの首都ルアンダに、新たなポルトガル人総督ジョアン・コレイア・デ・ソウザが赴任する。総督が変われば和平が訪れると考えたムバンディは、ンジンガをルアンダに派遣して条約交渉にあたらせた。

駆け引きの重要さを熟知していたンジンガは、兵士・音楽家・奴隷・侍女を引き連れ、さらに「ギンガ・バンデ・ガンボレ（正式な使者）」という新たな称号を得て交渉に臨む。

同様にデ・ソウザ総督も、駆け引きの使い手であった。自分は王座のように豪奢な総督用の椅子に座ってンジンガを迎えながら、彼女には床に置かれたクッションを勧めたのだ――これこそ、アフリカの重要人物らが、ポルトガルの総督と面会するときのお決まりの対面方法であった。だがンジンガは、下手に出るような姿勢を拒否する。女奴隷を呼んで四つん這いにさせると、そこに腰掛けて対等な立場で交渉を始めたのだった。

ンジンガは、数か月間ルアンダに滞在し、兄に代わって交渉をまとめた。そのおかげでひと時は平和が訪れたが、どちらの国も条約を守らなかったために再び争いへと突入する。

1624年の春、兄ムバンディが急逝する。毒殺が疑われ、ポルトガル側はンジンガの

を知ることができる。

#38 本書27ページ注36参照。この表現がなされた当時は、まだ「virago（ヴィラゴ）」という言葉にネガティブな意味合いが含まれていなかった。（ジョン・オギルビー『Africa:Being an accurate description of the regions of Ægypt, Barbary, Lybia, and Billedulgerid, the land of Negroes, Guinee, Æthiopia, and the Abyssines, With all the Adjacent Islands, either in the Mediterranean, Atlantick, Southern, or Oriental Sea, belonging thereunto. With the several Denominations of their Coasts, Harbors, Creeks, Rivers, Lakes, Cities, Towns, Castles, and Villages, Their Customs, Modes, and Manners, Languages, Religions, and Inexhaustible Treasure; With their Governments and Policy, variety of Trade and Barter, And also of their wonderful Plants, Beasts, Birds, and Serpents.』vol.II、p654～655。

仕業だと主張した。アンゴラの言い伝えでは、絶望に陥ったムバンディが自殺したとされているが、彼は生前に、自分が他界した場合に幼い息子の立場をどうすべきか決めていた。幼い指導者を立てることが、王自身と王国の両方にとってどれほど危険であるか承知していたムバンディは、ンジンガを摂政に任命し、幼い息子に代わって王国を統治する権限を与え、知己の仲であるカザという人物を息子の後見人としていた。理屈の上ではいい解決法であったかもしれないが、ムバンディはンジンガの強い野心を甘く見すぎていた。彼女は、カザに豪華な贈り物と結婚相手を手配して、甥を引き渡すように口説き落とすと、手中に収めた甥を毒殺し、自らが王位に就いたのだった。

ンジンガはそれから30年かけてポルトガルと争い、外交を続けていく。１６２６年から自ら軍を指揮してポルトガル軍に対抗し（これは１６５５年まで続く）、１６３０年にはマタンバ王国を征服すると、そこを拠点にポルトガルの支配下にある集落を攻撃する。

１６４１年、オランダ東インド会社という「新たなプレイヤー」が加わることになる。４月20日、オランダの22隻の船がポルトガル領アンゴラの首都ルアンダを攻撃、征服したのだ。その知らせを受けたンジンガは祝杯をあげると、ルアンダに大使を遣わしてオランダと同盟を結ばせた。これでポルトガルによるアンゴラ支配も終わるかと思われた。

しかし１６４８年８月、ンジンガとオランダが、ポルトガルをアンゴラから追い出しかけていたところで、ポルトガルの植民地であるブラジルからの援軍が、ルアンダに到着する。15隻の船と９００人の兵からなるブラジルの艦隊が、町に大砲で攻撃を仕掛けると、それから数日にわたる激しい砲撃が続いた。これでオランダ東インド会社は、アンゴラの自陣すべてをポルトガルに明け渡し、撤退してしまう。

#39 ポルトガル人が、統治者の称号「ンゴラ」を国名と勘違いしたことから、国自体が「アンゴラ」と呼ばれるようになった。

#40 戦斧は、男女問わずに、ンドンゴの兵士が好んで使った武器である。ンドンゴの人々は、幼い頃から訓練を受け、スピードと敏捷性《びんしょうせい》を養うリズミカルなダンスを踊っていた。先述の宣教師ガエタがンジンガと初めて会ったのは、彼女が70代になってからであったが、その歳になっても彼女の斧を振り回し、伝統的な軍の踊りを披露する姿は素晴らしかったと記録されている。

#41 リンダ・ヘイウッド『Njinga of Angola: Africa's Warrior Queen』２０１７、ｐ45。

ンジンガはマタンバの拠点に戻ると、そこから１６５４年までポルトガルとその同盟者に対してゲリラ活動を続けていく。あるポルトガル人の証言によると、彼女は１６４８年から１６５０年の間だけでも、ポルトガル領アンゴラのソバとその周辺の王国に対して、少なくとも29回の侵攻を行なったという。

42歳で王《ンゴラ》となったンジンガは、１６５７年12月に最後に軍を統率したときには75歳になっていた。その戦いの前には、彼女は曾孫にあたるほど若い兵士たちとともに、矢や槍を使った厳しい軍事演習、ウォー・ダンスで士気を上げたのだった。

ンジンガは１６６３年に死去するが、彼女が守った王国は、１９０９年にポルトガル人が植民地にするまで、独立した国家として存続していた。

１９６０年代には、アンゴラの革命家たちが、ンジンガにまつわる口承からインスピレーションを得て、ポルトガルとの壮絶な戦いで民衆をまとめ上げた彼女を国民的英雄として賛美したのだった。

18世紀に入って軍事がより複雑になると、男女問わず、統治者自らが軍隊を率いることは減っていく#42。20世紀には、軍隊を指揮する王は珍しく、それが女王ともなると想像すらできないような状況であった。だが第二次世界大戦では、前線で戦うことを熱望した女王がいた。オランダのウィルヘルミナである。

第一次世界大戦では、ウィルヘルミナは首相のピーター・コルト・ファン・デル・リンデンとともにオランダの中立保持の立場をとり続け、連合国からドイツ帝国皇帝ヴィルヘルム二世の引き渡しを求められてもそれを拒み、彼の亡命を認めたほどであった。だがナ

#42 このような変化は、ヨーロッパ式の軍隊で昔から女性が果たしてきた支援任務を減らし、彼女たちを戦史から消し去った原因でもあると軍事史家のバートン・C・ハッカーは指摘する。

チスの脅威に直面したウィルヘルミナは考えを改める。彼女はそれから何年にもわたって、政府高官にヒトラーとドイツの危険性が高まっていることを警告し続けたが、その声が聞き入られることはなかった。ウィルヘルミナは回顧録のなかで「戦争の少し前に、ヒトラーが本を書いていたので、その内容を調べれば何かの役に立つかもしれないと指摘しなければならないほどであった」[#43]と辛らつに語っている。

10歳で女王に即位したウィルヘルミナは、１８９８年に18歳で自ら政治を行なうようになり[#44]、ナチス・ドイツの侵攻を受けたときには60歳を迎えていた。その42年の間、彼女はオランダの憲法によって、政策への自身の影響力が制限されていることに不満を抱いていた。今こそ、自分の名前の由来となった国父オランイェ公ウィレム一世（１５３３～１５８４）やオランイェ公ウィレム三世（１６５０～１７０２）のように祖国を守るために何かすべきだと考えていた。

ナチスの侵攻を見越した彼女は、王女ユリアナとその家族を安全な場所に送ることを考える。そして彼女自身は、第一次世界大戦でドイツに領内通過されたベルギー王アルベール一世が行なったように、軍隊を率いて南下しようと決意する。「兵士と運命を共にし、戦い抜いて、最後に倒れる一人になろう」[#45]と。

１９４０年5月10日、ドイツがオランダに侵攻する。ハーグ周辺の3か所の飛行場に上陸したドイツ軍は、女王と閣僚の確保を計画していた。オランダ軍は必死に抵抗し、政府とウィルヘルミナはなんとか亡命する。5月13日に国の大部分がドイツ軍の占領下に置かれ、安全を保証できなくなったことを知らされたウィルヘルミナは、イギリスの駆逐艦に

#43 ウィルヘルミナ『Lonely But Not Alone』１９６０、p１４７～１４８。

#44 王冠はオランダ国民のものであるからと、ウィルヘルミナは戴冠しなかった——これは、一見すると同じような組織でも、大切な部分で異なる場合があることを教えてくれる。

#45 #43 前掲書、p１５４。

乗り込み、心ならずもハーグを離れた。それでも彼女は諦めずに、救命胴衣と鋼鉄製のヘルメット姿でオランダ・フランス両軍がドイツ軍と交戦する南西端のゼーラント州に進路をとるように、イギリス軍の司令官に指示を出す。だが司令官からは、その海路を通るのは危険すぎるので直接イギリスに行くと反対され、それを受け入れるほかなかった。上陸後にもウィルヘルミナは直ちにオランダに戻るように要求しているが、それも却下され、ガスマスクと鋼鉄製のヘルメット[#46]を持ったまま、ロンドン行きの列車に乗り込んだのだった。

　戦場に立つことがかなわなかったウィルヘルミナは、別の方法で戦う。慣習を重んじ、真面目な性格であるがゆえに国民と距離を保っていた女王が、国の抵抗運動の中心となったのだ。ドイツ軍の攻撃開始から数時間後に、オランダのラジオでナチスに対する放送を行なうと、「この信義に背き、敬意を示すべき文明国間の関係への明らかな冒瀆《ぼうとく》に対して激しく抗議する」[#47]と宣言した。イギリスに到着した翌日にも、次の放送を行ない、それから毎週1回、ＢＢＣがオランダに向けて放送する「ラジオ・オランイェ」という番組の冒頭で、情熱と親愛を込めて国民に語りかけ続けた。一度の例外を除き、ウィルヘルミナはつねに自筆の原稿を用意し、戦争は善と悪の戦いであると繰り返し訴えた。ヒトラーとその「戦争犯罪者の一団」に徹底的に抗《あらが》うよう国民を鼓舞し、第三帝国に協力するオランダ人を非難した。ナチスへの糾弾があまりに口汚いものだから、カナダに亡命している彼女の孫たちは女王のラジオ番組を聞かせてもらえないと、国民の間で冗談になるほどであった。

　第二次世界大戦の終盤で、ウィンストン・チャーチルは「私は誰も恐れない。ただし、

[#46] キャサリン・オブ・アラゴンの兜とは異なり、彼女のヘルメットはごく一般的なもので、王冠は付いていなかった――そう、王冠はオランダ国民の財産であり、個人の象徴などではなかったからだ。

[#47] [#43] 前掲書、ｐ１５１。

ウィルヘルミナ女王を除くが」#48とも発言している。凄腕のチェスプレイヤーであったチャーチルには、倦《う》むことなく動き続けるクイーンの偉大さがよくわかっていたのだ。

#48 リン・オルソン『Last Hope Island: Britain, Occupied Europe, and theBrotherhood That Helped Turn the Tide of War』２０１７、p.25。

COLUMN TWO

偉大な女伯爵《グラン・コンテッサ》マティルダ

A QUEEN IN ALL BUT NAME

マティルダという名には「強力な戦い手」という意味があるが、その名に恥じない生き方を貫いたのがトスカーナのマティルダ・ディ・カノッサ（1046～1115）であった[#1]。軍事史家デイビッド・ヘイは、彼女のことを当代随一の強さを誇った女性であり、かつヨーロッパ屈指の軍事指揮官であったと記している[#2]——歴史舞台に女性が登場しても脇役がせいぜいの時代であったことを考えると、いかにマティルダの評価が高かったかがうかがえる。

マティルダが生まれたのは「中世盛期」。西ローマ帝国の滅亡による政治的・経済的な混乱からの復興が始まろうとしていた時代だ。トスカーナ侯ボニファチオと、その後妻のベアトリーチェの間に生まれたマティルダは、上ロレーヌ公の娘である母を通じて、神聖ローマ皇帝ハインリヒ三世

#1 中世、あるいはそれ以前に存在した女戦士とは異なり、マティルダの人生は、彼女が生きた時代の一次資料に十分に記録されている。当時の外交文書や年代記に登場する一方で、マティルダが自身の存在を正当化するために法律と政治の〝スピンドク

と「いとこ関係」に、その息子ハインリヒ四世とは「はとこ関係」にあった。ちなみに母ベアトリーチェも、軍を指揮していたようだ。

1052年に父親が暗殺され、さらに兄と姉を相次いで亡くしたために、マティルダはのちに広大なトスカーナ一帯の領地の唯一の相続人となる。北イタリアとローマの間に位置するその地には、アペニン山脈を横切る2つの主要な道路網を制御する要塞も置かれていた。マティルダは、2度の政略結婚を経ながらも、一貫して所領を統治し、それに伴う権力を行使していた。女性のそのような振る舞いが異端とされた時代にである。

1076年、ローマ教皇庁と神聖ローマ帝国 #3 の長年の対立が武力衝突に発展する。マティルダの領土は、ラテン・キリスト教世界におけるこの二大勢力に挟まれる場所に位置していたため、彼女自身も争いに深く関わっていくことになる。

数世代にわたるローマ教皇と神聖ローマ皇帝の世俗的・宗教的権力の対立 #4 は、教皇グレゴリウス七世と皇帝ハインリヒ四世の「叙任権《じょにんけん》論争」でもってピークを迎える。それは、聖職を任命する――そして、そこに関わってくる富と権力を握る――争いであった。

長年くすぶり続けてきた聖職叙任権にまつわる問題は、1073年に改革派の修道士イルデブランドが教皇グレゴリウス七世に即位したことで解決に向かう。それまでは、世俗の権力を持つ皇帝が、自国領の司教や修道院長などを任命し、就任儀式を行う権利を有していたが、教会改革に着手したグレゴリウス七世がこれを否定。彼は改革の一環としてシモニア（聖職者の地位を売買すること）を禁じ、さらに世俗君主による叙任もシモニアにあたるとしたのだ。これは単なる宗教改革ではなく、世俗権力を抑えるものでもあった。

この出来事は、1075年のミラノ大司教の任命をめぐるひと悶着へ、さらに10年にも及ぶ戦争へとつながっていく。グレゴリウス七世がミラノ大司教を承認しようしたところ、当初はそれを受け入れていたハインリヒ四世が反発し、代わりにドイツ派の大司教を任命してしまう #5 ――つ

ター』に作らせた論説・論文・プロパガンダなどにも、彼女の功績を見ることができる。これらの文書を作ることこそ、女性が軍を率いることが異端とされた世界でマティルダがとった、生き残りの手段であった――彼女にとっての別の前線での、別の戦いであったのだ。マティルダの軍事行動を記した年代記の中で、最も重要かつ奇妙なのは、カノッサの修道士ドニゾーによる『マティルダ伝』であろう（『カノッサの王子』とも知られる本書は、長大なウェルギリウス風の詩で歴史が書かれている。気が遠くなるような話だ）。だが、この資料には注意が必要だ。ドニゾーは、カノッサの要塞を擬人化して台詞を与えているだけでなく、マティルダの生涯を美化してもいる。彼は、自身がマティルダのイメージにそぐわないと感じた部分（2度の結婚や妊娠など――これらは彼女の軍歴とは関係ないので、本書では取り上げるつもりはないが）をぼかしてしまっているのだ。それでもドニゾーについては、詩人よりも歴史家として優れていたと考えたほうが妥

まり、ミラノに2人の大司教が誕生してしまったのだ。そこでグレゴリウス七世が司教の任命権は教会にあるとハインリヒ四世側に通達すると、ハインリヒ四世は翌年1月に教会会議を開き、教皇の廃位を決議する #6 。それを受けてグレゴリウス七世は、ハインリヒ四世、さらには皇帝派の司教たちに破門を言い渡したのだった。

ハインリヒ四世は窮地に立たされる。君主が破門になれば、臣民は君主に従う義務を免れる。つまり、王が諸侯によって選出されるドイツ王国にあって、破門を受けた皇帝は簡単に廃位に追い込まれる形となったのだ。

ここで、ハインリヒ四世は己の慢心に気づくことになる。ドイツの司教たちは手のひらを返したように教皇にすり寄り、ザクセン公をはじめとする諸侯らはハインリヒ四世に反旗を翻し、新たな皇帝を選出すべきだと諸侯会議に教皇を召喚したのである。だが新たな皇帝が選ばれるのは1年と1日後であり、その前に破門が解かれれば帝位が取り上げられることもない。こうしてハインリヒ四世は一刻も早く、そして真摯に、グレゴリウス七世にひれ伏してみせなければならなくなったのだった。

1077年1月、マティルダ率いる軍隊は、彼女の領土を通って会議が行われるアウグスブルクを目指す教皇に随伴《ずいはん》していた #7 。ドイツからの護衛と会うためにマントヴァに到着した彼らは、ハインリヒ四世が近くにいることを知る。そこでマティルダは、自身が城主を務めるカノッサ城に教皇を移動させた。アペニン山脈の中腹に位置するカノッサ城なら、いざとなれば小規模な帝国軍くらいは追い払うことができるからだ。

マティルダは攻撃から教皇を守る準備を整えていたが、実はハインリヒ四世は教皇を追い落とすためではなく、懺悔《ざんげ》をしにカノッサを訪れていた。

ハインリヒ四世は、王妃と幼い世継ぎを含む少数の護衛を連れてアルプスを越え、カノッサへと至った。そして当時のどの記録でも「異例」だったとされるほど厳しい寒さの中で王族の装いを解

当であろう。

#2 デイビッド・ヘイ『The Military Leadership of Matilda of Canossa』p1~12。

#3 現在のドイツ・オーストリア・北イタリア・東フランスにあった独立の公国、辺境伯領、郡、王国などを接収・喪失をしながら存在したのが神聖ローマ帝国だ。ヴォルテールは、「神聖でもなければ、ローマ的でもなく、そもそも帝国でもない」と総括している。

#4 教皇と皇帝の関係は複雑であった。ローマ教皇から戴冠《たいかん》されてはじめて「神聖ローマ皇帝」となるドイツ王は、ローマ教皇の承認なしには単なる国家連合体の支配者に過ぎず、他の諸侯によって罷免《ひめん》される可能性もあった。神聖ローマ皇帝たちは、コンスタンティヌスやシャルルマーニュ（カール帝王、初代神聖ローマ皇

き、カノッサ城の門前に立つと、裸足に粗末な羊毛のローブを身にまとっただけの姿で、三日三晩、教皇の慈悲を乞うたのだった。涙を流し、門をたたくこともあったが、入ることは許されなかった。だが4日目には、マティルダの仲介で入城することができ、ついに教皇と対面し、懇願を果たした。

この「カノッサの屈辱」によってハインリヒ四世の赦免が認められるも、聖俗の対立、そしてドイツ国内での反乱が終わったわけではなかった。ハインリヒ四世が廃位を免れたにもかかわらず、反対勢力はハインリヒ四世に代わる新しい王、シュヴァーベン公ルドルフを推挙。ハインリヒ四世とルドルフは、それぞれグレゴリウス七世に自分こそを支持するよう求めた。

1080年の四旬節公会議では、両派の代表者がグレゴリウス七世に陳述書を直接提出する。グレゴリウス七世は彼らの主張を聞くも、ハインリヒ四世がカノッサでの約束を守っていないとして二度目の破門を行ない、ルドルフの支持に回る。ところがハインリヒ四世はそれにひるむことなく、教皇会議で教皇の廃位を宣言すると、ラヴェンナの大司教グイベルトゥスを対立教皇として擁立し、クレメンス三世（在位：1080、1084～1100）と名乗らせるのだった[#8]。

同年10月15日、ルドルフが戦死する。対立皇帝がいなくなったことで、ついにハインリヒ四世は軍を率いてイタリアに戻る。これで教皇位に就いたクレメンス三世から戴冠されれば、今度こそハインリヒ四世は神聖ローマ皇帝になることができるのだ。

だが、そこにマティルダが立ちはだかった。

幼い頃から教会改革の熱心な支持者であり、修道士時代も含めてグレゴリウス七世を崇拝してきたマティルダは、彼を守るために軍隊を編成する[#9]。そしてこのときばかりでなく、その後20年にわたって、マティルダはハインリヒ四世と対立するグレゴリウス七世とその後継者たちを、軍事面から支援していく。

ルドルフの死がイタリアに伝わるやいなや、皇帝派とマティルダ軍の間で叙任権闘争の最初の戦いが起こる。マティルダは、自身が所有するヴォルタの城近辺で起こったこの戦いに破れ、さらに

帝とみなされている）の後継者として、教会（ローマ教皇庁を含む）を内外の脅威（ローマ教皇を含む）から守る立場にあると自負してもいた。どちらが上か下かの対立が、絶えず巻き起こっていた。

#5 このときのハインリヒ四世は、グレゴリウス七世またはその前任のローマ教皇に戴冠されていなかったので「神聖ローマ皇帝」にはなれていなかった。［編注：2021年度より『詳説世界史 改訂版』（世B310）でも、「ドイツ国王（のちの神聖ローマ皇帝）ハインリヒ四世」と正確な表記に変更されている］

#6 皇帝がローマ教皇の座に影響を及ぼそうとしたのは、これが初めてではない。ハインリヒ三世も、3人のローマ教皇を罷免している。

#7 グレゴリウス七世とマティルダが、道中でトラブルが起こるのではない

トスカーナを失ってしまう #10 。成人して以来いくつもの実戦をくぐり抜けてきたハインリヒ四世と違って、マティルダは指揮官としての経験がまだ浅かった。両陣営の記録には、1081年春にハインリヒ四世がイタリア入りしてからは、マティルダが手酷い損失に苦しんだことも記されている。皇帝派のアルバ司教ベンゾは、彼女のことを「失われたトスカーナのために手をもみあわせ、涙にくれている」#11 などと揶揄してもいた。

それでも、イタリア国内においてマティルダは侮れない存在でありつづけた。ハインリヒ四世も脅威を感じていたのか、自分に背いた罰としてマティルダを反逆罪に問い、「帝国アハト刑」に処して爵位と領地を剥奪《はくだつ》しようともしている。これはグレゴリウス七世がハインリヒ四世を破門したように、彼女の臣下たちを封建制下の主従関係から解放するものであった。

だが、実際には彼女の力を封じるのは難しかった。敵を戦場で迎え撃つ代わりにカノッサ城に引きこもったマティルダは #12 、ハインリヒ四世の本隊がローマを包囲する間に敵の補給路を攻撃。山城のネットワークに守られながら皇帝支援者の北方の領地を急襲したり、通信路を確保し、皇帝派の軍事・外交の動向に関する情報をグレゴリウス七世に流してもいる。さらに皇帝の同盟者に圧力をかけ続け、1082年には、ハインリヒ四世が自ら北上してマティルダと戦うべきだとの声が皇帝派から上がるほどであった。

1084年3月21日。各地を荒らしながら南下してきたハインリヒ四世は、ついにローマを占領する。そして3月24日にグイベルトゥスが教皇位につき（つまり、クレメンス三世となり）、その7日後の復活祭にハインリヒ四世の神聖ローマ皇帝の戴冠式が挙行された——1056年以来、ローマ教皇に承認されないままドイツ王として君臨してきたハインリヒ四世の悲願が成就したのだった。

皇帝の冠《かんむり》を頭に載せ、聖別されたローマ教皇を手中に収めたハインリヒ四世は、5月21日にローマを発ち、帰路につく。道中では、イタリアの同盟者にマティルダを捕らえ、その要塞を破壊する

かと危機感を抱いていたのには理由があった。その前年、皇帝派として知られるローマの貴族が、クリスマスイブの教皇ミサの最中にグレゴリウス七世を祭壇から拉致する事件が起こっていたのだ。激怒したローマの民衆がグレゴリウス七世を釈放させたが、その中にアウグスブルクへ通じる人里離れた山道で彼の身を守ろうとする者はいなかった。

#8 のちのローマ教皇クレメンス三世（在位：1187~1191）とは別人。「王」と「対立王」の関係と同じく、「教皇」と「対立教皇」の関係もとても複雑で、その教皇が「教皇」となるか、はたまた「対立教皇」となるか判断が難しい場合もある。現代では、1080年より後の歴史では（クレメンス三世が教皇に就任して以来）、グレゴリウス七世を「対立教皇」と表す場合もある。どうすべきか迷ったら、どちらの立場から歴史を見るか決めるしかないだろう。本書では、マティルダにとっての教皇を「教皇」としている。

よう命じてもいる。そうすればローマとの通信路を制御し、教皇派の軍事力を抑え込むことができると考えたのだ。

皇帝派の連合軍は、ポー川流域のエミリア街道を通り、略奪を繰り返しながら進軍する。そのときマティルダは、アペニン山脈の要塞から敵の動向を監視していた。そして7月1日の夜、敵はマティルダの城からほど近いソルバラの平原に陣を敷く。パルマからモデナへの谷を邪魔者もいない状況で横断した侵略者たちは、油断して警戒を怠っていた。

翌日、小隊を率いたマティルダが、敵陣営の寝込みを襲撃する――彼女にとって、3年ぶりの帝国軍との野戦であった[#13]。マティルダ軍は陣営の外側の防御線をやぶって、敵を攪乱《かくらん》する。逃げ惑《まど》う歩兵を大量に殺戮《さつりく》し、百人の騎士を捕らえ、五百頭以上の馬を戦利品として奪いながら、自軍の〝名もなき兵〟をわずかに失っただけ――まさに、「中世の戦い」における勝利を手にしたのだった。このソルバラでの戦いは教皇派にとって大勝利であり、戦争の転機となった。ハインリヒ四世の勝利かと思われていたところで、教皇派に新たな希望を与えたのだ。

そのあとの6年間、マティルダは皇帝派に攻勢をかけ続ける。1085年にグレゴリウス七世が亡命先で他界しても、その争いは終わらなかった。マティルダは、改革派にとっての〝世俗的な拠り所〟として、グレゴリウス七世の後を継いだヴィクトル三世とウルバヌス二世を支持していく。ヴィクトル三世の在位はわずか4か月であったが、ウルバヌス二世がグレゴリウス七世の教会改革を達成する。彼のもとで第1回の十字軍の派遣も開始され、ローマ教皇庁の存在はより強固になったのだった。

1090年の春、ハインリヒ四世は反撃に出る。ロレーヌ地方のマティルダの所領を奪い、北イタリアに侵攻すると、それから2年にわたってカノッサへ軍を送り、軍事勢力と賄賂《わいろ》を駆使して城塞と都市を次々と陥落《かんらく》させていった（自治都市に対して、忠誠を誓う見返りに皇帝特権を約束していった。地方領主に近い封建的な立場にある町にとって、その提案は魅力的なものであった）。マ

#9 マティルダとグレゴリウス七世が恋仲にあるとの噂が立っていた。その時代に、それ以外の理由で女性が政治問題にこれほどまでに関与することがあっただろうか？　いまだに現代の歴史家たちも、マティルダに対して――支持派だろうが、不支持派だろうが――当時と変わらぬ非難を繰り返している。

#10 北イタリアの貴族の多くが、ハインリヒ四世を支持していた。叙任権をめぐる皇帝の立場に共感した者もいれば、マティルダの莫大な財産の分け前を享受できると踏む者もいた。

#11 #2 前掲書 p89。

#12 当時の指揮官がこのような選択を下すのは、珍しいことではなかった。中世の戦争における最も一般的な軍事行為は、包囲と襲撃であった。敗北のリスクを負う価値があると判断

ントヴァを賄賂で、ヴェローナを裏切りで失ったマティルダは、ポー川以南に退却するが、皇帝軍の圧力はやまなかった。

１０９２年9月、ハインリヒ四世はマティルダに、教皇クレメンス三世を承認する条件で和平を持ちかけるも、彼女は支持者らからの忠告を振り切ってこれを拒否している。

その翌月、ハインリヒ四世は、マティルダを要塞に閉じ込めて降伏させるべくカノッサに攻めこむ。それを察知したマティルダは、一足先に軍を率いて郊外の城に身を隠した。そしてカノッサ城を包囲する皇帝軍が消耗したところで、奇襲に打って出て敵を敗走させたのだった。

ハインリヒ四世は、それから3年間イタリアに留まったが、事実上、戦争は終結していた。

マティルダが剣を手に積極的に戦ったかどうかは別として、彼女が「戦闘的な指揮官」であったことは確かだろう。40年にわたる軍歴の中で遠征のために兵を糾合すれば、神聖ローマ皇帝（彼もすぐれた指揮官であった）相手に防衛線を展開し、奇襲を仕掛け、市街戦・包囲戦もこなし、さらには包囲される側にまでなってもいる。城を築き、蓄え、要塞化し、効果的な情報網を保ち、土地の有力者らと同盟を結び、中世の統治者が好んだ方法、つまり土地・城・特権といった通貨で従者たちに報いた。

１１１４年、他界する1年ほど前に、マティルダはマントヴァの反乱を鎮圧してもいる。まさに最後まで戦い続けた強者であった。

した場合にのみ、戦場に赴いたのである。

#13
女戦士が実際に戦場で何をしたか、突き止めるのが難しい場合は多い。ソルバラの戦いにおけるマティルダの行動も、すべてが明らかにされてはいない。この戦いについては、それに至るまでの過程も含めて、同時代の記録が４つ残されており、なかには目撃者と思しき人物によって書かれた「夕方のニュースの生中継原稿」のような記録も入っている。これまでの調査で、マティルダはソルバラの戦いの攻撃を計画し、命令を下したこと、さらに１０９１年に同様に軍隊を指揮したことがわかっている。だが彼女が自ら兵を率いてソルバラで戦ったかどうかについては、専門家の間でも意見が分かれるところだ。

CHAPTER FIVE

古今東西の「ジャンヌ・ダルク」たち

JOAN OF ARC OF [FILL IN THE BLANK]

女戦士にまつわる本を執筆していると話すと、よく「それはジャンヌ・ダルクについての本なのか?」などと聞かれたものだ。

本書には、世界から忘れ去られた女戦士が多数登場するが、「オルレアンの少女」ことジャンヌ・ダルクはこの限りではない。ジャンヌに関しては、多くのことが明白にされている。彼女が生きたのが中世であったことを鑑《かんが》みれば、その資料は十分すぎるほど現存している #1。ヨーロッパ史上最も有名な女戦士でありながら、明らかに異端であったジャンヌは #2、「女性は戦わない」というルールから外れた存在であり、同時に、権力に抵抗し、戦い抜く女性のロールモデルにもなってきた。後世に生まれる女戦士たちの憧《しょう》憬《けい》の対象として、彼女たちに進むべき道を示してきたのである。ジャンヌの死から21年後に生まれたイサベル一世(カスティーリャ女王→P98)も彼女を敬愛した1人で、ジャンヌの人生が綴られた年代記を本棚に並べていたという。王族でさえ書物をほとんど持たない時代であったことを考えると、その入れ込みぶりがうかがえる。

ジャンヌの物語は、ごくシンプルに描写してみただけでも、奇妙な流れをたどる #3。

#1 ジャンヌを知る上での大きな手がかりとなるのが、１４３１年1月9日から5月30日にかけて行なわれた裁判の記録である。法廷の筆頭書記官とその2人の補佐人が、日々の裁判内容をフランス語で記録し、夜にはそれの比較・修正を行なった。そのようにして保存された裁判記録の原本と最終版の両方に、当時の人々の証言だけでなく、ジャンヌが実際に口にした言葉も記されている。記録者である男性聖職者のフィルターを

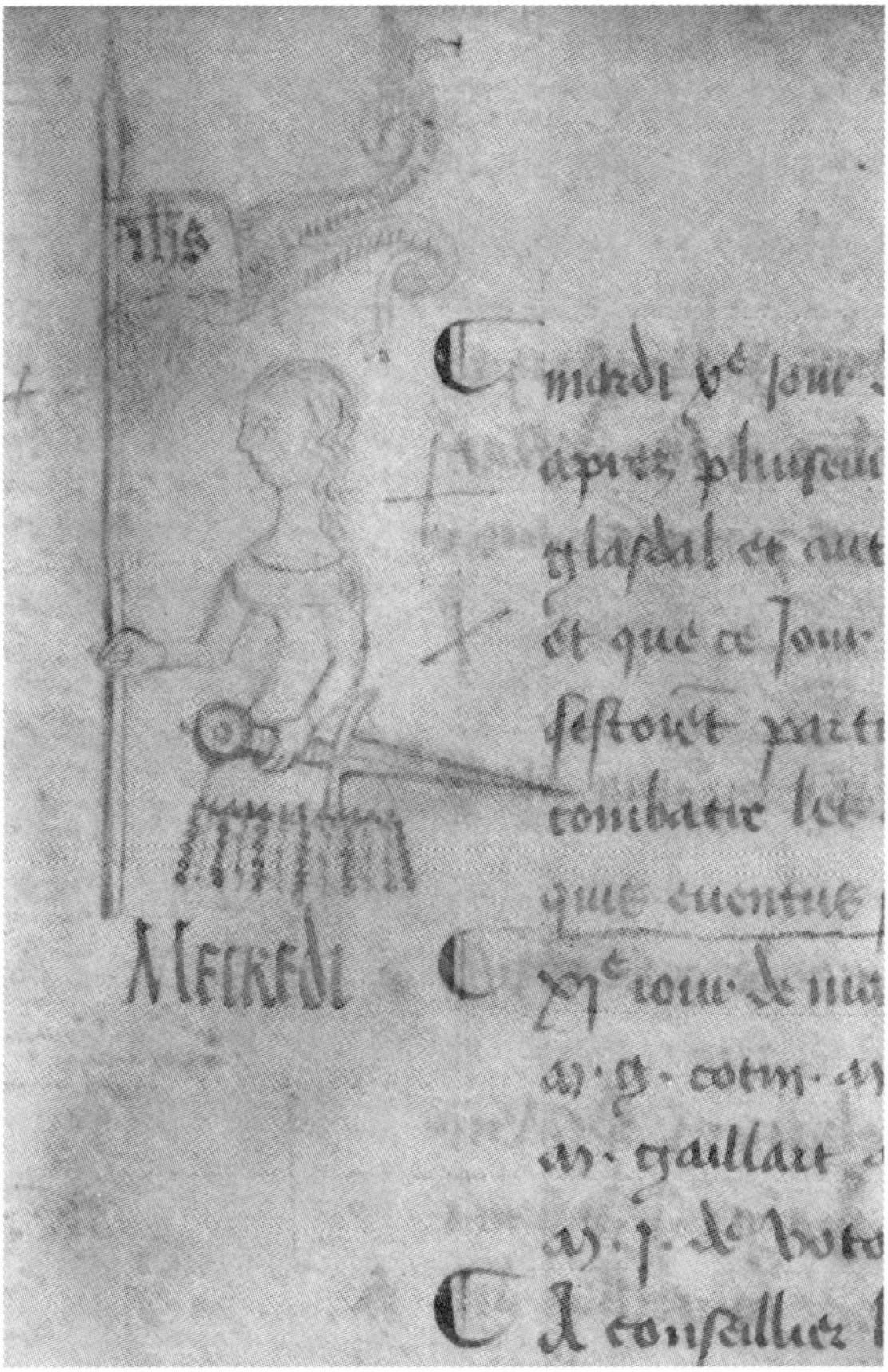

生前のジャンヌ・ダルクを捉えた唯一のイラストが、このパリ高等法院の官報（＝オルレアンでジャンヌが勝利をあげた報告書）の余白に書き込まれた落書きだ。これを描いた書記官クレモント・ド・フォーカンベルグは、彼女に会うことはなかった。
"Joan of Arc," De Agostini Picture Library/Bridgeman Images.

通され、ジャンヌの母語であるフランス語からラテン語（15世紀には記録用の公用語であった）に翻訳されながらも、その記録からは彼女の感情がいきいきと伝わってくる。またジャンヌ本人が、さまざまな有力者に宛てた手紙も残っている。15世紀の文書には珍しく会話調で書かれているが、これは書記が口述筆記を行なったためである。

#2 神の声を聞き、天啓を受けたという体験が、彼女を異端な存在にしている。ジャンヌ・ダルクは確かに特別な存在であったが、それは彼女が女戦士だったからではない。

#3 ジャンヌの物語は、より広い歴史的文脈——１４０７年にオルレアン公ルイが従兄王ブルゴーニュ公（無畏《むい》公《こう》）に暗殺されたことに始まる血生臭い内戦、フランスの女性神秘主義者の系譜におけるジャンヌの位置づけ、そしてフランスとイギリスの宮廷の内政——を含めて見ると、さら

１４２９年、イングランドと１００年近くも争い続けていた #4 フランスは、混乱の極みにあった。7年前に父王シャルル六世が死去したにもかかわらず、王太子（のちのシャルル七世）はフランス国王として正式に戴冠《たいかん》されぬまま、イングランド王ヘンリー五世の幼い息子（のちのヘンリー六世）がイギリス・フランスの両国王に立てられようとしていた。イングランド軍とそれに同調するブルゴーニュ派は、北フランスの大部分を占領していた。そこには歴代フランス国王の戴冠式が挙行されてきたランスも含まれていたため、王太子は正式にフランス国王に就けていなかった。そのとき、王太子はパリの南西２５０キロほどの場所にあるシノン城に避難していた。イングランド軍に包囲されていたオルレアンが陥落すれば、シノンにいる王太子の身にも危険が及ぶ。イングランドにとっては、王太子はフランス国王などではなく、単なる反逆者であった。

　そこに登場したのが、ロレーヌ公国国境近くの村に住む17歳の娘、ジャンヌ・ダルクだ。大天使ミカエル・聖カトリーヌ・聖マーガレットの声を聞いたというジャンヌは、王太子をフランス国王に即位させ、フランスを救うことこそが自分の使命だと主張する。そしてヴォークルールの守衛官ロベール・ド・ボードリクールを説得すると、6人の護衛を伴ってシノンにいる王太子との謁見《えっけん》に赴いた。このときジャンヌは、ボードリクールの助けを借りて、赤いスカート姿の素朴な農家の娘から、馬に乗り、従者を携え、旗・鎧といった高価な付属品を身につけた騎士に変身するのだが、これは単なる男性貴族の「騎士」ではなく、神聖な使命を持った「騎士」――つまり、十字軍戦士であった #5。

　ジャンヌが戦士として生きた年月は短く、2年に満たない。しかも、そのうち13か月は監禁の身であった。

に奇妙なものになる。

#4 俗にいう「百年戦争」。１３３７年にイングランド王エドワード三世が母の血を根拠にフランス王位継承権を主張して以来、フランスのヴァロワ家とイングランドのランカスター家がフランスの王位をめぐって争っていた。

#5 十字軍運動が終わって久しかったが、15世紀のオスマン帝国の拡大によっ

1429年3月6日、ジャンヌはシノンにたどり着く。彼女の到着を知らされた王太子は、わざと家臣に変装し、人混みに紛れていたにもかかわらず、ジャンヌはすぐに彼を見つけ出す。これによってジャンヌが神聖な使命を背負っていること、そしてシャルルが聖別されるべき存在であることが裏付けられた #6。

その1か月後、ジャンヌはフランス軍を率いて出陣し、オルレアン郊外でイングランド軍と戦った。それまで膠着《こうちゃく》状態にあった戦況は、ジャンヌが派遣されたことで急速に展開していく。5月に入る頃には、ジャンヌ軍は包囲砦を攻略してイングランド軍をロワール渓谷から追い出し、6月下旬には1万2000もの兵士を率いて皇太子を護衛してシノンからランスまでの危険な地域を横断した。そして7月17日、ついに皇太子は、ランスの大聖堂でシャルル七世として戴冠されるのだった。

ジャンヌの凄まじい活躍に圧倒されたイングランドは、彼女を捕らえるために巨費を投じる――その1900年前にアテネ人がアルテミシア一世に莫大な懸賞金をかけたのと同じである。オルレアンでの戦いの1年後、1430年5月に起こったコンピエーニュ包囲戦で、ジャンヌはブルゴーニュ派に捕らえられ、イングランドに売られてしまう #7。そして翌年5月30日に異端者として火あぶりの刑に処せられたのだった。

フランスからイングランド人が完全に駆逐されたのは、それから25年後のことであった。

ジャンヌ・ダルクの存在、そして彼女がたどった軌跡を、歴史から消し去ることはできないが、そこに「色」をつけようとする人々によって書き換えられ、上書きされ、新たな情報が書き足されてきた。「ジャンヌ・ダルク」という名前でさえ、誰かによって作られ

て十字軍の理想はまだ生きていた。当然、聖人の声を聞いたジャンヌも十字軍の理念を信じていた。

#6
イギリス王室の面々をインターネットやゴシップ紙で手軽に見られるようになった現代では、これがどれほど驚異的なことであったか、直感的に理解するのは難しい。ジャンヌは、シャルル七世の肖像を見たことがなかっただろう――彼の肖像はコインにすら描かれていなかったのだから。

#7
裁判にかけられるジャンヌだが、そこには衣服に関する5つの罪も含まれている。当時、男装をすることは、魔術を使用することと同等の逸脱行為とされていた。たしかに、魔術よりも男装のほうが証明しやすそうだ。

たものであり、ジャンヌ自身は「ジャンヌ・ラ・ピュセル」という名前を好んで使っていた（ラ・ピュセル／La Pucelle は、フランス語で「乙女」や「使用人」を意味する）。

時を経て、彼女の名前は「〇〇のジャンヌ・ダルク」という形で、外国勢力の侵攻に対抗し、軍を率いる（大抵は若い）女性たちを呼び表すときに用いられるようになる[#8]。歴史的資料の残るチベットのアニ・パチェン（↓P65）も、3世紀のベトナムの半神話的な存在である趙氏貞《ちょうしてい》もそう呼ばれている[#9]。1890年創刊のアフリカ系アメリカ人女性向けの新聞『The Women's Era』はハリエット・タブマンを「ブラック・ジャンヌ・ダルク」と表現し[#10]、小説家のヘンリー・ミラーもギリシャの民族主義者ラスカリナ・ブブリナについて知ったときに「なぜブブリナは、あまり知られていないのだろうか？（略）彼女こそ、もう一人のジャンヌ・ダルクではないか」[#11]と述べている。ある都市の包囲戦で戦った女性も、地名に因《ちな》んで「ブラウンシュヴァイクのジャンヌ・ダルク」と呼ばれた。ハリナ・フィリポヴィッチは「人々が、愛国的な使命に対して揺るぎない忠誠を誓う存在を求める」現象を「ジャンヌ・ダルク教団」と呼ぶが、ここに挙げた女性たちこそ、その核となる要素をそれぞれ体現しているのだ[#12]。

「ジャンヌ・ダルク」という名前が持つイメージの力は、20世紀に入っても衰えることはなかった。ソ連の狙撃兵、ヴェーラ・アルタモノワ（ダニーロフツェワ）軍曹も、1942年6月21日にドイツがソ連に攻撃を仕掛けた際のことを「私は自分がジャンヌ・ダルクに思えました。前線に行くしかない、ライフル銃を手にするしかない」[#13]と振り返っている。

[#8] だが「〇〇のジャンヌ」たちのストーリーからは、元祖ジャンヌ・ダルクを語る上で欠かせないポイントがいくつも省かれてしまっている。天の声が聞こえたこと、宗教的な信念、裏切り、火あぶり、である。

[#9] シンデレラとジャンヌ・ダルクを足して2で割ったのが、趙氏貞（222?〜247?）の物語である。幼い頃に親を亡くした趙氏貞は、兄とその（おそらく）中国人の妻とともに暮らしていた。義姉は彼女を虐《しいた》げ、召使いのように扱っていた。我慢の限界に達した趙氏貞は、義姉を殺して丘に逃げ、そこで1000人の男女の軍隊を作って中国の占領者と戦う。30回以上もの戦いに勝利し、一時的に独立した地域を統治したが、247年に中国軍に敗れたた

革命の時代

政変、革命、占領軍や植民地政府に対する抵抗運動などが起こるたびに、その場所、その時代に女戦士が生まれてきた。ラテンアメリカ諸国では19世紀初頭のスペイン支配に対して、また20世紀の国内の圧政に対してそれぞれ革命が起こり、多くの女性が戦いに身を投じた。ハイチ革命でも女性の奴隷たちが、個人と国家の独立をかけて戦い、スペイン内戦や、第二次世界大戦時のフランス、ギリシャ、イタリア、ユーゴスラビアでの反ナチス抵抗運動でもパルチザンの女性たちが武器を取った[#14]。

第二次世界大戦後の反植民地戦争にも女戦士は存在し、ベトナムでは「長髪軍」と呼ばれる女性たちが、ゲリラ兵、高射砲部隊の隊員、南ベトナムのベトコン支配地域の市民軍となった。１９５０年代にケニアで起こったマウマウの反乱ではキクユ族の女性たちが森林戦闘部隊として立ち上がり、イスラム教徒の女性もアルジェリアの独立戦争で戦った。20世紀後半に起こったアフリカ、アジア、ラテンアメリカの革命では、何千人もの女性がゲリラ軍に従軍――その割合は軍の30％にも達したと言われている[#15]。２０１４年に入ってからは、中東で（いまでも続く）テロ組織ＩＳＩＳ（「イスラム国」）との戦いに、７０００人から1万人のクルド人女性が兵士として携わっている。また同年には、ウクライナとロシアとの非公然の戦争[#16]において、ウクライナ軍の女性たちが対テロ作戦の戦闘員となった。戦闘員として認識されない彼女たちは、「見えない大隊」とも呼ばれている[#17]。

これらの「ジャンヌ」たちは、それぞれの立場からそれぞれの国家的な危機に立ち向か

め、川に飛び込んで、あるいは象に踏みつけられて死んだと言い伝えられている。18世紀になると、ベトナムの民族主義者や詩人たちによって、身長２８０センチ（9尺）、胸囲１００センチ（3尺）の、1日に２４００キロ以上もの距離を歩く伝説的な英雄に仕立て上げられた。

#10 南北戦争が勃発するまでの10年の間に、奴隷を助け、自由が得られる北部の地へと導いたタブマンだが、南部にて北軍の斥候《せっこう》としても大きな力を発揮していた。彼女は、厳密な意味での「戦士」ではなかったが、どのような基準をもってしても、間違いなく抵抗運動のリーダーであった。

#11 ヘンリー・ミラー「The Colossus of Maroussi」（エイプリル・カロゲロプーロス・ハウスホルダー『The Life and Legacy of Laskarina Bouboulina: Feminist Alternatives to Documentary Filmmaking Practices』２００６、p29）

ってきた。

「ベトナムのジャンヌ・ダルク」徴姉妹《ちょうしまい》

西暦39年、ベトナムでは2人の若き姉妹が、150年にもわたって続いた中国王朝（後漢）の支配に初めて反旗を翻した。彼女たちこそ、「ベトナムのジャンヌ・ダルク」と呼ばれる、徴姉妹《ちょうしまい》である。

徴側《ちょうそく》と徴弐《ちょうに》は、西暦14年頃にベトナム北部麊泠県（現在のメリン県）の首領の娘として生まれる#18。彼女たちの名前が歴史に登場するのは、36年に蘇定《そてい》という役人が交趾《こうし》（現在のベトナム北部の行政区域）の大守（郡の長官）に就任してからで、それ以前のことはほとんどわかっていない。この蘇定とは、賄賂を要求し、塩の税を上げ#19、農民に新たな税（川での釣りに対してなど）を課すような人物、つまり中国古代史おなじみの、反乱のきっかけとなるような強欲で無能な役人であった。

朱鳶県（現在のソンタイ）#20の詩策《しさく》に嫁いだ徴側は、その夫とともに、地方の貴族たちを動員して反乱を起こしたが、詩索は蘇定に捕らえられて処刑され、見せしめに遺体を城門に吊るされた#21。

それでも姉妹は諦めず、20代の女性を中心に8万人の軍隊を編成する#22。ベトナムの文献によると、姉妹の率いる反乱軍は、ある省だけでも69人の将軍のうち32人が女性であり、そのなかには姉妹の年老いた母親も入っていたとされている#23。

#12 ハリナ・フィリポヴィッチ「The Daughters of Emilia Plater」（パメラ・チェスター、シベラン・フォレスター編『Engendering Slavic Literatures』1996、p43）

#13 訳文はスヴェトラーナ・アレクシエーヴィチ著、三浦みどり訳『戦争は女の顔をしていない』岩波書店より。

#14 第二次世界大戦でレジスタンス運動に参加した女性の多くが、戦士として戦うことがなかったとしても、それに劣らず危険な仕事に従事していた。武装した抵抗運動には、男性よりも自由に行動することができた女性の存在が欠かせなかった。伝令役を務め、情報を収集し、反乱軍や連合国軍の撃墜されたパイロットのために食料、物資、避難所などを手配した。武器・弾薬を運び、違法な印刷物を配布し、ときには妊娠して母親になることでドイツ兵の目をかいくぐって密輸品を運ぶこともあった。

戦場に赴く徴姉妹。
“Trung Sisters,” History/Bridgeman Images.

姉妹はその寄せ集めの軍隊を率いて、ベトナムから中国を追い出し、ベトナム北部のフエから中国南部にまたがって新国家を築いた。そのときの蘇定は恐怖のあまり、髪を剃って変装し、密《ひそ》かに国外に逃亡したという。

　それから2年ほど、姉妹は新たな国を支配するが、41年に中国の光武帝《こうぶてい》が名将・馬援《ばえん》をベトナムに送り込んだ。しばらくの間は中国との国境を守っていた姉妹だったが、最終的には中国王朝の持つ圧倒的な軍事・財政力の前に屈服。43年には、徴姉妹にとって最後の戦いが現在のハノイ付近で勃発し、中国の史書によると数千人のベトナム兵が首を

これらの活動は「受動的抵抗」と表現されることもある。彼女たちは、本書が定義する「女戦士」ではなかったかもしれないが、それでも「受動的」などではなかったはずだ。

#15　18世紀末から今日までの革命軍の女性構成員の割合は、30%が定説となっているようだ——しかしこれは、古代世界の部隊数の推定値よりも信頼度が低いように感じられる。この数字には、実際の女性戦闘員の数だけでなく、報告側の願望や認識も含まれているからだ。ホワイトハウス・プロジェクトの「女性のリーダーシップのベンチマーク」によると、2008年、女性の現役兵は米軍が14・3%を占め、また同年のフランス、ドイツ、イギリスの軍人の女性比率は、それぞれ14・6%、8・3%、9・3%であったからだ（ローズマリー・スカイネ『Women in Combat: A Reference Handbook』P179／Irène Eulriet『Women and the Militar in Europe:Comparing Public Cultures』p111）。

はねられ、1万人以上が降伏したとされている。

中国側の記録では、馬援が姉妹を捕らえて処刑し、その首を後漢の宮廷に送った、あるいは姉妹は戦死したともされている。一方、それから何世紀も経ってから作られたベトナム側の記録には、徴姉妹は国を救った英雄として登場し、ハッガン川で入水自殺をしたと記されている。

徴姉妹の伝説が語り継がれるベトナムには、姉妹を祀《まつ》る寺院がいくつも建立され、多くの地域で彼女たちの功績が称《たた》えられている。反植民地主義の作家らは、中国、そしてフランスの支配に苦しむベトナム人に向かって、徹底的に抵抗した徴姉妹の姿勢こそ見習うべきだとも主張した。

今なお、国民的英雄として人々に記憶され続ける徴姉妹の命日は、現在では国民の休日になっている。

植民地支配に徹底抗戦したフアナ・パディーリャ

２０１５年7月、アルゼンチンの大統領府に建つクリストファー・コロンブスの像が撤去され、その代わりにスペインから独立を勝ち取った人物の像が据えられた。だがそれは、シモン・ボリバルでもなければ、ホセ・デ・サン＝マルティンでもない。女戦士フアナ・アスルドゥイ・デ・パディーリャ（１７８０〜１８６２頃）であった。

北米のイギリス領植民地で始まり、１７８９年の第一次フランス革命で新たな形となった革命の精神は、スペインが支配する中南米の植民地にも伝わって、火を噴いた。

#16 編注：２０２２年2月24日（現地時間）、ロシアはウクライナに対する軍事侵攻に踏み切った。ロシア軍はさまざまな方向から進軍し、ウクライナの首都キーウなどで交戦中。

#17 ２０１７年、この「見えない大隊（Invisible Battalion）」は、ウクライナ女性基金が資金提供した同名のドキュメンタリー映画と、それに付随する報告書が公開されたことでやや可視化された。

#18 徴姉妹について書かれた最古の文献は、中国のものだ。ベトナム側の記録に彼女たちが初めて登場するのは13世紀に入ってからであり、その頃にはすでに半神話的な存在となっていた。現代の歴史家の間では、敵意と軽蔑を向けられる一方で、聖人としても扱われている。

#19 時代を問わずに、悪手である。塩は

１８０８年春、スペインを征服したナポレオンは、カルロス四世とその息子で後継者のフェルディナンド七世を退位させ、自らの兄ジョセフ・ボナパルトをスペインの王位に就けるのだが、その数週間後、中南米ではシモン・ボリバル（１７８３〜１８３０）率いる反乱軍がスペインの植民地支配に抗い始める。そこから起こっていく各国での独立戦争、それに続く内戦では、男性だけでなく、女性も戦場に馳せ参じた#24。

その一人であるフアナ・アスルドゥイ・デ・パディーリャは、リオ・デ・ラ・プラテル総督府のアルト・ペルーに位置するチュキサカ（現在のボリビアのスクレ市）周辺で生まれた。フアナの幼少期にまつわる記述はさまざまだが、メスティーソ（白人とラテンアメリカの間に生まれた子ども）の祖先を持ち、尼僧院で教育を受け、反抗的な学生であったなどの点は共通している。

１８０５年、フアナはマヌエル・パディーヤと結婚する。この後、夫婦は国の独立のためにともに戦うことになる。

それから4年経った１８０９年5月25日、チュキサカで革命派が街頭に繰り出し、スペイン支配に対する独立運動を起こす。１８０８年にフェルナンド七世が退位して以来、中南米における初の蜂起であった。この最初の反乱は、１８１１年6月20日のウアキの戦いで独立派が王党派に大敗して終結する。これでアルト・ペルーの名目上の支配権は王党派に戻るが、それから7年にわたって両派の戦いはこの地域を中心に巻き起こっていく。１８１３年には、周辺地域に6つのレプビリケタ（小共和国）が作られ、カウディーリョと呼ばれるゲリラ司令官たちが独立の名のもとに戦い続けた。

反乱初期から熱心な独立派であったフアナとマヌエルは、ともにポトシ（ボリビア南部

単なる調味料ではない。

#20 鄭一嫂と関係するタイソン（西山）と似た響きだが、混同しないように。

#21 現代の学者キース・ウェラー・テイラーによると、詩索の死はベトナムの学者たちによって捏造《ねつぞう》されたものだという。中国の証拠から、詩索は生きていて、妻を追って戦地に赴いたとテイラーは主張する。私としては、そちらが事実であると信じたい。

#22 いつものごとく、歴史家のほとんどがこの数字に懐疑的だ。

#23 ベトナムの記録では、軍隊に女性が大勢いたことが強調されている。19世紀になるまで、ベトナムの作家たちはこのことを引き合いに出しては、中国、そしてフランスに抵抗できなかった同時代の男性たちを侮蔑している。15世紀のとある詩人は「男の

の都市）のレプブリケタ・デ・ラ・ラグーナを率いて王党派に対する攻撃を仕掛けたり、チュキサカとブエノスアイレスを結ぶ道を独立派のために確保したりもしていた。フアナはアマゾン #25 と呼ばれる25人の女性護衛を従え、レアレスなる男性兵士の集団を指揮しては、王党派との主要な戦いに少なくとも16回は参加したという。彼女の戦場での勇猛果敢な戦いぶりは広く知られていた。

1816年9月にマヌエルが戦死するまで、2人は小共和国の権力を共有しながら、協力して軍の指揮にあたり続けた。マヌエルを失った後も、フアナは自由のためだけでなく、夫を殺された復讐のためにも戦いを諦めることはなかった。現在のアルゼンチン北西部に位置するサルタへ向かうと、地元の反乱を取り仕切るマルティン・グエメスの一味に加わり、1821年にグエメスが殺害されるまで戦っていたという。

1825年にアルト・ペルーが独立すると、フアナはチュキサカへ帰還する。

ちなみに1816年8月、ブエノスアイレス政府は、戦場での勇敢さを認めてフアナに中佐の階級を授与しているが、彼女が払った犠牲は大きすぎた。夫は戦死し、ゲリラ戦を転々とするなかで5人の子どものうち4人を栄養失調や病気で失った（しかも5番目の子は戦場で出産した）。国から年金が支払われることが約束されていたが、彼女がそれを受け取ることはなかった。1862年5月26日、貧しく、孤独な状態で死んでいったフアナ・アスルドゥイ・デ・パディーリャは、現在のボリビアとアルゼンチンで国民的な英雄とされている。

ギリシャ独立を夢見た女提督ブブリナ

英雄たちは誰もが頭を下げて服従したが、二人の姉妹だけは、国の仇を討つために誇りを持って立ち上がった」と書いている（キース・ウェラー・テイラー「The Trung Sisters in the Literature of Later Centuries」より（D.R.サーディサイ編『Southeast Asian History: Essential Readings』p65所収）。

#24 ラテンアメリカの専門家であるキャサリン・デイヴィスは、これらの戦争における少なくとも90人の「著名な」女性兵による歴史的な証言を報告している（キャサリン・デイヴィス、クレア・ブリュースター、ヒラリー・オーウェン『South American Independence: Gender, Politics, Text』p22）。この数字には、歩兵や非戦闘従軍者として革命軍で戦った名もなき女性たちは含まれていない。メキシコ独立戦争では、ほとんどの反乱軍の20〜30％を女性が占めていた（#15 と同じ数字だ！）。軍の主食であるトウモロコシを挽《ひ》くことが彼女たちの主要任務であった

19世紀初頭、オスマン帝国からの独立をめぐる戦争でギリシャの艦隊を指揮した女性がいた。大富豪ラスカリナ・ブブリナ（1771〜1825）である#26。

1771年、ブブリナは、ギリシャ・イドラ島出身の船長スタブリアノス・ピノチスとその妻スケボの娘として生まれた。父スタブリアノスは、1769年から1770年にかけて起きたオスマン帝国への反乱に参加したとしてコンスタンティノープル（現在のイスタンブール）の牢に投獄されていた。臨月であったスケボが夫の面会に訪れ、そこでブブリナを出産する。その後すぐにスタブリアノスは他界するのだが、こうした背景からも、ブブリナがオスマン帝国に対して恨みを抱いていたと考えられる。

幼い娘を連れてイドラ島に戻った母スケボは、その4年後に再婚する。新しい夫も同じく船長で、スペツェス島出身であった。継父は、新たに娘となったブブリナが船や家業に興味を持つことを奨励したようだ#27――少女がこのようなことに興味を抱くのも、また、父親がそれを良しとするのも、当時としては珍しいことであった。

母親と同様に、ブブリナも2回結婚している。17歳のときの結婚相手ディミトリオス・イヤノウザも、30歳のときの結婚相手ディミトリオス・ブブリスも、ともにスペツェス島出身の船長であり、またいずれもギリシャの沿岸でアルジェリア海賊の襲撃を受けて命を落としている。

1811年に2番目の夫が亡くなると、ブブリナは6人の子どもと多額の遺産を持つ寡婦となる。当時このような立場に置かれた女性は、財産を管理するために親戚の男性を頼ったものだが、ブブリナは違った。夫が経営する2つの貿易船会社の経営を引き継ぐと、

が、武器を手に男性の同志とともに戦うこともあった。

#25
戦場で部隊を率いた女性が「〇〇のジャンヌ・ダルク」と表現されるように、「アマゾン」も女戦士の集団を表すときに用いられがちだ。その根底には、女性だけの部族「アマゾン」が所詮は神話にすぎないという考えがあるからだろう。

#26
ブブリナの痕跡は、ギリシャ独立戦争の記録やオスマン帝国の文書などに見つけることができる。スペツェス島に残るブブリナの邸宅は、子孫によって管理される博物館となっており、彼女の個人的な文書や所有物が保存されている。また彼女の名前は、言い伝えや民謡にも登場する。

#27
トムボーイ症候群の一種。ここでは「乗馬や武器の訓練」が、男性特有の分野とされる「船やビジネス」に置き換わっている。

そのビジネスを成功させたのである。

１８１６年、ブブリナがオスマン帝国に対してさらに腹を立てる出来事が起こる。オスマン帝国が、ブブリナの亡き夫がトルコ＝ロシア戦争で敵側について戦ったからと、彼女の財産を差し押さえようとしたのだ #28 。なんとか財産没収は免れたが、当時のオスマン帝国皇帝の母親がそれを止めたからだとも言われている #29 。

オスマン帝国の支配に抗ったのは、ブブリナだけではなかった。当時のギリシャ人は、４００年もオスマン帝国の支配下におかれながらも特権的な立場を享受していた。教育を受けたギリシャ人がオスマン帝国の行政を担い、ギリシャ商人がトルコ領地中海での貿易をほぼ独占していた。だが「特権」があることと、「独立」していることは別物だ #30 。

18世紀後半、２つの世界的な動きが、ギリシャが抱いていた茫漠《ぼうばく》とした不満を、ナショナリズムに変える。１つ目は、ロマンテック・フィルヘレニズム（親ギリシャ主義）。これによってヨーロッパでは、古代ギリシャの神話や文学への関心が高まり、また古代ギリシャこそ民主主義が生まれた場所であると再認識された。２つ目は、アメリカ革命とフランス革命の革命的な理想が、ヨーロッパの民族主義者たちに伝播《でんぱ》したこと。これによってギリシャ人たちは、大帝国の政治的な駆け引きによって形成された「帝国的な地方」でいるよりも、共通の言語と文化に基づいた国家を新たに樹立することを夢見るようになった #31 。

１８１６年にオデッサのギリシャ商人が、オスマン帝国からのギリシャ解放を目指す秘密結社「フィリキ・エテリア」を設立する。１８２０年代に入る頃には、知識人、船主・船長、聖職者、地主、商人といった裕福で教養のあるギリシャ人が数百人も所属するほど

#28 根拠のない告発ではない。ロシア政府は、その功績を称えてブブリナの亡き夫にロシア海軍大佐の称号を与え、さらに名誉ロシア市民としていた。

#29 一般的には、このときブブリナは、有事にオスマン帝国の女性を守ると約束したとされている――まるでおとぎ話のようだが、のちに実際に果たされることになる。

#30 革命とは、最も貧しい人々よりも、より多くを求める比較的恵まれた人々の間で始まることが多い。

#31 ギリシャ人同様に、セルビア人もオスマン帝国の支配に不満を抱いていたが、１８０４年から１８１３年まで続いた独立のための血みどろの戦

の組織になっていた。ブブリナは、そこに属する唯一の女性であったと言われているが、現存する１０９３名分の会員リストには、彼女の名前は見当たらない #32。正式会員であったのか、あるいは非正式の女性補助会員であったのかは不明だが、いずれにせよブブリナは艦隊と財産を独立運動に捧げていく。

　海外の港で仕入れた武器や弾薬をスペツェス島に密輸するだけでも危険な行為であったのに、さらにブブリナはスペツェス島の造船所に「アガメムノン号」を造るよう依頼する #33 ――この大胆な行為によって、彼女は再びオスマン帝国から目をつけられる。オスマン帝国は、ギリシャ人が所有する船の大きさ、また搭載できる武器のサイズや数に厳しい制限を設けており、アガメムノン号はその基準を超えていた。オスマン帝国は、ブブリナが密かに軍艦を建造していると非難した――が、これはその通りであった。実際に軍艦を造ろうとしていたブブリナは、役人を買収し、計画通りに船を完成させる。18門の重砲を備えた、全長33メートルほどもあるアガメムノン号こそ、ギリシャ艦隊における最初の、かつ最大の船であった #34。

　１８２１年3月25日、フィリキ・エテリアの指導者アレクサンドル・イプシランティ率いるギリシャ人駐在員の一団が、モルダヴィアに突入しギリシャ独立戦争は始まった（イプシランティの部隊はのちに全滅する）。その2週間後には、スペツェス島を含む自治体ペロポネソスが決起する。

　50歳になったブブリナは、アガメムノン号の他に購入した4隻の船の指揮にあたりながら、スペツェス人からなる小さな私設軍を従えていた。彼女の息子や義理の兄弟たちもブブリナの所有する船の船長に就いていたが、なかには戦いで命を落とす者もいた。ブブリ

い（第一次セルビア蜂起）は失敗に終わっている。

#32 ブブリナはフィリキ・エテリアの唯一の女性メンバーであったかもしれないが、ギリシャ独立戦争で戦った唯一の女性ではなかった。ギリシャの豪商の娘であるマント・マヴロゲーヌス（１７９６～１８４８）も、この戦争で2隻の船に艤装を施し、指揮を執っていた。

#33 「王の中の王」と呼ばれた、トロイ戦争でギリシャ軍を率いた英雄アガメムノンは、戦争で統一を成したギリシャの紛れもない象徴であった。ギリシャ人の船の名前としては挑発的なチョイスだ。

#34 ちなみに、トラファルガー海戦でネルソン卿《きょう》の旗艦《きかん》となったビクトリー号は、全長69ｍ、備砲１０４門。イギリス海軍の最小限のフリゲート艦でさえ、20から48門を搭載していた。

ナは彼女の部隊を「勇敢な若者たち」と呼び、隊員たちは彼女を「カペタニーサ（女提督）」と呼んだ。

戦争が始まってすぐ、ブブリナはオスマン帝国の主要拠点ナフプリオンの港を封鎖する。3つの要塞に囲まれ、300門の大砲が置かれたその場所は難攻不落だと考えられていたが、ブブリナは見事にその予想を覆《くつがえ》したのだ。その様子を目撃していた19世紀のギリシャの歴史家、アナルギロス・ハツィ＝アナギュロウは次のように記録している。

> 1821年12月4日、私の記憶では、自船の上に立つブブリナが、ただ一人で他の船を指揮していた。攻撃を命じられた船はすぐさま前進するも、海辺の砦《とりで》から銃弾と大砲が飛んできたため、勇敢な若者たちは束の間たじろいだ。船の横からこの様子を見ていたブブリナは、怒れるアマゾンのように「お前たちは男ではなく、女なのか？　前進せよ！ #35」と叫んだ。船員たちはそれに従って部隊を編成し直して攻撃を仕掛けるが、海からの攻撃では砦を陥落させることはできなかった。そこでブブリナ自身が軍とともに上陸し、1822年11月30日に砦を征服するまで、私財を投じ、軍を率いてその地に留まった #36。

そのようにしてオスマン帝国との戦いに従事したブブリナについて、とくに語り草となっている話がある。

1821年9月、トルコのトリポリスを陥落させたギリシャ軍は、それから3日間にわたって大虐殺と略奪を起こし、3万人もの死者を出した。そんななかでブブリナは船員を率いて街に入ると、支配者のハレムに住む女性や子どもたちを命がけで守ったのだ——こ

当時の基準からすれば、ヨーロッパ諸国はアガメムノンを、軍艦というよりも武装した商船とみなしていただろう。

#35 当時の文化的背景に、女戦士の存在が組み込まれていないことが思い知らされる。このように「たかが女にもできるのだから、お前もできる」というカードを使った女戦士は何人もいた。第一次世界大戦時のロシアも、この考えに基づいて女性だけで構成された部隊を作った。

#36 フィリップ・デメルジス・ブブリス『Laskarina Bouboulina』1997、

れは、かつて彼女の窮地を救ったオスマン帝国皇帝の母親との約束を守ったためだとされている。

1824年末、オスマン帝国との戦争が続く一方で、ギリシャ側でも主導権をめぐる内戦が勃発する。反乱派の指導者の一人と婚姻関係にあったブブリナは、ギリシャ政府に危険視され、2度も身柄を拘束されたあげくに、スペツェス島に追放されている。

1825年5月22日、ブブリナはスペツェス島で死去。ヨーロッパ列強がギリシャの独立を認めたのは、その5年後のことであった。ちなみにブブリナが亡くなったのは、ギリシャの自由をめぐる戦いではなく、スペツェス島で他の家との揉めごとに巻き込まれ、流れ弾に当たったためである。ギリシャ独立を夢見て、息子・船・多額の財産を失ったブブリナは、最後は貧しい暮らしを送っていたようだ。

死後、ギリシャはブブリナに「提督」の称号を与えている（1930年にはギリシャ独立100周年を記念して、彼女を描いた切手も発行された）。

ジャンヌに憧れロシア帝国と戦ったエミリア・プラテル

1830年から31年にかけて起こった11月蜂起で活躍した女戦士が、ポーランドの愛国主義者エミリア・プラテル（1806～1831）だ。ポーランド・リトアニア・ベラルーシ・ウクライナの旧ポーランド領をロシア帝国の占領下から解放しようとしたこの反乱は、失敗に終わっている#37。

ロシア帝政下のビリニュスにて、その地域で最も有力で、最も由緒あるポーランド貴族

p20。

#37 プラテルについて知られていること

のもとに生まれたのが、プラテルであった（繰り返すが、「特権」と「独立」は別物だ）。

ヨゼフ・ストラシェウィックによるプラテルの伝記をひもとくと、作者の民族主義的な思想を通して、国民的なヒロインとして育てられた一人の女性の姿が浮かび上がってくる。両親が離婚し、母親に育てられたプラテルは当時の女性としては珍しく、ポーランドの愛国心を重視した古典的な教育を受け、同時に乗馬や射撃も学ぶ。また幼い頃より、ジャンヌ・ダルクをはじめとする歴史上の女性たちに憧れを抱いてもいた[#38]。

ロシア革命、またはカデット革命とも呼ばれる11月蜂起は、ワルシャワで始まった。フランスの7月革命、ローマ教皇庁、ベルギー独立が起こるなかで、第一次フランス革命に触発されたヨーロッパの大帝国の被支配民族の民族主義的な願望を考えれば、ロシア帝国の支配に対する反乱が起こるのは当然の流れであった。その流れがヨーロッパ全土に広がることを危ぶんだロシア皇帝（またポーランド王）のニコライ一世は、11月19日にポーランド軍に西への進軍を命じ、フランスの7月革命を鎮圧しようと考える。そこでまずは、フランスに動員された兵士の代わりに、ポーランド国内にロシア駐屯軍を置く。ポーランド愛国派は、この動きを発端にポーランド王国が有するわずかな自治権が奪われるのではないかと危惧した[#39]。

このときにも、19世紀半ばのヨーロッパの国々と同様に、学生、民族主義者、社会に不満を持つ層による秘密組織が存在し、行動を開始していた。ポーランド軍が動員される前日の11月29日、愛国派は、皇帝の兄で、ポーランドの事実上の統治者であるコンスタンティン大公を討《う》つべく、ベルヴェデル宮殿を急襲。ときを同じくして、陸軍士官学校の下士官たちもロシア軍の兵舎を襲撃する。どちらの計画も失敗に終わったが、これに感化され

の多くは、同じポーランド出身の民族主義者ヨゼフ・ストラシェウィック（1801〜1838）が書いた伝記『エミリー・プラター伯爵夫人の生涯』（1835年）に依《よ》っている。ストラシェウィックは、西欧にポーランドの大義を広めたいという信念からこの本を書いた。ドニゾーによる『カノッサのマティルダ伝』と同じく、ストラシェウィックの「プラテル伝」も、彼女の英雄的な人生を物語りながら、不都合な事実を華やかな散文で覆い隠している。

#38 ジャンヌの物語を手本にしたと言っても、声が聞こえたり、火刑に処されたりした部分ではなく、その英雄的な部分だけであろう。

#39 こう考えられたのも無理はない。18世紀末にポーランドは、ロシア・オーストリア・プロイセン3国君主間の神聖同盟によって分断されていた。理論的には（大幅に縮小された）ポーランド王国は自治国家であったが、

た民衆による反乱を引き起こすことには成功している。反乱者らは市の武器庫を襲撃して武装し、ワルシャワの一部を制圧した。ポーランド軍の将軍全員（2人の伯爵を除く）も反乱に身を投じており、こうしてニコライ一世によるフランスでの革命の鎮圧計画も潰《つい》えたのだった。

1831年の春、地元ヴィリニュスに蜂起の知らせが届くと、プラテルは迷うことなく参戦する。兵士として戦うことを夢見てきた彼女にとって、絶好のチャンスであった。髪を短く切り、軍服を身につけたプラテル#40は、300人の志願兵を組織（地元の陸軍士官学校の士官候補生だった従兄弟2人も含まれていた）。ロシア軍との戦闘を何度か繰り返したあと、別の反乱軍と合流してウクメルゲ占拠を目指した。

6月になると、デズィデリ・フワポフスキ将軍が指揮するポーランド反乱軍の大部隊と、ついでアントニ・ギールグッドが率いるポーランド・リトアニア連合軍と一緒になる。新たにリトアニア軍の司令官に任命されたフワポフスキ将軍は、反乱軍を正規の軍隊として編成したが、女性であるプラテルは帰国するべきだと説得しようとする。だがプラテルは、ポーランドの独立を勝ち取るまでは帰国しないと反発する。その固い決意に感銘を受けたフワポフスキ将軍は、彼女に大尉《たいい》の階級を与え、リトアニア歩兵第一連隊の第一中隊長に任命した。こうして戦士としての立場を勝ち取ったプラテルは、同月25日に起こったカウナスの戦いでは、連隊が壊滅的な打撃を受けながらも果敢に戦い、さらにポーランド軍が敗走したサヴェルの守備隊への攻撃でも活躍したのだった。

だがこのサヴェルへの攻撃を最後に、ポーランドは撤退へと舵《かじ》を切る。ロシア軍の圧倒的な優勢を目の当たりにしたポーランド軍最高司令部は、プロイセンへ亡命すると、そこ

ニコライ一世がポーランド国王でもあったため、その自治権はまさに理論上のものであった。

#40
前出のナジェージダ・ドゥーロワ（→p57）は、軍服を所有していた理由を手記で説明しているが、プラテルが軍服をどのように入手したかは記録に残されていない。その日が来るのを見越して、衣装ダンスにしまっていたのだろうか？　それとも従兄弟などから借りたのだろうか？

で降伏した。一方のプラテルは退却することなくワルシャワへ向かおうとするが、途中で病に侵され、12月23日にポーランドとリトアニアの国境にある荘園の館で息を引き取った。

　プラテルが戦ったのはわずか3か月だけで、歴史の流れや反乱の流れを変えることはなかったが、この短い月日で #41 彼女はポーランドの愛国心の象徴となった #42（ポーランドの詩人アダム・ミツキェヴィチは、彼女について「大佐の死」という詩を書いた。そこでは、実際には大尉だったプラテルは大佐へと昇格し、さらに反乱のリーダーに仕立て上げられている）。フランスでは、ポーランドの反乱が起こったことで、ロシアが1830年のフランスの反乱に手出しをしなかったとも考えられていたために、その立役者でもあるプラテルの物語はジャンヌ・ダルクと比較され、「もう一人のジャンヌ・ダルク」とも呼ばれた。ある作家は、聖女ジャンヌがポーランドの自由のため、そしてロシアの不名誉な野心を打ち砕くためにプラテルを遣《つか》わせたと主張している。どうやらこの作家は、どちらの目的も達成されていなかったことに気づかなかったようだ #43。

米政府に抗った先住民――「バッファロー・カーフ・ロード・ウーマン」

　1876年、アメリカ政府とアメリカ西部の先住民族との間で勃発したグレート・スーの戦争に参加した女戦士こそ、シャイアン族のバッファロー・カーフ・ロード・ウーマンであった。歴史に登場する多くの女性たちと同じく、彼女の人生についてもその詳細はほとんど残されていないが #44、シャイアン族の戦士ブラック・コヨーテと結婚し、2人の子どもをもうけたことがわかっている。弟と夫とともに、ローズバッドの戦いとリトル

#41
ポーランドの独立という観点から見ると、11月蜂起は大失敗に終わっている。蜂起に参加した者の多くがシベリアに送られ、それを免れた者は西ヨーロッパやアメリカに逃れ、ポーランド軍は解体された。1815年に設置されたポーランド立憲王国では、選任された機関は廃止され、より厳格な憲章に変更された。報道の自由は制限され、ワルシャワ大学も閉鎖されている。第一次世界大戦が終わるまで他国の支配下にあったポーランドとリトアニアは、その後ナチスドイツに占領され、ソ連の圧制下に置かれるまで、束の間の独立を楽しんだ。

#42
同反乱では、少なくとも他に4人の女性が戦っていたという。そのうちの1人はプラテルの副官を務めていた。だが彼女たちが、プラテルのよ

ビッグホーンの戦いに身を投じたため、彼女の名前が知られるようになる。

これらの戦いは、１８７４年に米軍がサウスダコタ州のブラックヒルズで金を発見したことから始まった。当時、北部の平原に暮らす先住民族にとって神聖で、大切な狩猟の場としていた一帯の支配権はアメリカ政府との条約によって保証されていた。だが金が見つかったことで状況は一変する。当初政府は、この土地から探鉱者を漫然と排除しようとしていたが、デッドウッドのような鉱山町が条約地域内にできたことで方針を変える。探鉱者の代わりに、先住民族を排除することにしたのだ。

政府は、１８７６年1月までにブラックヒルズに残る先住民すべてに、サウスダコタ州のスー族居留地に移転するよう命じる #45。それに応じなければ、軍によって強制的排除も辞さないとのことだったが、これは明らかに条約違反であった。

シャイアン族の多くが、保留地への移転を拒み、代わりにパウダー川とビッグホーン川の間に位置する地域に移り住んだ。そこにスー族が加わり、１８７６年の夏には、６つの異なる部族とその酋長《しゅうちょう》が一緒に露営《ろえい》するようになっていた――８０００人から1万人と推定される男、女、子どもがおり、その中にはバッファロー・カーフ・ロード・ウーマン、その夫であるブラック・コヨーテ、その娘、そしてバッファロー・カーフ・ロード・ウーマンの弟であるカムズ・イン・サイトもいた。

この地域に駐留した陸軍部隊の指揮官アルフレッド・ハウ・テリー将軍は、一帯から部族を追い出すための作戦を敢行する。作戦の内容はこうだ。ジョージ・クルック将軍が、現在のワイオミング州にあるフェッターマン砦の司令部からローズバッドとリトルビ

うな死後の名声を得ることはなかった。
#43 #12 前掲書 p43。
#44 長い間、バッファロー・カーフ・ロード・ウーマンにまつわる情報のほとんどは、ケイト・ビッグヘッドとアイアン・ティースという2人の北シャイアン族の女性の証言から得られていた。これらの証言は、在野の歴史家であるトーマス・ベイリー・マーキス（１８６９〜１９３５）が、１９２０年代後半に収集したものである。２００５年6月、シャイアン族の男性語り部たちが、バッファロー・カーフ・ロード・ウーマンの物語を初めて披露した。シャイアン族のオーラル・ヒストリー・プロジェクトの始まりとして、シャイアン族の語り部たちが、リトルビッグホーンの戦いにおける第7騎兵隊の敗北について正式な伝承を公開したのである。シャイアン族の長老フランク・ローランドによると、米政府

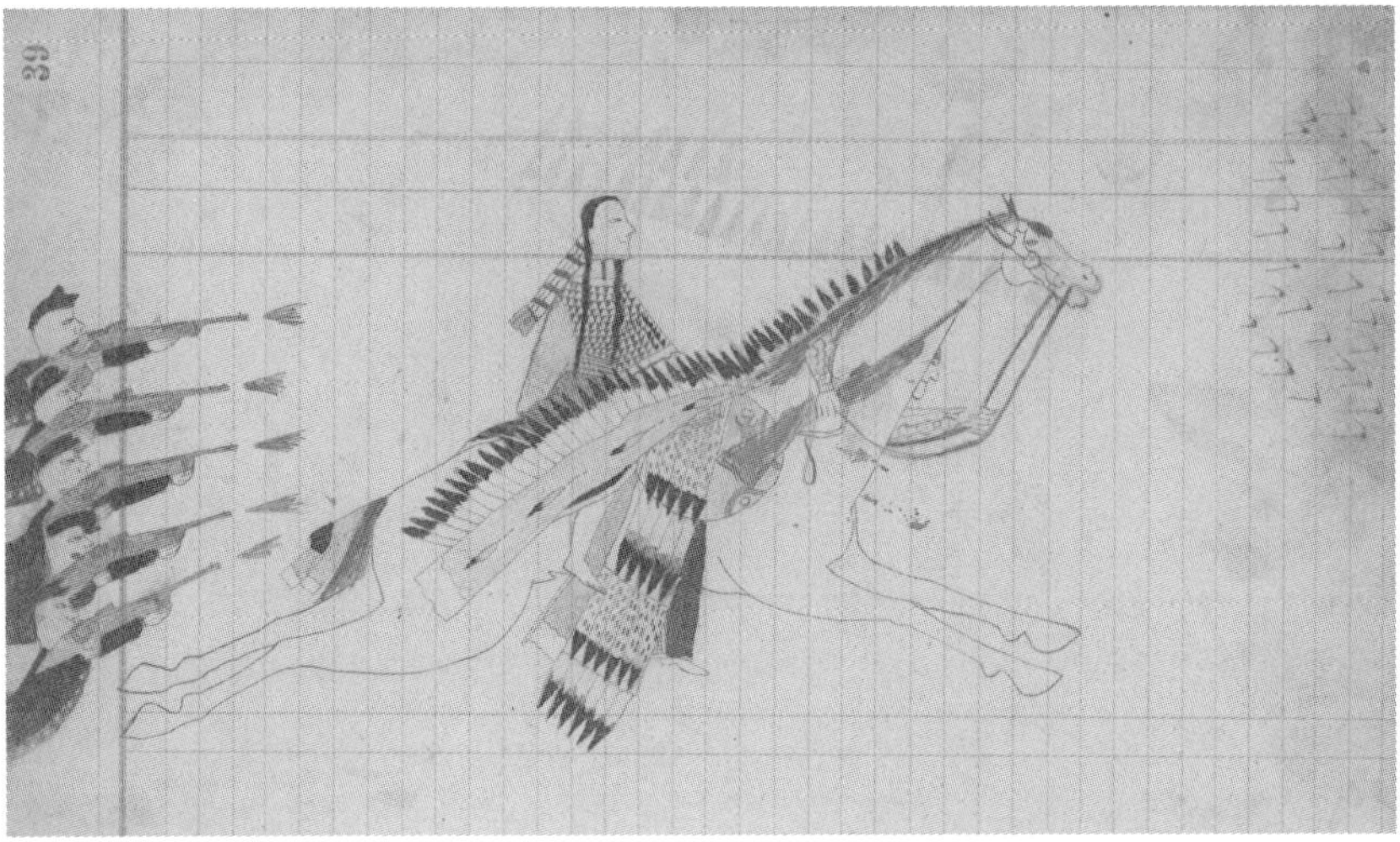

シャイアン族の台帳（1889年頃）に登場する、バッファロー・カーフ・ロード・ウーマンの物語の挿絵。
“Buffalo Calf Road Woman,” National Anthropological Archives, Smithsonian Institution, Washington, DC.

ッグホーン周辺を目指して北上。一方のジョン・ギボン将軍がビッグホーン川に沿って南下することで、クルック将軍の部隊と部族を挟み撃ちに。さらにジョージ・カスター将軍率いる第7騎兵隊が、東からローズバッド下流に接近し、部族をクルックとギボンのほうに追い返すというものであった。

この3つの部隊のうちの2つが部族と接触したものの、テリー将軍が期待したような結果は得られなかった。ちなみにバッファロー・カーフ・ロード・ウーマンは、これらの接触時に発生したどちらの戦いにも参加している。

部族たちによる緩やかな連

からの報復を恐れたシャイアン族は、1876年の出来事について100年間沈黙を通すと誓ったという（マーティン・J・キッドソン『Northern Cheyenne Break Vow of Silence』を参照）。北シャイアン族の女性たちは、そのような沈黙の誓いは立てなかったようだ。

#45 部族は独立したネイション（国家）であり、米国の被支配民族ではない。彼らに、米国の命令に従う義務はないことを忘れてはならない。

#46 インディアン戦争の構図は「白人入植者」対「先住民族」という単純なものではない。一つ一つの交戦に、各部族の関係・対立感情が入り組み、戦いをより複雑なものにしていた。

#47 この戦いの記録で初めて、バッファロー・カーフ・ロード・ウーマンの名前が登場する。だが、その何年も前から、彼女がシャイアン族の男性

合体と最初に遭遇したのは、クルック将軍であった。クルックの部隊は、47人の将校と1000人の下士官（騎兵・歩兵）、さらに数百人のクロウ族とショショーニ族の補助兵で構成されていた#46。クルックの部隊が迫っていることを知った部族たちは、それを迎え撃つ。そこには、バッファロー・カーフ・ロード・ウーマンとその夫、弟を含む、数百人のシャイアン族とスー族の戦士がいた。6月17日にローズバッド川の近くで戦いが始まると、バッファロー・カーフ・ロード・ウーマンの勇猛果敢な戦いぶりが広く知られるようになる#47。

ローズバッド川沿いの数キロに及ぶ平原で、6時間にもわたって一進一退の攻防が繰り広げられた。弟カムズ・イン・サイトが乗っていた馬が敵の歩兵隊の攻撃を受けると、バッファロー・カーフ・ロード・ウーマンは敵の銃撃のなかを突撃し、弟を自分が乗っていた馬の背に跨《またが》らせ、安全な場所へと運んだ。シャイアン族はこれに因《ちな》んで「若き女性が弟を救った戦い」と呼ぶが、アメリカの歴史家は「ローズバッド川の戦い」と呼ぶ#48。

その8日後、カスター将軍はリトルビッグホーンの野営地を攻撃する。先住民族の軍勢は、偵察隊から上がってきた報告よりもはるかに大規模なものであったが、カスター将軍は予定外の急襲を仕掛けた。戦いが始まり、戦場に駆けつけた先住民のなかには女性もいたとされている。彼女たちは馬の世話をしたり、戦士たちを鼓舞する歌を歌って励ましたり、倒れたり怪我を負った戦士の手当を行なったりしていた。

2人の北シャイアン族の女性——ケイト・ビッグヘッド（戦場にいた）とアイアン・ティース（戦場にいなかった）——によると、戦うつもりで戦場に赴いた女性はバッファロー・カーフ・ロード・ウーマンだけだったという。彼女はリボルバーと「十分な量の

たちとともに戦っていた可能性だってある。

#48 ローズバッドの戦いに参加した女性は、バッファロー・カーフ・ロード・ウーマンだけではなかった。ジ・アザー・マグパイと呼ばれるクロウ族の女性が、スー族に殺された兄弟の復讐のために、クルック将軍の斥候として働いていた。モンタナの民族誌学者フランク・バード・リンダーマンが1932年に出版した『Red Mother』には、ジ・アザー・マグパイとプリティ・シールドのインタビューが掲載されており、そこで明かされたことが、彼女についてわかっていることのすべてである。この件について、プリティ・シールドは、女性側が語ろうとしても、男性側は語ることを避けていると述べている——世界中の史料における女戦士の扱いが要約された言葉である。

#49 トーマス・B・マーキス『Cheyenne

弾丸」#49で武装し、夫と馬に乗って、敵に向けて発砲し続けた。そして彼女が放った一撃でカスター将軍が落馬し、戦死する。後世の（男性の）シャイアン族の語り部たちも、このことを引用しては、女性たちのおかげで戦いに勝利することができたと話している#50。

シャイアン族とスー族は、ローズバッドの戦いとリトルビッグホーンの戦いに勝利しながらも、保留地からの自由を勝ち取ることはできなかった。１８７７年、2年間アメリカ軍に追われた後、バッファロー・カーフ・ロード・ウーマンと他の北シャイアン族は、クレイジー・ホースとともにフォート・ロビンソンで降伏した。北シャイアン族はスー族の居留地に送られることなく、インディアン特別保護区（現在のオクラホマ州に位置する）に移された。それから1年間、飢餓と病に苦しんだ末に、３００人のシャイアン族が特別保護区から脱出する。その中にはバッファロー・カーフ・ロード・ウーマンもいた。

彼らは北部平原にいる他のシャイアン族と合流を目指していたが、カンザス州とネブラスカ州の横断中に政府軍と戦うことになる。このときのバッファロー・カーフ・ロード・ウーマは、歴史家であり、作家でもあるマリ・サンドスの作品に登場している。１８７８年9月17日、カンザス州のパンニッシュ・ウーマンズ・フォードで起こったその戦いでは、彼女は「手には銃を持ち、覚悟を決め、赤ん坊を背中にしっかりと縛りつけていた」#51とされている。

そして１８７９年の春、シャイアン族は捕らえられ、ネブラスカ州のフォート・ケオに投獄される。そこでバッファロー・カーフ・ロード・ウーマンは「白人の咳き込み病」——おそらくジフテリアだろう——にかかって永眠する。フォート・ケオ郊外の岩山に

and Sioux: The Reminiscences of Four Indians and a White Soldier』１９７３、ｐ16。

#50 シャイアン族の長老フランク・ローランドは、この出来事について次のように語っているのだが、ここにはバッファロー・カーフ・ロード・ウーマンに対する蔑みも込められている。「彼が倒れたとき、戦士たちは彼に手を触れなかった。彼は〝不浄〟であったからだ。彼は邪悪なものであった」。これは言い換えると、穢れたカスター将軍は、男たちが手を下すほどの対象ではなかったということになる。

#51 マリ・サンドス『Cheyenne Autumn』１９５３、ｐ79。

埋葬された彼女は「白人によって書かれた歴史」だけでなく、男性部族による「沈黙の誓い」（#44を参照）によっても、歴史からほぼ抹消されていくのだった。

祖国解放のために戦った女性のすべてが、民の間で英雄視とされるわけではない。エミリア・プラテルのような存在がいる一方で、忘れ去られる女戦士も大勢いる。裴氏春《ブイチスアン》#52、パール・ウィザーリントン#53、テウライ・ロパ（「流血」という意味を持つ）#54、レジスタンス女性、ジンバブエのゲリラガールズ「長髪の軍隊」。

自由を求めて戦った末に国民的英雄となった女戦士たちは、その名前が街の通りや学校、空港などにつけられることもあれば、肖像が彫刻や記念切手になることもある。子ども向けに脚色された彼女たちのストーリーが学校で語られることもあれば#55、歴史シミュレーションゲームのキャラクターとなって世界中のゲームファンを魅了することもある。

そして彼女たちの存在が新たな世代を刺激し、突き動かして、また別の国民的英雄を誕生させることもある。ことさら有名なジャンヌ・ダルクだけでなく、ほかの多くの女戦士たちも少女たちのお手本となり、憧れを抱かせる。

第二次世界大戦だけでも、かつて存在した女戦士の名を冠しながら、それぞれ国の自由を勝ち取るべく活動した軍事組織が3つも存在する。ポーランドの「エミリア・プラテル独立女子大隊」は、ドイツに占領されたポーランドからソ連に逃れてきた志願者で編成された女性のみの戦闘部隊だ。戦時中に活躍したポーランド人女性のうち、この大隊に所属していたのはごく少数だったが、東部戦線で活躍した女性兵は「プラテロキ」と呼ばれた#56。第二次世界大戦中のドイツ占領時代のギリシャには地下抵抗組織「ブブリナ」が存

#52
裴氏春（1802年没）は、18世紀のベトナムで起きたタイソンの乱で軍隊を率いて阮朝に抗った。終戦後、阮朝は脅威となった彼女を象に踏み潰させて殺害する。後世のベトナムの民族主義者たちは、この裴氏春の物語を、フランスの傀儡《かいらい》政権ベトナム国に対する抵抗の象徴とした。

#53
1914〜2008。第二次世界大戦中、イギリスの特殊作戦執行部（SOE）に所属し、フランスのマキ団を率いた。1943年9月22日、占領下のフランスにパラシュートで降下すると、モーリス・サウスゲートが運営するSOEネットワークの諜報員となる。1944年5月、サウスゲートがゲシュタポに逮捕されると、別の工作員とともにネットワークを2つに分け、新たなSOEレスラーネットワークのリーダーとなる。ウィザーリントンの指揮のもと、2000人のマキ団がパリとボルドー間の鉄道を攻撃し、ノルマンディー上陸を見越してオルレアン周辺の

在した。これを率いたのは、ドイツの尋問官が「バルカン半島で最も危険なスパイ」と評した、ブブリナの曾孫娘レラ・カラヤニス（１８９８〜１９４４）であった#57。また、ビルマに存在し、イギリスからインドの自由を勝ち取るために活動した、インド国民軍の女性支部「ラニ・オブ・ジャーンシー部隊」もある。その組織名は、あの女王ラクシュミー・バーイーに因《ちな》んでいる。

「〇〇のジャンヌ・ダルク」と呼ばれる女戦士たちも、このように存在を再び取り上げられることで、「ジャンヌ・ダルク」という称号から抜け出すことができるのだ。

ドイツの電話通信を遮断するといった破壊工作に従事した。その存在に脅威を覚えたドイツは、彼女の身柄確保に１００万フラン（２０１６年のドル換算で２９００万ドル／約33億円）の報奨金を提示している。終戦時、ウィザーリントンは戦功十字勲章に推薦されたが、女性が対象とされていない勲章であったため、代わりに民間人も対象の大英帝国勲章を授与される。これに対してウィザーリントンは、「市民的」なことは何もしていないとのメモとともに、勲章を返上したのだった。

#54
１９７３年、ジョイス・ムガリオ・ノンゴ（１９５５年生まれ）はテウライ・ロパ（テュライ・ローパ）と改名し、ジンバブエ・アフリカ民族同盟（ＺＡＮＵ）に加入し、イアン・スミスの白人至上主義政権に対してゲリラ戦を展開していく。18歳でＡＫライフルとサブマシンガンの訓練を受けた唯一の女性幹部に、そして22歳でＺＡＮＵの中央委員会全国執行部の最年少メンバーになる。

また彼女は、政治工作員だけでなく、戦闘員でもあった。1978年にローデシア軍に野営地が襲撃されたときには妊娠後期でありながら戦い、その3日後に娘のプリシラ・ルンガノを出産した。そして1か月後には、生後間もない幼い娘を安全な場所に送り出すと、1980年にローデシアが独立（ジンバブエと改名）するまで戦い続けたのだった。19世紀の女戦士とは異なり、その後も新政府の一翼を担っては、2004年から2014年までジンバブエの副大統領を務めている。

#55 女戦士の物語のほとんどが、脚色しなければ、子どもに語って聞かせられるような内容ではないのだ。

#56 エミリア・プラテルがポーランド独立のために戦ったことを考えると、なんとも皮肉なものである。

#57 #11 前掲書 p 8。

CHAPTER SIX

包囲戦の女たち

WO-MANNING THE RAMPARTS

紀元前5世紀、ギリシャの女詩人テレシラは、スパルタ軍から街を守るため、アルゴスの女性たちを率いて決死の防衛戦を展開した #1。

ギリシャをはじめとする大国を征服し、同盟を結んでいた都市国家スパルタは、前494年に最後の独立都市アルゴスの軍隊に攻撃を仕掛け、勝利を収める。残ったアルゴス兵たちは神聖だとされる木立へと逃げ込んだが、追っ手のスパルタ兵に火を放たれて全滅する。アルゴス軍を破ったスパルタ王クレオメネスは、そのままアルゴス市内へと侵攻するが、それは誤った判断であった。

アルゴスの周りにめぐらされた城壁の中では、詩人テレシラが町の女性たちに家と子どもを守るよう呼びかけていた。女性たちは、男性たちが残していった武器、神殿に飾られていた儀式用の剣、青銅器時代の刃物、鋳鉄製のフライパンなどで武装するとテレシラに続いて城壁に向かい、スパルタの襲撃を待った。スパルタ兵が城門を破って突入してくると果敢に戦い、敗走させた。この出来事についてのスパルタの記録には、「スパルタ軍は、たとえ女どもを殲滅《せんめつ》したところでその戦果は後ろ指を差されるだろうし、負ければ負けたで敗北に不名誉のおまけがつくことを考慮して、女性軍の前から撤退した」#2 と書かれている。

#1
ここでも繰り返すが、この話の一次資料は「目撃者や同時代の証言」という意味ではなく、「私たちにとっての主要な資料」という意味での「一次資料」だ。テレシラにまつわる主な資料は2つ存在する。まずはローマの歴史家プルタルコス（46?〜120）が、盟友であるデルフォイの巫女クレアと男女平等について語り合った後に書いた『モラリア』の「女性たちの勇敢」という章で、この話を取り上げている。もう1つが、パウサニアスによる『ギリシア案内記』（または『ギリシア記』）だ。プルタルコスもパウサニアスも、この話をアルゴスの歴史家ソクラテスから聞いたと考えられている。へ

戦いが終わると、生き残ったアルゴスの女性たちは、戦士の遺体を戦場に埋める習慣に倣《なら》って、城門へと続く道に死者を埋葬した。

その後、スパルタがアルゴスを攻撃することは二度となかった。

ローマの歴史家プルタルコスによれば、それから500年経っても、アルゴスでは女性たちが街を防衛したことを祝って、女性が男装し、男性が女装してベールをかぶる祭が毎年行なわれていたという#3。

他の資料では、この女性たちの軍事的な成功は、社会秩序を根本から覆《くつがえ》すものであったともされている。アルゴスの女性たちは、戦うことでギリシャ女性に押しつけられていた窮屈な行動規範から踏み出したのであり、戦いが終わったからと簡単にそのなかに戻っていくことなどできるはずがなかったのだ。第一次世界大戦後のアメリカで「陽気なパリを目の当たりにした兵士たちを、もはや農場に押さえつけておくことなど不可能だ」と言われたのと同じである。

紀元前4世紀の中国に存在した政治家・改革者の商鞅《しょうおう》（前390〜338）は、政治・軍事書の『商君書《しょうくんしょ》』を著した人物だとされているが、そこで商鞅は「女性による軍隊」を編成すべきだと説く。その理由は、罠の穴を掘り、防御壁を作り、周囲の田畑を焼き払うといった作業を女性たちに任せることで、健常な成人男性が戦いに専念することができるからというものだが、それから数千年にもわたって多くの都市がこの本能的とも言える考えを採用してきた。

長い歴史を通して、多くの女性が敵の攻囲軍から自分の住む家、城、都市を守るために、

ロドトスは、スパルタとアルゴスの戦いについて記録しているが、このときの戦いには言及していない——おそらく、詩人が率いた女性軍による敗北を軽視したスパルタの資料をもとに書いたためであろう。

#2 訳注：日本語訳は『ギリシア案内記（下）』パウサニアス著、馬場恵二役、岩波書店より引用。

#3 神話などを比較・研究した『金枝篇』の著者ジェームズ・フレイザー（1854〜1941）は、パウサニアスの『ギリシア案内記』の英訳も手がけており、そこで「テレシラによるアルゴス防衛の物語は、この祭りを説明するために創作されたのではないか」と指摘している——もちろん、そちらの方が〝理にかなっている〟からという理由だ（フレイザー訳『ギリシア案内記』を参照）。

持てる力を出して抗《あらが》ってきたが、ほとんどの場合が補助的な役割を通してであった。兵士に食料・水・弾薬を運び、味方の士気を高め、自分たちを包囲する敵を嘲笑し、防御壁を築き、塹壕《ざんごう》を掘り、城壁に近づく敵兵の頭上から石[#4]を投げつけ、煮えたぎる湯や油を浴びせかけ（植民地時代のアメリカでは、煮えたぎる灰汁《あく》が使われた）、場合によっては大鎌、剣、機関銃、迫撃砲を手に戦うこともあった。

女性が城壁の守りにつくのは、最後の手段だとされていた。アルゴスの女性たちが戦ったのも、壮年男性の戦い手がいなかったためだ。また、こんな例もある。紀元前272年にエピルス王ピュロス[#5]がスパルタを包囲したとき、街にはスパルタ王も軍隊もいなかった。残っていた男性たちが、女性たちを避難させるべく計画を立てようとしていると、王の娘アルキダミアが剣を片手に会議に臨み、自分たちは避難しないと叱責した。彼女が主張した通りに女性たちは残り、男性たちを補助することで街を守った。男性たちが戦闘に集中できるように、彼らに食糧や弾薬を運び、戦象《せんぞう》の侵攻を防ぐための塹壕[#6]を掘るなど、困難な仕事を引き受けたのだった[#7]。

冒頭のアルゴスの女性たちは、軍隊が戻ってくるとすぐに戦場を離れた。〝もはや軍事に口出しするのは適切ではないと考えた〟[#8]からだそうだが、つまりは戦うのが癖になってはいけない……ということなのだろう。

だが女性たちは、それから何世紀もかけて、戦うことを習慣としていく。女性が大手を振って正規軍に入隊できる時代になるまでは、城壁を守ることこそ、彼女たちにとって最も一般的な戦い方であった[#9]。たしかに女王や司令官として戦地に立ったり、男装して、あるいは変装せずに男性とともに戦った女性たちも存在するが、城壁の防衛戦に従事

#4 古代地中海で使用されていた瓦が投げられる場合も。

#5 「ピュロスの勝利」という言葉――対価に見合わない勝利という意味――は、彼に由来する。

#6 古代世界における対戦車壕である。

#7 「男性たちが戦闘に集中できるように」――この考えは20世紀になっても続き、現在でも一部の世界で生き続けている。

#8 『Plutarch's Lives Vol. 9』(London: William Heinemann) 1914、p

した女性の数はその何倍にものぼる。城壁で武器を振るうにしろ、塹壕を掘るにせよ、そのような形で女性たちが参戦することは歓迎され、しばしば期待もされていた。

城壁の上で、そして、街角で

18世紀に入るまで、街が敵からの包囲に耐えられるかどうかは、堅固な要塞《ようさい》を保持しながら、周辺の田園地帯を支配下に置いているかどうかにかかっていた（包囲する側からすれば、相手の城や要塞を押さえ、周辺地域を掌握《しょうあく》することが勝利の条件ということでもある）。

包囲攻撃の方法は、時代とともに変化してきた。古代アッシリアから15世紀にかけては弓、剣、斧、梯子、攻城塔、攻城槌、投石機などが主流であったが、時代が進むにつれてマスケット銃、爆薬、石壁を貫通するほどの威力を持つ銃砲に取って代わられていく。都市の守備も、泥レンガでできた城壁から石造りの要塞 #10 へ、そして18世紀には、工兵が設計した精巧な五稜郭《ごりょうかく》へと進化を遂げていった。

だが技術が変わっても、包囲する側とされる側の根本的な関係は変わらない。包囲戦とは、総力戦のなかでも最も「残酷」な戦い方だと言える。包囲する側は、風雨にさらされ、物資の不足に苦しみ、救援に駆けつけてきた敵の部隊から攻撃される危険もある。

一方の包囲される側は、飢餓の恐れにつねに怯《おび》えなければならず、また城壁が崩壊すれば、ほぼ確実に略奪・強姦・殺人の被害に遭うのだ。そんな恐怖と隣り合わせの状況では、男女問わずにほとんどの市民が、なんの貢献もしない「穀潰《ごくつぶ》し」に甘んじるよりかは、積

447。

#9 つまり、人類の歴史の大半の時間で、ということになる。

#10 ほとんどの場合、盛り土による防壁で囲まれていた――砲弾の吸収率でいえば、固めた土が一番だ。

極的に戦いに身を投じるか、少なくともその支援をする方を選ぶのだった。

包囲戦における最も一般的な女性の仕事は、昔ながらの男女の役割分担の延長線上にあったと見すことができる。城壁で戦う者に食料・飲み物を届け、砲身を拭くための水を砲台まで運び[#11]、負傷者の世話をし、要塞を建て、夜になると修復作業を行ない、城壁の上から敵にヤジを飛ばし——スポーツの試合で選手を動揺させるための「トラッシュ・トーク」の危険な祖先のようなものだろう——、街を守る者たちを励まし、さらには男性兵とともに城壁で戦う者もいた。都市が力づくで侵攻されれば、自分たちも力づくで犯されることになる。女性たちは、敵の侵入を防ぐことで、必死に生き延びようとしていたのだ[#12]。

中世から近世にかけて、ドイツの自由都市の多くが、包囲された都市における女性の役割を法で定めていた。男性市民には警備の役目が与えられ、防衛に備えて武器を保持することが、また女性と子どもには火災などの緊急時に家にとどまることが求められていた。だが包囲戦ではその限りとしない都市もあり、そこでは女性も家の窓から石、湯、樹脂などを敵に投げつけて、防衛に参加することが許されていた。

すべての女性が、敵の接近を指をくわえて待っていたわけではない。当時の包囲戦の記録からは、銃器を使用し、夜襲に参加し、敵の攻撃が集中しそうな箇所を守り、最後の防衛線である急拵え《きゅうごしら》えのバリケード越しに敵へ直接攻撃を仕掛けたりと、女性たちが積極果敢に戦う姿が浮かび上がってくる——決められていた、2階の窓から湯を敵に浴びせかけるような戦い方とはかけ離れたものであった。

こうして戦った女性のほとんどが、匿名のヒロインであり、集団の中でのみ記憶されて

#11 一般的には、砲兵の飲み水を運んでいたと考えられているが。

#12 歴史的に、戦闘に従事しない女性たちも、戦争の最前線にいる兵士に劣らぬほど激しい暴力にさらされてきた。捕虜となって兵士の性的奴隷とされ、強姦され、殺された。そのため要塞が陥落したときには、敵兵の手に落ちるならばと、自殺という「逃げ道」を選ぶ女性は大勢いた。これは古今東西に共通することだ。中世インドではラージプート族が「ジョウハル」として集団自決を体系化してもいる。敗北を悟ったときに、女性や子どもが集団で焼身自殺し、翌日には男性たちがその灰を額に塗り、敵に特攻して出撃するのだ。

いる。1621年、若きルイ十三世が、抵抗勢力の拠点であったモントーバンを包囲するのだが、当時の年代記作家は、この包囲戦での女性たちの姿を「いつもの勇気を発揮した」と書き残している。危険を知らせる合図が鳴ると、彼女たちは大鎌で武装して城壁に駆けつけ、敵が城壁をよじ登ってくるのを阻止すべく投石の準備をした。なかには「持っていた大鎌で、敵の矛《ほこ》を7、8本も切り落とした」女性がいれば、防御の一部でもあった「発射台」や「溝」で戦った女性たちもいた#13。三十年戦争（1618〜1648）でも、現在のオーストリアのブレゲンツの森に住む女性たちが鎌と鍬《くわ》で武装し、スウェーデンの侵略者から地域を守っている。イングランド内戦（1642〜1651）では、ロンドン、グロスター、ハル、ライムの女性たちが、都市の要塞を建設・修理するだけでなく、果敢に防衛して男性たちから賞賛された。例えばライムでは、400人もの女性たちが火矢で起こった火事を消し止め、見張りに立ち、マスケット銃を撃ち、ツルハシやシャベルで城壁を修理していた。

女性たちは勇敢であった。その放胆な姿勢が、同時代の語り草となった女性もいた。「マーガレット・オブ・エルサレル」としても知られるマーガレット・オブ・ビバリー（1150?〜1215?）は、1187年に第三回十字軍が聖地奪還に動いた際に、キリスト教の巡礼者としてエルサレムに滞在していた#14。そこで彼女は、イスラム教徒の支配者サラディンの攻城兵器によって負傷するまで、城壁上の兵士に水を運んだり、ヘルメット代わりに調理鍋を被って#15「男のように」戦ったりしたという。

マーガレット同様に包囲戦で「男のように」戦った女性は他にも大勢いる。実在を証明することが難しくても、彼女たちは郷土のヒロインとして人々に記憶され続けている。フ

なかでも、1303年にチットールガルでラージプート女王ラーニー・パドミニーが行ったものが特に有名だ。その後も1535年にグジャラート・スルターン朝のバハードゥル・シャーによって、また1567／8年にムガル帝国のアクバルによって包囲されたときにも、チットールガルでジョウハルが行なわれている。

#13 ブライアン・サンドバーグ『Generous Amazons Came to the Breach': Besiege Women, Agency and Subjectivity During the French Wars of Religion』2004、p675〜676。

#14 他の女戦士に比べると、マーガレットについてはより多くのことがわかっている。ピカルディ地方のフロイドモンで修道士をしていた弟トマスが、彼女の巡礼者としての体験につ

ランスの居酒屋の女主人ジャンヌ・マイヨートも、1582年にリールを襲ったプロテスタントの反乱軍ハールスに抵抗し、斧を持って市民を率いたと言われている。1935年、リール市は彼女の功績を称えて銅像を建立した。

防衛戦で暴れた「元気な」中年女

造船業と木材商を営む当時40代の寡婦ケナウ・シモンズドクトル・ハッセラール（1526〜1588）は、ネーデルラントの対スペイン反乱（1558〜1648）のハールレム包囲戦で防衛に徹したことで知られている #16。

第3代アルバ公が、ネーデルラントの独立を阻止するために、スペイン領ネーデルラント総督として赴任していた。そして1572年に、その息子ファドリケ・アルバレス・デ・トレド（第4代アルバ公）が、3万人のスペイン軍を率いて遠征し、ネーデルラントの都市を襲撃してまわった。都市を焼き払い、市民を虐殺しながら、スペイン軍は12月にハールレムに到着した。ハールレムの要塞は頼りなく、ドイツ人傭兵を中心に3000人ほどの軍隊が駐屯しているだけで防衛も手薄であったため、第4代アルバ公は、包囲を始めればすぐに陥落できると踏んでいた。しかし、ハールレムの市民と兵士は力を合わせて健闘する。ケナウは300人ほどの女性部隊を組織し、男性部隊と一緒に城壁で戦った。7月、飢えに苦しむハールレム市民が降伏すると、スペイン軍はネーデルラント軍守備隊の生き残りを、1000人の町の有力者とともに処刑した。スペインが「戦犯」とみなした人々のリストには、ケナウと彼女が率いた女性たちは含まれていない。そのため、女性

いて長い記録を残しているからだ。彼女の冒険は、サラディンに占領されて終わったわけではない。12世紀のバックパッカーよろしく聖地を巡り、金が足りなくなったら洗濯屋をしながら旅を続けた。アンティオキアではキリスト教徒とイスラム教徒の争いに巻き込まれ、2度も捕まって奴隷にされた。ヨーロッパの巡礼地も回り、最後にはフランスでシトー会修道女になっている。

#15
城壁で防御にあたる市民は、即席の武器を使うことが多かった。それでも調理鍋を被ったという描写は、なんだか滑稽でもあり、かつ女性だからという蔑みも感じられる。ほぼ同時代に、アラブの詩人で外交官のウサマ・イブン・ムンキッドも似たような出来事を記録している。フランク族の女性が、エジプト人の首長を料理鍋で殴って怪我を負わせた、というものだ。おそらく、中世における文化を超えた「お約束」のようなものなのだろうが、そこには現実的な恐ろしさと、その根底にあるジェ

は包囲戦に関与していなかったと考える歴史家もいるが、ドイツ傭兵の手紙や日記には、ハールレムの女性たちが壁越しに熱した油をかけるという「女性独自」の方法で戦ったことが記されている。

ケナウがどう戦ったかは、包囲戦が終了する前に記録され、発表されてもいる。アセリウスと呼ばれるフリーセンの学者が、ケナウが城壁から敵をおびき寄せる様子を報告書に収めているのだ。その報告書がもととなり、彼女の名前はオランダ語で「元気な女性」を意味する言葉になる。だが、何世紀もの年月をかけてネガティブな意味合いが強まっていき、今では「強欲な女」「傲慢で気性の激しい女」「口やかましい女」などの意味で使われている。

これもまた、女戦士を歴史から消し去る方法の一つである。

手斧のジャンヌ

１４７２年、ある戦いで、ジャンヌ・レーネ #17 は、「ジャンヌ・アシェット（手斧《ておの》のジャンヌ）」なる異名をとるようになる。フランスはボーヴェの攻城戦にて、手斧を片手にブルゴーニュ公シャルル（勇胆公）#18 の軍隊と戦い、ボーヴェの町を守ったためだ。

6月27日、ブルゴーニュ軍の前衛が、フランスの3つの町を略奪した末に、ボーヴェに到着する。ボーヴェは要塞化されていたものの、大砲もなく、兵士もほとんどいなかったため、市民とわずかな兵士だけで城壁を守るしかない状態にあった。シャルルも、すぐに相手が無戦降伏するだろうと考えていた。だが、その予想は間違っていた。

ンダーにもとづく不安感もうかがえる。

#16 「八十年戦争」または「オランダ独立戦争」としても知られる。属領ネーデルラントの反乱に、宗教（プロテスタント対カトリック）、民族主義、貿易権などが複雑に絡み合っていた。プロテスタントとカトリックの対立は、17世紀にイングランドとフランス間で起こる対立の火種にもなる。

#17 あるいはジャンヌ・フルケとも。どちらの名前も事件の記録に登場する。

#18 ジャンヌ・ダルクと敵対した「善良公」ことブルゴーニュ公フィリップ三世の息子。

町が降伏を拒否すると、シャルルは2つの城門への同時攻撃を軍に命じた。ブルゴーニュ兵は片方の門を大砲で破壊し、その隙間から町への突入を試みた。だが市民は必死に侵入を拒んだ。男性たちは城壁の上から戦い、女性たちは火のついた松明《たいまつ》を敵に投げつけ、城門を燃やしすらした。

　数名だが、城門に開いた穴から敵に挑む女性もいた#19。そして敵軍が町に入るかと思われたそのときに、手斧を携えたジャンヌが現れる。敵兵が城壁にブルゴーニュの旗を立てると、ジャンヌはそれを奪い取って城壁から投げ捨てた。そんな彼女の勇姿に守備隊も奮い起ち、援軍が到着するまで敵を食い止めたのだった。

　戦いは1か月近くも続いた。通常の包囲戦とは異なり、包囲する側は物資不足に悩まされながらも、包囲される側は食料の入手に困ることはなかった。7月22日、ついに降伏したシャルルは、そのままノルマンディーを目指して西に向かう。彼はその途上でボーヴェ周辺の村や畑を焼き払い、略奪を行なってもいる。ルイ十一世は、アシェットの勇敢な戦いぶりを讃えて――メダルよりも価値のある――生涯納税免除の恩恵を与えた。またアシェットの勝利を祝って、1907年ごろまで毎年、ボーヴェの女性たちが先導するパレード「突撃の行列」が開催されてもいた（スパルタ相手にテレシラとともに戦った女性たちを讃えるアルゴスの祭りに似ている）。現在でも、アシェットの祭りと再現劇は毎年行われている。

#19 ジャンヌ・アシェットが女性で構成された防衛隊を組織したとする説もあるが、私の知る限りでは、これは希望的観測に過ぎない。

大砲でナポレオン軍を退却させた「サラゴサの乙女」

1808年2月、ナポレオン・ボナパルトがスペインを占領したことで、ラテンアメリカでの独立機運を高めたが、その数か月後にはスペイン民衆も抵抗運動を開始していた。スペインの愛国者たちはパルチザン（非正規ゲリラ部隊）を形成して、6年にわたってフランスの占領に対抗しながら、半島戦争におけるイギリス軍をサポートしていく#20。そしてサラゴサで行なわれた最初の包囲戦（第一次サラゴサ包囲戦）で主要な大砲陣地をフランスから守り、抵抗運動の顔となったのが、22歳のアグスティナ・サラゴサ・ドメネク（1786〜1857）であった——イギリスの詩人バイロン卿やスペインの画家フランシスコ・デ・ゴヤは、そんな彼女の英雄的な行為を作品にしている#21。

ナポレオンのスペイン侵攻は、スペイン王カルロス四世と王子フェルナンドの緊迫関係から起こったようなものだ。父王が自分を後継者から外すのではないかと疑ったフェルナンドは、父の退位に協力するようナポレオンに求めた。

もしフェルナンドがそのような早計な手にでなければ、ナポレオンのイベリア半島侵略を招くことはなく、自然と王位はフェルナンドの手に渡ったはずなのだ。カルロス四世とその妻は臣下から慕われておらず、1808年3月にアランフエスの暴動が起こったことでカルロス四世はフェルナンドへ王位を譲渡した。だがそこでフランス軍司令官ジョアシャン・ミュラが、フランス軍を率いてマドリードに入城する。1日遅れの3月24日に新国王フェルナンドがマドリードに到着するが、カルロス四世による腐敗した政権に根強い不満を抱いていたスペイン人たちは、すでにフランス軍を解放者として迎えていたのだった。だがわずか1か月のうちに、フランス軍の正体が実は「征服者」であったことが明らかになる。

#20 彼らは、スペイン語で「戦争」を意味する「guerra（ゲラ）」に縮小語尾をつけた「guerrilla（ゲリラ）」と呼ばれた。古い形の戦争に登場した、新しい言葉だ。

#21 アグスティナの行動は、半島戦争に参戦していたイギリス人とフランス人の日誌・回想録・書簡にも記されている。また、ホセ・デ・パラフォックス将軍による誇張ばかりの包囲戦の記録にも登場する。

サラゴサ包囲戦におけるアグスティナ・サラゴサ・ドメネクの活躍は、ゴヤの作品にも見ることができる。「戦争の惨禍」シリーズの中でも、英雄的な行為を描いた数少ないエッチングのひとつだ。
"Agustina Zaragoza Domenech," © The Metropolitan Museum of Art; image source: Art Resource, New York.

5月2日、フェルナンドは退位させられ、代わりにナポレオンの兄がスペインの王位に就く。カルロスとフェルナンドがバイヨンヌに幽閉され、残った王族も強制的に連行されるという噂が広まると、マドリードで激しい抵抗運動が起こった。マドリード蜂起である。ナポレオンのエジプト侵略の際に連れてこられたマムルーク騎兵軍（奴隷身分出身の軍人）が、棍棒《こんぼう》とナイフで武装した程度の民衆の前に立ちふさがり、デモ隊を散らすと武装した者たちを片っ端から検挙していった。

その日、夜通し行なわれた残忍な弾圧が、スペイン全土に独立運動を引き起こした。アグスティナ・サラゴサ・ドメネクは、バルセロナに駐在していたスペイン人軍曹フアン・ロカの妻であった。フェルナンドが退位し、ナポレオンの兄ジョゼフ・ボナパルトが新国王となったことで、スペイン軍は間接的にはフランス帝国に忠誠を誓うことになる。

ロカを含め、ほとんどのスペイン兵がこの取り決めに不満を抱いていた。そして他のスペイン兵と同様に、ロカもマドリード蜂起のあとにフランス占領下のバルセロナを去り、ホセ・デ・パラフォックス将軍が抵抗組織を立ち上げていたサラゴサへと向かった。ドメネクも4歳の息子を連れて夫の後を追ったが、6月13日にフランス軍がサラゴサを包囲する。ロカは徴兵され、遠く離れた部隊に配属されてしまったため、ドメネクは子どもを抱えて一人サラゴサに残ることになった。

パラフォックス将軍は、6月13日から8月15日までの間に、兵士と市民で組織された一時的な部隊をまとめ上げて——歴史を通して、包囲された都市を守るための常套手段だ——フランス軍の進軍を阻止していた。ドメネクも他の女性たちとともに、城壁で戦う男性たちに食料や水を運んだり、負傷者を看護したりと、包囲戦における伝統的な女性の役割を引き受けていた[#22]。

1808年7月2日、フランス軍が城壁への攻撃を再開する。ドメネクが東壁のポルティージョ門近くの砲台に近づいたところで、フランス軍の砲弾が砲台の土塁を破壊。砲手たちの多くが、最後の一発を撃たずして死亡し、大怪我を負った。

そこにフランス軍が襲撃をかけると、ドメネクは倒れた兵士の手から道火桿《みちびざお》——大砲に着火するときに使う、火縄を保持するための長いポール——を取ると、装填《そうてん》済みの24ポンド砲を発射した[#23]。至近距離から被弾したフランス軍は、そのまま退却していった。その功績によって、ドメネクには勲章とわずかな年金、そして名誉中尉《ちゅうい》の称号が贈られたのだった。

サラゴサ包囲で戦った女性は、ドメネクだけではない。多くの女性たちが街の防衛に参加していたことがわかっており、2人の女性の功績は公式に認められてもいる。農婦のカスタ・アルバレス（1776〜1846）は、主要な砲台まで食料と水を届ける最中に、フランス軍の騎馬隊に囲まれた。彼女は銃剣付きのマスケット銃を手にすると、発砲し、砲台を守った。その後、彼女は年金と勲章を授与されている。もう一人は、第二次サラゴサ包囲でサン・ホセ修道院を守って負傷したマヌエル・サンチョ（1783〜1863）だ。女戦士たちの存在が注目を集めることに気づいたパラフォックス将軍は、彼女の栄誉にも言及しており、彼女もまた終戦後にその功績により年金を受け取っている。

世界各地の「女の城」

#22 どのような観点から見ても、彼女たちが担っていたのは危険な仕事だ。サラゴサの城壁で戦う男たちに水を運んだアグスティナ・サラゴサ・ドメネクは、首に重傷を負ったことで左腕が使えなくなったが、その後もバケツを運び続けた。戦傷によって体に障害が残り、働けなくなったとして、のちにスペイン政府から年金が支払われている。

#23 パラフォックス将軍はこの出来事を目撃したと主張しているが、一連の話にロカが登場しなかったりと、眉唾な点も多い。彼の主張——スペインで「史実」として広く信じられるようになった——では、ドメネクはある砲手と婚約したことになっている。彼はそこで、ドメネクが死に瀕した婚約者の手から道火桿を取って、大砲を発射したというベタなメロドラマのようなヒロイン像を作り上げた。同じ戦果であっても、余計な感傷が陳腐だ。

戦争といえば「包囲戦」がほとんどであった時代、都市だけが攻撃の標的になっていたわけではない。城も、攻撃の対象であった。城を落とさなければ、相手を制圧したことにはならなかったからだ。

クリスティーヌ・ド・ピザン（1364〜1430）は、15世紀のフランスのあらゆる社会階層に生きる女性のための実用的なサバイバルガイド『女の都』[#24]にて、貴婦人は自分の財産を守るために軍事技術を身につけるべきだと主張している[#25]——「女は、男の心を持つべきだ。つまり、いざというときに部下を率いるためにも、武器の使い方を知り、武器に関するあらゆることに精通しなければならない。女は攻撃を仕掛ける、あるいは防御する方法を知っておくべきなのだ」[#26]。その通りだ。実際に、貴族の女性や女王が天守・城郭・領地の防衛を指揮することはよくあった——たとえ「男の心」を持っていなくても[#27]。

当時、貴族の間で「我が家は城である」という考えが浸透しており、敵から城を守ることとは家事の延長線上にある行為であった。中世から近世のヨーロッパでは、家族の財産を管理することも貴族の女性たちの役割だとされており、必然的にその財産を守るための軍事的資源の準備も仕事に含まれていた。武装した要塞であり、同時に家族の住まいでもある家を守るためには、大砲、小型武器、火薬といった防衛用具から、食料、衣料、家庭用の布製品などの日用品まで幅広く用意しておかなければならなかった。貴族の女性は日常生活のなかで重装歩兵を監督し、戦のために家庭の資源を動員することに貢献した。防衛の指揮を執ることとは、それらの習慣のさらに一歩進んだところにある行為だったのである

#24 1450年頃にヨハン・グーテンベルクが活版印刷を始めたことを考えると、それ以前に発刊された本書を読んだのは、特権階級の人々だけであったと考えられそうだ。

#25 ド・ピザンは、中世後期のヨーロッパで最も重要な作家の一人であり、作家として生計を立てた最初の女性として知られている（いつものごとく、女性についての事実は歴史から抹消されやすいため、実際のところはわからないが）。そんな彼女は、軍事理論を十分理解した上で作品として発表している。女性をテーマにした先駆的な著書で知られているが、中世の戦争に関する著書もある。同時代を生きたジャンヌ・ダル

[#28]。

女性が防衛を指揮したという記録は、世界中のいたるところに残されている。６世紀の中国、中世ヨーロッパの王朝間戦争、17世紀のイギリスとフランスの宗教戦争[#29]、そして幕末の日本で、女性たちは天守、城郭、領地を守っていた[#30]。彼女たちがどれだけの間、城を守っていたかには幅がある。例えばブランシェ・アランデル夫人（１５８３／８４〜１６４９）は、１０００人以上の議会派の兵士に対し、わずかな兵士と召使いを従えて６日間ワーダー城を守り抜いた。シュヴァーベン公爵夫人ユディット（１１０３〜１１３１）は、シュパイヤー市を１年以上も防衛した。日本では建仁の乱（１２０１）で女武将の板額《はんがく》御前《ごぜん》[#31]が３か月間、討伐軍から鳥坂城を守っている。最終的に板額御前は敵の矢で負傷し、城は陥落した[#32]。

防衛の仕方もさまざまだ。５０３年の朝陽（現在の中国遼寧省）では「モンチ夫人」という女性が、町を包囲した官軍を門から追い出して、撃退した。１０７５年にイングランドで起こった「伯爵たちの反乱」（ノルマン征服に対するサクソン人の最後の抵抗運動）では、エマ・オブ・ノーフォーク（１１００年没）が征服王ウィリアム一世からノリッジ城を守っていた。彼女は、降伏する前に時間を稼ぎ、部下を引き連れてイングランドから脱出することに成功している。彼女の場合は、結局は降伏することになっても、その前になんとか譲歩を引き出した。

不運にも防衛に失敗した者もいた。１４４８年、マーガレット・バストンは、バストン家所有のグレシャムの荘園から、一家を追い出そうとするモーリンズ卿から攻撃を受けた。１０００人もの軍勢に対して、彼女が引き連れた兵は12人だけ。結局、敵軍は彼女を門か

クについての詩『ジャンヌ・ダルク讃』と、貴族向けに書かれた戦争術の教科書とも言える『武器と騎士道の書』だ。本書には、戦争倫理だけでなく、大砲の使い方など戦略・戦術・技術に関する実用的な情報も含まれている。中世において、ここまで具体的な記述を収めた書は稀であった。また女性が書いた軍事書など誰も真剣に読まないだろうと、匿名で書いてもいる――この見立ては間違いなく正しかった（どんなに時代が過ぎようとも、変わらないことはあるのだ）。この本は15世紀半ばには、フランス軍の指揮官たちも参考するようになり、次の世紀まで軍事マニュアル書として重宝されたのだった（ヘンリー七世が英訳させるほどであった）。

[#26] クリスティーヌ・ド・ピザン『Treasure of the City of Ladies; or the Book of the Three Virtues』１９８５、ｐ１２９。

ら運び出し、家の柱をバラバラに切り倒して倒壊させると、貴重品を求めて家中を物色したとされている#33。

自身も武器を携えながら、軍を率いて抵抗した女性もいる。１２０１年、板額御前は櫓《やぐら》に登って軍勢を指揮し、矢を放った。１５９０年のユグノー戦争では、フランソワーズ・ド・セゼリー（１５５５〜１６１５年頃）がルカートの村を守るために、矛《ほこ》を手に守備隊を率いた#34。

そして多くの女性が敵を煽り、味方を鼓舞するために、演説をぶってもいる（ときには部下を煽ることもあった。１５８４年、奥村助右衛門が能登・末森城に籠城《ろうじょう》した際には、妻・安《つね》が薙刀《なぎなた》#35で武装して包囲された城を巡回し、兵士たちを叱咤激励したという。ハンガリーの愛国主義者イロナ・ズリーニ（１６４３〜１７０３）のように#36、城を包囲する大勢の敵を徹底的に侮蔑してみせた女性だっている。

またトスカーナのマティルダ（→Ｐ１２４）のように、自分の手で治めていた城を守った女性もいた。ニコラ・デ・ラ・ハイ（１１５０?〜１２３０?）は、マティルダほど規模は大きくなかったにせよ、他界した父親の唯一の後継人として、リンカーンの城代と州長官の要職を引き継いだ。彼女は、これまたマティルダと同じように、歴史的な大事件に関わってもいる――王権を制限するマグナ・カルタを生んだ、リチャード獅子心王の弟イングランド王ジョンと国内諸侯の対立において、デ・ラ・ハイはジョン派であったため、リンカーン城でも１１９１年と１２１６年に包囲戦が起こったのだ。彼女はどちらも防衛に成功している。2度目の包囲の際には、敵から「最も明敏で、悪意に満ちた頑健な老女」#37と評されるほどの抵抗ぶりを見せたという。この評価は、彼女にとっては褒め言

#27 貴族でなくても、敵に包囲される女性もいた。裕福な地主、また商人の妻であったマーガレット・パストン（１４２３〜１４８４）は、貴族の武力による包囲・侵攻から3度も土地を守りぬいてもいる。

#28 中世には、包囲側で指揮をとった女性もいた。フランス王妃エマ・オブ・ブルゴーニュ（９３９年没）はラン市の防衛を組織しただけでなく、９３３年にシャトー・ティエリに対する包囲を指揮した。

#29 特にイングランド内戦（１６４２〜１６５１）では、いくつもの小さな砦で包囲戦が起こっている。両陣営ともに、夫が他の戦線に行っていたり、敵に捕まってしまった場合には、女性たちが防衛の指揮にあたった。

#30 （武家政権時代、女性による戦闘は）１１８５年から１８６８年まで、

葉であったはずだ。

これらの物語に共通する特徴は、「男性の不在」ではない。なぜなら彼女たちは、城を守るために「男性」を指揮していたのだから。共通していたのは、「統治者である男性」がいなかった点だ。

武器と悪態とで独立戦を演じた「ブラック・アグネス」

ダンバー伯爵夫人アグネス・ランダルフ（1312?〜1369?）は、第二次スコットランド独立戦争にてエドワード三世が治めるイングランド相手に、ダンバー城を守りきった人物である。彼女こそ、籠城戦で最も活躍した女性貴族のひとりと言ってもいいだろう#38。その黒い髪と浅黒い肌から、彼女は「ブラック・アグネス」と呼ばれていた。

1338年、イングランド王はスコットランドに攻め入った。それまでにもイングランドとスコットランドの間では、スコットランドの独立、スコットランドとフランスの関係#39、1329年のスコットランド王ロバート・ザ・ブルース亡き後の王位を巡って争いが起こり続けていたが、この侵攻はその争いの第三幕にあたる。

1327年、「愚王」とされた父の跡を継ぎ、14歳のエドワード三世はイングランド王となった。当時のエドワード三世は、ロバート・ザ・ブルースことロバート一世を王として戴《いただ》くスコットランドを独立国と認めていた。だがその2年後、ロバート一世が死去。ロバート一世の子であるデイヴィッド二世と、エドワード・ベイリャルの間で後継者争いが起こると、エドワード三世は、この機に乗じて厄介な北の隣人を再び支配しようと考える

途切れながらも続いた。

#31 「御前」とは、主に女性に対して用いられる敬称。名前ではない。

#32 12世紀の日本の「城」は木造であり、中世ヨーロッパの天守というよりもアメリカ西部の砦（フォート）に近い。

#33 H・S・ベネット『The Pastons and Their England』1951、p63。

#34 ルカートの防衛を成功させたド・セゼリーは、ブルボン家の初代フランス王アンリ四世によってルカート総督を任せられ、その後、息子が成人すると地位を譲った。ルカートはラングドック地方にあることから、現在では「ラングドックのジャンヌ・ダルク」と呼ばれ（ここにもやっぱり、「〇〇のジャンヌ」がいたのだ）、ルカートには彼女の像が建て

ようになる #40。スコットランド支配を狙うエドワード三世は、ベイリャルを支持していた。1333年までには、イングランドはスコットランドの大部分を占領するようになっており、若きスコットランド王デイヴィッド二世とその臣下はフランスに逃れた。

同年、ベイリャルとイングランド連合軍はデイヴィッド二世軍を打ち破る。1334年にベイリャルが、エドワード三世を「スコットランド最高の主」と認定すると、第9代ダンバー伯／第2代マーチ伯のパトリック・ダンバー五世は、デイヴィッド二世を支持するスコットランド愛国派となって、エドワード三世の勝利を否定した。これによってスコットランド南東部に位置する、ダンバー五世が城主を務めるダンバー城は、イングランドに対する抵抗運動の中心地となり、フランスからの物資の流入地となるのだった。

1337年、エドワード三世が母の血を通してフランス王位を継承する立場にあると宣言し、イングランドとフランスの間で百年戦争が勃発する。イングランドにとって、ダンバー城とスコットランド人も単なる厄介者にとどまらなくなり、「古い同盟」［訳注：スコットランドとフランス間で結ばれた条約。#39を参照］を分裂させることが急務となる。翌年にエドワード三世がスコットランドに侵攻したのは、フランス軍がスコットランドから南下することを危惧したためであったのだ。エディンバラから50キロほど離れた北海沿岸に建つダンバー城は、スコットランドが統治する数少ない要塞の一つであり、イングランドにとっては主要な標的であった。

1338年1月13日、ソールズベリー伯ウィリアム・モンタキュート率いる4000人のイギリス兵と工兵隊がダンバー城の門をくぐった。このとき、ダンバー五世が不在であったため、妻アグネス・ランダルフ（ブラック・アグネス）が陣頭に立った。凄腕の将軍

られている。最初の像は1899年に建立されたが、1942年にヴィシー政権が「郷土の英雄」を危険視したのか、像は撤去されて青銅はドイツに送られた。現在の像は、1975年に街が建てたものだ。

#35 薙刀は女武者が使用した武器。これに似ているのが、グレイブという武器で、こちらは「西洋版の薙刀」などとも呼ばれている。女武者は、懐剣を懐などに隠し持ち、いざというときの自害などに用いていた。

#36 ズリーニは、ハンガリー抵抗軍の最後の砦であったムカチェヴォ城を、ハプスブルグ軍から3年間守り抜いた。

#37 ケイト・ノーゲイト『The Minority of Henry III』1912、p37。

#38 アグネスの話は、どこまでが事実

としてならしたソールズベリー伯は、このダンバー五世抜きの戦いなら簡単に勝利できると踏んでいた。だがロバート一世の姪であり、第一次スコットランド独立戦争の英雄トマス・ランダルフの娘でもあったアグネスは、生粋の愛国派であった。ソールズベリー伯は、そのことをもっと重視すべきだったのだ。包囲する側が敵を過小評価するのはよくあることだが、このときのソールズベリー伯もアグネスを見誤っていた。

ソールズベリー伯は降伏を呼びかけた。そのとき、城内にいた護衛といえば、数人の衛兵と使用人だけであったが、アグネスはこう言い返したと伝えられている。「スコットランドの王の名のもとに私が家を守ろう／彼は私に肉と報酬《フィー》を与える／そして私はこの古い家を守ろう／城も私《ミー》を守ってくれるだろう（Of Scotland's King I haud my house / He pays me meat and fee / And I will keep my gude auld house / While my house will keep me.）」#41。

ソールズベリー伯は楽勝だと高《たか》を括《くく》りながらも、巨石と投石機を用意していた。アグネスは胸壁を歩きながら、下にいるイングランド兵たちに向かって怒鳴り、侮蔑した。また攻撃の合間には、メイドや侍女たちとともに城壁を歩き、城壁の銃痕《じゅうこん》の埃《ほこり》を払ったりもした。

次にソールズベリー伯は「ソウ（sow）」と呼ばれる攻城兵器を持ち出す。上からの攻撃をかわしながら、兵士たちが城壁を破壊することができる車輪付きの巨大な木製運搬車である。アグネスは、胸壁から「モンタキュートよ、用心するがよい。お前の雌豚［訳注：「sow」には「雌豚」という意味もある］は子を産むだろう」と警告すると、城壁の上から大きな岩をいくつも落とすように命じる――おそらく、イングランド軍が城壁に向

で、どこからが詩的に表現された創作なのか線引きが難しい。この攻城戦についてのスコットランド側から書かれた当時の記録は存在しないが、イングランドとフランスの年代記には登場する。彼女がスコットランドの資料に初めて登場したのは、1420年頃に聖サーフ修道院の院長アンドリュー・オブ・ウィンタンが方言詩で書いた年代記だ。18世紀末から19世紀初頭にかけて、スコットランドではナショナリズムとロマン主義運動の機運が高まっていくが、ウォルター・スコットをはじめとする愛国派らは、アグネスの物語を使ってスコットランドのナショナリズムをかきたてようとした――20世紀のベトナムの愛国派が徴姉妹の物語を利用したのと同じように。

#39 1293年、イングランドに対抗するために、スコットランドとフランスの間で「古い同盟（Auld Alliance）」と呼ばれる条約が結ばれた。フランスの軍事・経済的な支援の見返りとして、イングランドが

けて発射した岩を使ったのだろう。岩はソウの屋根を押しつぶし、車に載せられていた攻城槌を破壊し、なかにいた兵士に怪我を負わせたのだった。

包囲戦は春まで続き、城内の物資は底をつきかけていた。だが降伏せざるを得ないほど危機的な状況に陥る前に、思いがけないところから援助が到着する。ダルハウジー伯アレクサンダー・ラムゼイが、40人の兵士と食料を積んだ船でやって来たのだ。イングランド軍は海への経路を絶つためにジェノヴァのガレー船2隻を配置していたが、ダルハウジー伯はそれを迂回して、城の海側にある裏門から密かに運び入れた。その翌日、アグネスはダルハウジー伯に焼きたてのパンとワイン（間違いなく、フランス産だろう）を振舞ったのだった。

4月中旬、ソールズベリー伯は、アグネスの弟であるマリ伯ジョン・ランダルフをイングランドの捕虜として連れてくると、降伏しなければ弟の命はないと脅した。アグネスはその手には乗らなかった。夫の命令なしに降伏はできないと告げただけでなく、弟には跡継ぎがいないため、ここで殺せば彼の土地は自分が相続することになるとも言い放ったのだ。計画がうまくいかないことに気づいたソールズベリー伯は、ジョン・ランダルフをイングランドに送り返し、別の場所での交渉材料にすることにした。

ついにイングランド側は、城の攻略をあきらめることになる。ソールズベリー伯率いる人員と資源は、フランスと戦うために使わなければならなかった。6月10日にはアグネスと休戦協定を結び、イングランド軍はダンバーから撤退する。アンドリュー・オブ・ウィンタンは、イングランド軍の指揮官としての苛立ちを表現した歌を残している。「早くこようが、遅くこようが、いつだってアグネスは門にいた」というものだ。

フランスを攻撃した場合、スコットランドはイングランドに侵攻することが定められていた。百年戦争からフランス革命に至るまで、3国の関係に多大に影響した。

#40 ロバート・ザ・ブルースと2番目の妻との間に生まれたデイヴィッド二世は、4歳で父親を亡くす。1つ前のスコットランド王の息子エドワード・ベイリャルと、ロバート一世に反対する貴族たち（「廃嫡者」と呼ばれる）はこれを好機ととらえ、イングランドの力を借りてスコットランドの支配権を取り戻そうとする。だがスペインのフェルナンドがナポレオンを半島に招き入れてしまったように、ベイリャルの思惑通りにはいかなかった。

#41 記録によると、アグネスは韻を踏んだトラッシュ・トークが得意であったようだ。「14世紀のラッパー」とも呼びたくなるが、アンドリュー・オブ・ウィンタンが書いたものかも

その4世紀後、スコットランドの小説家（かつ歴史オタクの）サー・ウォルター・スコットは、アグネスについて「スコットランドの英雄の記録から、誰も彼女の存在を消すことなどできない」#42と述べている。女戦士がこのような賞賛を浴びるのは、じつに珍しいことだ。

第二次世界大戦が開戦したばかりの頃、この大戦で重大な包囲戦が展開されることになるとは誰も予想していなかった。

かつて戦争における主流な戦い方とされていた包囲戦は、大軍同士による直接戦闘に取って代わられていた#43。そのため貴族たちが、要塞とそれを守るための私兵を維持することもなくなっていた#44。18世紀後半、ヨーロッパでプロフェッショナルな軍隊が台頭し、それに続く形で非ヨーロッパの支配者たちがヨーロッパの傭兵を雇って軍隊の訓練や指揮をさせる流れが起こる。そこでは機動性が重要であった。航空戦力、戦車隊、機甲化歩兵、移動砲といった戦争技術が第一次世界大戦で導入され、第二次世界大戦で完成する。それらの技術が出来上がったことで、市民が城壁に登って、自分たちの家を守るという既存の戦い方が不可能になった。それどころか、もはや都市からは城壁が消滅してしまっていた。

しかし1941年6月22日、ドイツ国防軍がソビエト連邦に侵攻すると（＝ドイツのバルバロッサ作戦）、あのナポレオン・ボナパルトが言ったとされる「一国の運命は、ときに一つの要塞の位置に左右されることもある」という言葉が、いまだ真実であることが証明されるのだった（これが本当にナポレオンの言葉かは真偽がはっきりとしないが）#45。

しれない。

#42 サー・ウォルター・スコット「Provincial Antiquities of Scotland」、『The Miscellaneous Prose Works of Sir Walter Scott, vol. 7』1834、p415所収。

#43 とはいえ、第一次世界大戦の西部戦線は、巨大な包囲攻撃であったとも言えそうだ。

#44 一方の日本では、明治維新（明治時代は1868〜1912）の頃まで武士階級は存続しており、19世紀に入っても力を誇っていた。名実ともに「武士の世」が終焉したのは、1877年9月24日の西南戦争以降である。西南戦争とは、士族の特権を守ろうとする旧薩摩藩士たちと、近代化を急ぐ新政府軍との戦いであった。まさに「過去」と「現代」の

モスクワ、セヴァストポリ、スターリングラード、そして特にレニングラード（現在のサンクトペテルブルク）での包囲戦では、やはり女性が防衛面で重要な役割を果たしている。

　レニングラード包囲戦は、史上最悪の包囲戦であったと言われている。872日間にわたる封鎖と爆撃で、160〜200万人のソ連国民が命を落とした#46。この包囲戦の矢面に立たされたのが、女性たちであった。1941年の初めには、女性は市の人口の56パーセントを占めていたが、徴兵制とスターリンの粛清によって、街から男性が徐々に減っていった。そして包囲戦が長引くにつれ、要請される兵士の数も増え、男性不足は深刻化していった。

　ソ連は、ドイツの攻撃に対して何の準備もできていなかった。スターリンは、モスクワのドイツ大使から個人的に警告を受けていながら、本当に侵攻が始まろうとしていることを信じようとしなかったのだ。ソ連のメディアも、ドイツ軍の師団がソ連国境沿いに配置されているという噂をプロパガンダだと断じていた。

　いざ侵攻されてみると、戦局は瞬く間に悪化していった。ドイツ軍は、兵士300万人、火砲7000門、戦車3300台を所有し、3000キロもの前線に沿って3つの集団に分かれてソ連に襲いかかった。ヴィルヘルム・リッター・フォン・レープ元帥率いる北方軍集団は、レニングラードを目指して進撃した。レープの計画は、7月21日までにレニングラードを占領した後に、街を破壊し尽くし、住民を殺戮してから、モスクワを目指すというものであった。勝利を確信したヒトラーが、その年のクリスマスをレニングラードで祝おうと、招待状まで送っていたほどであった。

　ドイツ軍が向かってくる間に、レニングラードの市民は無防備だった街の周囲に外郭

戦いであり、「現代」が勝者となったのだ。「サムライ」の最後の戦いが終わったのは、アメリカ南北戦争の終結から12年後のことであったのだ。ちなみに南北戦争は、人類史上初の「近代的」な戦争だと言われたりするが、少なくとも「近代的」が第一次世界大戦と第二次世界大戦を指すのであれば、確かにそうだろう。

#45 ロシアでのナポレオンの行動を考えると、皮肉なものである。

#46 このままでも十分恐ろしい数字だが、次の2つの背景を加えると、さらに悪い数字に見えてくる。
1：ソ連はつねに損失を過少報告していた（言い換えれば、現代の戦闘統計は、古代の統計より信頼できないものであるのだ）。
2：レニングラード包囲戦でのソ連の推定損失は、アメリカの独立から2002年までの戦争で死亡したアメリカの軍人と一般市民の合計数を上回る（シンシア・シモンズ、

防衛線を築いていく。女性を中心に #47 50万人の市民が徴用され、レニングラードから３００キロ南西に位置するプスコフ＝オストロフに第1防衛線を、次いでレニングラードから同方向に１００キロ離れたルガ川沿いに第2防衛線を、そしてレニングラード市内にも防衛線を張った。6月22日から8月20日の間に、市民だけで１０００キロもの土でできた防壁を築き、６７０キロもの対戦車溝と何千キロにも及ぶ防衛塹壕を掘っている。レニングラードから５００キロにもわたって有刺鉄線が張られ、「チェコの針鼠」として知られる防御用対戦車障害物や、土、木材、コンクリートで作られたトーチカ——武器を発射できる覗き窓のある防御陣地——を５０００ほど設置したりもした。それらは建設機械などに頼らない、果てしない肉体労働によって作られた。女性たちは手で塹壕を掘り、力を合わせて重い木材や石を運んだ。ドイツ軍が急進しているという知らせに駆り立てられて、敵機の爆撃を防ぐシェルターもない原始的とも言える環境のなかで途方もない重労働を強いられたのだった。

9月になると、レニングラードが包囲される。この月だけでドイツ軍は２００回の砲撃と23回もの大規模な空襲を行ったが、街の防衛を突破することはできなかった。

赤軍の正規部隊に加えて、国内治安上の脅威に対処するために創設された「破壊大隊」、共産党が組織した市民義勇軍「ナロード・オポルチェニ」9個師団 #48 が市街地を防衛した。8月下旬には、街の包囲もほぼ完成していた。軍司令部は女性や10代の少年の入隊を奨励するようになっており、志願者の約4分の1が女性であった。

第二次世界大戦で活躍した国防義勇兵とは異なり、ここでは民兵が戦った。そのほとんどが訓練など受けていなかった。さまざまな小型武器で武装し、フィンランド人民によっ

ニーナ・ペルリーナ著『Writing The Siege Of Leningrad : Women's Diaries, Memoirs, and Documentary Prose』を参照）。

#47 包囲戦の歴史では覆い隠されがちな事実だが、このときに撮られた写真にはしっかりと写っている。

#48 ソ連では「義勇軍」「国民軍」とも呼ばれていた。オポルチェニが戦時中に招集されたのは、ドイツ軍の侵攻が初めてではない。１６０５年から１６１８年にかけて起こったロシ

て「モロトフ・カクテル」と名づけられた火炎瓶を十万本も携えた彼らの主な任務は、ドイツ機甲師団の前進を止め、塹壕からドイツ戦車に向かって手榴弾やガソリン弾を投げつけることであった。第2民兵の人民委員であったA・A・グセフは、民兵たちについてこう述べている。「我が国民は、ろくな訓練も受けず、武装も不十分だ。我々は軍事的訓練よりも、魂と心で戦うのだ」#49。

レニングラードを守る上での唯一の、そして現実的な利点は、そこがソ連最大の軍需産業の中心地であったことだ。レニングラードの工場では、夫や兄弟に代わって何千人もの女性が生産に従事していた。まさに、ソ連版ロージー・ザ・リベッター［訳注：第二次世界大戦のアメリカで、工場労働などに従事する女性全般をさすアイコン］であった。ただロージーと違って、ソ連の工場労働者たちは男女問わずに重武装して、11時間労働をこなした後に、有事には工場を守れるようにと「労働者大隊」の一員として訓練を受けていた。

レニングラードの守備隊は、大規模な砲撃と飢餓――包囲戦における、最新と最古の作戦の共演だ――に苦しみながらも、1944年1月27日までドイツ軍に立ち向かい続けた。

スパルタ、ハールレム、サラゴサ、パリの女性たちのように、レニングラードの女性たちも、勇気と強い決意でもって自分たちの街を守った。銃後と前線が、ほんの数歩しか離れていないことだってあるのだ。

ア・ポーランド戦争の記録に、初めてその名が登場している。

#49 リチャード・ビドラック、ニキータ・ロマギン『The Leningrad Blockade, 1941-1944: A New Documentary History from the Soviet Archives』2012、p40。

COLUMN THREE

「モリー・ピッチャー（水差しのメアリー）」たち

MOLLY PITCHER (S) ?

１８７６年のアメリカは、独立１００周年記念を祝う愛国的な興奮に包まれていた。ペンシルベニア州カーライルでは、それまで墓標のなかった地元住民メアリー・ラドウィグ・ヘイズ・マコーリー（１７５４?～１８３２?）の墓の上に、住民たちが「モリー・ピッチャー」［訳注：「水差しのメアリー」という意味。モリーとは、メアリーのニックネーム］と刻まれた石を掲げた。マコーリーは亡くなる数年前に、１７７８年６月28日のモンマスの戦いで夫ウィリアム・ヘイズをはじめとする砲兵隊に水を運ぶ係として働いたと周囲に話していた。そして夫が負傷し、砲兵隊員として戦えなくなったときには、彼女は臨時で砲兵隊の一員を務めたというのである。その戦いから１００年が経ち、彼女は伝説の「モリー・ピッチャー」#1と呼ばれる人物になったのだった。

#1 この名前が初めて登場するのは、カリアー＆アイヴスの署名で知られるナサニエル・カリアーによる作品のタイトル『Molly Pitcher, the Heroine of Monmouth（モリー・ピッチャー、モンマスの戦いのヒロイン）』だ。ちなみにこの作品が書かれたのは、モンマスの戦いの70年後の１８４８年のこと。

だがカーライルの住民全員が、彼女のことを誇りに思っていたわけではなかった。地元紙の編集者ジェレマイア・ジーマーは、地元の女性たちの間ではメアリーは「下品で、粗野な飲んだくれの老婆」だと記憶されていると、マーリン・E・オルムステッド下院議員に抗議の手紙を送っている#2。

だがそれだけで、マコーリーの話を信じるに値しないとするのは筋違いだろう。彼女の語った内容は、1830年代にジョゼフ・プラム・マーティンが「プライベート・ヤンキー・ドゥードル」の名で出版した回想録でも見つけることができる。マーティンは、モンマスの戦いについて語った箇所で、次のように述べている。

連続砲撃の熱気のなか、私はそこで起こった小さな出来事を目撃していた。（略）とある砲兵隊員の妻が、交戦中にその大砲の砲台に残り、夫にずっと付き添っていた。女が片足を大きく踏み出し、カートリッジに手を伸ばしたそのとき、敵の砲弾が飛んできて、その足の間を通過していった。女が身につけていたペチコートの下の部分がえぐり取られただけで、彼女自身に怪我はなかった。彼女は、たった今自分の身に起こったことを平然と眺めながら「もう少し高いところを通っていたら、他のものが持っていかれただろうね」と言うと、また作業を続けたのだった#3。

記録には、この快活な女性の名前は出てこないため、彼女がマコーリーであることを示す直接的な証拠はない（同じく、この女性がマコーリーでないという証拠もない）。それでも、この女性には、後のジーマーの不満にも通じる粗野な雰囲気が感じられるし、ペンシルベニア州議会がマコーリーの戦時中の功労を認めて彼女に年金を支給していたという事実もある。とするなら、彼女が、戦場で砲台に水を運んでいたとしてもなんらおかしくはない。

だがじつは、「モリー・ピッチャー」候補は他にも存在する。

#2
エレン・E・ドッジ「Molly Pitcher」（『Profiles of Revolutionaries in Atlantic History』p11）より引用。下品、粗野、飲んだくれであろうとも、その人物が英雄的な行動をしたかどうかには関係がないだろう。だがジーマーは、多くの「革命に身を投じた、立派で、尊敬するに足る人々」が無名のままでいる以上は、彼女のような人間が公的な記念碑で称えられていいはずがないと考えていた（レイ・ラファエル『Founding Myths That Hide Our Patriotic Past』p40より）。

#3
ジョン・トッド・ホワイト「The Truth About Molly Pitcher」（『The American Revolution: Whose Revolution?』1977、p105所収）。

マーガレット・コービン（１７５２〜１８００）も、少なくとも一度は戦場で砲兵隊の一員として戦ったことがあった。独立戦争中のコービンは、夫のジョンに付いてさまざまな軍の駐屯地をまわって暮らしていた #4 。１７７６年11月16日、ニューヨークのワシントン砦の戦いに2人の姿があり、ジョンは砲兵として、コービンは水を運ぶ係として従軍していた #5 。そして敵の陣地から飛んできた砲弾でジョンが命を落としたとき、コービンが大砲の前に立ち、夫の代わりに砲撃作業を行なった。だが彼女もブドウ弾に肩と左胸を撃ち抜かれて、戦い続けることができなくなり、終戦時に大砲のそばでイギリス軍に捕らえられたのだった。その後、仮釈放された彼女は、大陸軍の傷病兵軍団に配属され、１７８３年に退役するまで勤め上げている――そもそも彼女は、夫とともに正式に入隊していたのだろうか？ #6 終戦後、議会はコービンに傷痍軍人年金を与えてもいる #7 。１９２６年、コービンの遺骨はニューヨークのハイランド・フォールズからウェスト・ポイントの陸軍士官学校の敷地内にある墓地に移された。

　これで彼女の物語は終わるはずであったが、２０１６年に新たな事実が発覚する。コービンの墓の調査を行なったところ、彼女のものだとされていた骨が、じつは無名の中年男性のものだと判明したのだ。本物のコービンの骨は見つかっていない。やはり「モリー・ピッチャー」とは、謎に包まれた伝説の存在であるようだ。

　またマコーリーとコービンのほかにも、１７７７年10月にハドソン川の渓谷で起こったクリントン砦の戦いで、ある女性兵が大砲を撃っていたとの証言も残っている。彼女の名前はわかっていないが、少なくとももう一人の知られざる「モリー・ピッチャー」がいるようだ。

#4 彼女は、駐屯地では「ダーティ・ケイト（不潔なケイト）」の名で通っていた。マコーリーと同じく、彼女も立派な人物というわけではなかった。18世紀の軍隊に身を置く女性たちは（ほとんどの将校の妻を除けばだが）、骨の髄までとは言わないまでも、端から見れば荒っぽい人間ばかりであったのだ。

#5 モリー・ピッチャーの物語を理解するには、18世紀の大砲の性質を把握しておく必要がある。当時の大砲は、火花や燃えかすが銃尾に残らないように、一発撃つごとに濡れたスポンジで銃口を拭き取ってから、次の火薬を装填しなければならなかった――前の砲弾の燃えかすが残ったまま新しい火薬を入れると、誤爆しかねなかったのだ。うまく組織された砲兵隊は、スポンジを濡らすための水樽を近くに用意していた。だがそんなチームばかりではなく、兵士が必死になって働く場面も多かった。何

時間も戦闘が続けば、樽だって干上がってしまう。そのため陸軍の女性たちは、水差しではなくバケツで、大砲隊に水を運ぶという危険な任務をこなしていた。しかも女性一人で大砲を撃つことなど不可能で、最低でも3人が必要であった。男性の砲手が戦闘不能になった場合に、代理の砲手やスポンジ係につけるように、女性たちは知識を備えていたと考えるのが妥当だろう（とはいえ、大砲の照準を合わせるための計算方法が、頭に入っていたわけではなかったかもしれない。知識なしに出来ることではないのだ）。

#6
地元の市民軍の名簿に女性の名前が載っていることもあるので、彼女だって正式に入隊していた可能性はある。

#7
さらに、新しい服一式まで与えられたとのこと！　これは当時の退役軍人が受け取る通常の福利厚生には含まれていない。

CHAPTER SEVEN

男装、それぞれの事情

IN DISGUISE

１８７６年、キューバ出身のロレータ・ジャネタ・ベラスケス（１８４２〜？）の自伝『The Woman in Battle（戦場の女）』#1がベストセラーとなった。アメリカ連合国陸軍［訳注：南北戦争で南軍が有した陸軍］の兵士・スパイとして、ベラスケスが活躍した様子が綴られた冒険の書である。

スペイン人の父とフランス系アメリカ人の母の間に生まれたベラスケスは、１８５０年代にキューバからアメリカのニューオーリンズに移り住んだ。おばの家に暮らしながら、カトリック系の女子校に通っていたベラスケスは、10代で両親の反対を押し切って米軍将校（自伝には、ウィリアムという名前しか書かれていない）と駆け落ち。その後、３人の子どもに恵まれるも、１８６０年に全員を亡くしている。１人は生後間もなく、あとの２人は熱病によって死亡した。

幼い頃の彼女は、カタリナ・デ・エラウソ（１５９２〜１６５０）#2、アポロニア・ヤギエウォ（１８２５〜１８６６）#3、――そして、なんとあの――ジャンヌ・ダルクといった歴史上の人物に憧れていたという。じつは、ここに名前をあげた全員が、男装して従軍した女性たちであった。我が子を失い、南部が合衆国から分離独立する可能性が高まったことで、ベラスケスは「かつて抱いていた軍事的な栄光に対する気持ちが蘇り、戦

#1
読者からは、信ぴょう性に欠けるとの批判が多数寄せられ、最初に疑問を呈した南軍のジュバル・A・アーリー将軍は「詐欺」だとすら言った。アーリー将軍は事実ではない箇所を指摘し、ベラスケスの倫理観に怒りを表しながら、本当に彼女はそんなに遠くまで旅をし、こんなに多くの出来事を成し遂げたのかと疑問を呈した。彼は、この本は南部連合に対する、特に南部の女性に対する侮辱であるとも断じている。だが同じく南軍のジェイムズ・ロングストリート将軍は、「私たちの隊列の中に、中尉で、ブフォード――ベラスケスが入隊前に名乗っていた名前――と自称する女性がいた」ことを覚えており、彼女に対して肯

場で名声を得たいという欲望が再燃した」#4と自伝で述べている。

　夫の故郷であるテキサス州が分離すると、ベラスケスは南部連合軍に参加するように夫を焚きつけ、すぐに自分も後を追った。彼女は男性兵に変装しただけでなく、「唾を吐き」「威張りちらす」といった男性になるための〝必須〟技術もマスターしてから、1861年6月にハリー・T・バフォードとして南軍に入隊し、中佐を自称した。当時の心境については、自伝で「かつてないほどの勇敢な気持ちでもって、自分の軍事行動を始める心構えができていた」#5と語っている。

　正規の隊員ではなかったベラスケスは、チャンスがあれば旅団に所属し、女性だとバレそうになるとその場を去ることを繰り返していた。本人の主張によると、彼女はブラックバーンズフォード、第一次マナサス（これは南部での呼び方。北部では第一次ブルランとして知られている）、ボールズブラフ、ドーネルソン砦、シャイローの戦いに参加したようだ。シャイローの戦いでは、死者の埋葬を手伝っているときに榴散弾に当たって腕と肩を負傷する。治療にあたった医師は彼女が女性であることに気づきながらも、何も言わなかったようだ。

　だが正体が発覚するのも時間の問題だと悟ったベラスケスは、「戦いに飛び込み、その瞬間をただ楽しむ」#6ことよりも、女性としてスパイ活動に専念したほうが南軍のためになると考える。そしてスパイに転身すると、偽札の売買や、二重スパイ、さらにはリンカーン大統領暗殺の陰謀にまで関与したということだ。あるときには、北軍の諜報員から「南軍の諜報員として各地を転々としている女」#7を見つけるよう依頼されるのだが、その依頼の写真の女が自分であることに気づいた、なんてこともあったのだった。

定的な意見を述べている（ディアン・ブラントン&ローレン・M・クック『They Fought Like Demons: Women Soldiers in the Civil War』より引用）。回想録としては大胆なスタイル、また北部の男性C・J・ワージントンの名前が編集者として載っていたことから、当時の歴史家たちは、この回想録自体が捏造であると結論づけた（19世紀の回想録では、〝編集者〟は〝作者〟を意味することもあった）。だがその後、南北戦争における女性兵の調査が進み、新聞記事、政府文書、その他の回顧録などがパッチワークのキルトのようにつなぎ合わされて、彼女の人生に関する事実が次々と検証されていった（ベラスケスはアイデンティティを取っ替え引っ替えしていたので、この作業は難航した）。私はというと、ベラスケスもナジェージダ・ドゥーロワと同じく「信頼できない語り手」だと考えている――彼女の経歴が、幾重もの欺瞞《ぎまん》によって成り立っていたとしても驚かない――が、それでも彼女の人生に対する説明が（明らかに）装飾されていたとして

終戦後も、とある男性と結婚してベネズエラに移住したかと思えば、アメリカ西部で鉱業に手を出して失敗し、3番目の（あるいは6番目の）夫との間に男児をもうけたりもしている。そして経済的に困窮し、資金を稼ぐために自伝を書いたというわけだった。その後のベラスケスの消息は不明だが、おそらくまた名前を変えて、新たな地を生き抜いたことだろう。

ことアメリカ人読者にとって、ベラスケスのようにドラマチックで、衆目を集める女性はおなじみの存在であるはずだ——そう、南北戦争で男性に扮して戦った女性兵たちだ。

北軍で看護師として活躍し、その後は女性参政権運動の指導者を務めたメアリー・リバモアは、１８８８年に南北戦争で男性として戦った女性兵は、北軍だけでも少なくとも４００人はいたと推定している[#8]。現代の専門家の間でも、その数は５００人から１０００人だったと考えられている——南北戦争に従軍した総勢２００万から３００万人もの兵士のなかでは、微々たる数ではあるが、それでも南北戦争は「男性に扮して戦った女性兵」が最も多く存在した戦争だったと言えるかもしれない。

一方、１５５０年から１８４０年の間にヨーロッパの軍隊や海軍に男性と偽って所属していた女性兵は（ごく短期間の場合も含めて）数百人ほどだと認識されている[#9]。こちらも数十万人もいた男性兵に比べると、ごくひと握りの存在であった。長い歴史を通して包囲された都市や町の城壁で女性のままで戦った女性の数だって、男装して軍隊に潜り込んだ女性よりもはるかに多い。

だがその時代、その場所では例外であっても、女性が男装して従軍する系譜は長く、古

も、それが真実を核に成り立っていることは否定しない。証拠が曖昧であるからこそ、歴史を書くことは科学ではなく、芸術であるのだ。

#2
スペインの修道女。修道院を出奔すると、男に変装して新世界に逃れ、アロンソ・ディアス・ラミレス・デ・グスマンの名でスペイン軍に従軍した。よく戦いはしたが、戦場を離れると頻繁に問題行動を起こしてもいる。若いスペイン人女性に言い寄り、若いスペイン人男性と決闘してその多くを殺した（その中には実の兄もいた）。地元の司教に呼び出されたエラウソは、そこで自分の正体を告白する。彼女が罰を受けることはなく、それどころかスペイン王から多額の年金をもらい、ローマ教皇ウルバヌス八世からは男装に対する許しも得ている。

#3
１８４６年のクラクフの反乱、１８４８年のハンガリー革命で男性に扮して戦い、中尉となったポーランド

くは3世紀のペルシア兵に関する記録にまで遡る。12世紀の東ローマ帝国の歴史家ヨハネス・ゾナラスが後世の視点から書いたこの記録では、「ペルシア人の死体を調べると、なかには男性と同じ武装をした女性が発見されたと言われている」#10と述べられている。このペルシア人のように顔も名前もわからぬままに死んでいった女性もいれば、6世紀の漢詩に登場するファ・ムーラン（→Ｐ50）からバルカン戦争と第一次世界大戦で戦ったセルビアのミルンカ・サヴィッチまで、個々の記録が残っている女性も大勢存在する。

女性が〝男になって戦う〟という発想に魅了される人も多かった。中国のムーランの物語などは、１５００年もの間にさまざまなバリエーションが作られながら、人々に愛され続けてきた。17世紀と18世紀のヨーロッパでは、２００曲以上の流行歌やブロードシート判#11（16世紀版〝スーパーで売っているタブロイド紙〟のようなもの）に、兵士・盗賊・海賊、あるいは単なる冒険家として男装し、愛と栄光を求めて海や戦地に赴いた女性たちが登場する。19世紀のアメリカでも、男性のフリをして生きていた女性が発見されたときには「60年もの間、男になりすました女」#12といった見出しでセンセーショナルに報じられたりもした。男装兵による回想録も人気の文学ジャンルとなり、本人が書いたものから、ゴーストライターによるもの、捏造《ねつぞう》されたものまで多くの作品が発表された。また数人程度だが、男性兵としてくぐり抜けた体験を自ら講演で話して聞かせる女性もいた。

18世紀も終わる頃には、イギリスなどでは「女戦士は存在するものだ」という考えが社会全体に浸透していた。アングロ・アイリッシュの小説家で劇作家のオリバー・ゴールドスミスも、イギリス軍の人手不足について「女性を指導者に立て、アマゾン部隊を30ほど編成すればよい」#13などと風刺を込めて提案してもいる。実際に、西アフリカのダホメ

人女性。革命に失敗した民族主義者や社会主義改革者たちと同様に、彼女も翌１８４９年にアメリカに移住し、ワシントンＤＣに居を構えた。南北戦争が始まると、自国で革命に失敗した男性たちは北軍に入隊するが、ヤギェウォは戦場に戻ろうとはしなかった。

#4
ロレータ・ジャネタ・ベラスケス『The Woman in Battle: The Civil War Narrative of Loreta Velazquez, Cuban Woman and Confederate Soldier』２００３、ｐ50。

#5〜#7
前掲書ｐ69・２２０・５１６。

#8
メアリー・リバモア『My Story of the War: A Woman's Narrative of Four Years Personal Experience as a Nurse in the Union Army』１８８８、ｐ１１６、１１９〜１２０。

王国（現在のベナン）の王がこの案を実行しているのだが、ゴールドスミスもそれを知ったらさぞかし驚いたことだろう（ダホメ王国については、次の章で詳しく取り上げる）。

なぜ、男装して入隊したのか？

南北戦争には、男性に扮して従軍した女性兵が（比較的）多くいたにもかかわらず、彼女たちがどのような人物であったかは、ほとんどわかっていない。

戦時中には、じつに多くの男性兵が故郷の家族に手紙を書き送っているが、その量の多さに劣らぬほど、どれも豊かな内容であった。終戦から20〜30年経つ頃には、退役軍人の手記が文学のいちジャンルとして確立し、広く読まれるようになる。階級に関係なく、元軍人たちは自身の体験を文章にし、本という形に残した。商業出版する者もいたが、家族や友人に配布するための個人出版のほうが主流であった。

一方で同じ戦場にいた女性たちは、そのような軍人としての体験を記録し、言葉で説明し、理解しようとする流れから取り残されてしまっていた。戦場で実際に戦ったとされる女性兵が残した文書記録は、3人の女性が書いた手紙が発見されているのみで、日記すら残っていない#14。また戦後に手記が発表されたのも、本章冒頭に登場するベラスケス、そしてエマ・エドモンズ（１８４１〜１８９８、フランクリン・トンプソンとして2年間北軍に従軍した）の2人のものだけだ。その他大勢の女性兵たちの個人的な証言は存在しておらず、歴史家たちはさまざまな情報の断片から、彼女たちがどんな人物であったかを明らかにしようとしてきた。新聞記事、年金申請書、召集令状、さらに仲間の兵士の手紙

#9 このテーマに関する最も重要な研究は、戦史研究者ではなく、ジェンダー分野の研究者によって行なわれている。

#10 マイケル・R・エヴァンス『'Unfit to Bear Arms': The Gendering of Arms and Armour in Accounts of Women on Crusade』より引用。「と言われている」との記載に注目。この言葉から、ゾナラスが望遠鏡を通して遠い過去を見ていることを自覚していたことが伺える。12世紀のイスラム史家イマードゥッディーン・アル＝イスファハーニー（１１２１〜１２０１）は、サラーフッディーンの宮廷書記官であったため、第三回十字軍（彼は「フランク戦争」あるいは「フランク侵攻」と呼んだだろう。イスラム教徒は、十字軍を「フランク」と呼んでいたからだ）をイスラム側から直接観察した人物であるが、彼の記録にも同じような描写が登場する。イスファハーニーによれば、フランクの女性

や日記に書かれた発言などを通して、彼女たちがどの部隊に所属し、どこの戦場で戦い、そしてどのようにして女性だと判明したか #15 を、解明しようとしているのだ。

現代を生きる私たちが、17世紀から18世紀にかけて存在したヨーロッパやその植民地の女性兵の姿を具体的に思い浮かべられるのも、1625年頃に発表された（ベラスケスが幼い頃に憧れたという）エラウソの自伝に端を発する、戦場に身を置いた女性にまつわる「実話」のストーリーが人気を博したからだ。この流れは、1927年に出版されたフローラ・サンデスの回想録まで続いていく（ちなみに、サンデスは女性であることを隠さずに戦っていた）。

裁判記録からも、男性の格好をして戦った女性たちの姿を垣間見ることができる。万引きで捕まって裁判にかけられたことで女性であると判明したケースもあれば、女性であることが判明して裁判にかけられるケースもあったが、いずれにせよ裁判記録には女性たちの生の声が反映されているものだ。必ずしも彼女たちの証言が真実を語っているわけではないが、よくある回想録のようなロマンチックさはそこにはない。読者を楽しませる意図もないため、大げさな誇張や歪曲も含まれていない。南北戦争の女性兵と同じく、17世紀から18世紀に彼女たちが生きてきた痕跡は、年金申請書、ブロードシート、伝記のチャップブック［訳注：当時イギリスなどで発行されていたポケットサイズの本］、医学論文などにも、信頼度の差こそあれ、残っている。

とりわけ有名なのが、マリア・ファン・アントウェルペン（1719〜1781）の裁判だろう。1769年、ファン・アントウェルペンは「名前と身分を偽るという、重大かつ過度の詐欺行為」と「結婚の神聖さと法を愚弄《ぐろう》した罪」#16 で、オランダのゴーダ市の

は男性用の衣服と鎧を着て戦っていたため、戦死して鎧を脱がされてはじめて女性であることが判明したという。

#11 17世紀はじめに登場した新聞の前身。15世紀半ばに印刷機が発明されたことで「ニュース」という商品が誕生する。現代の新聞と違って、当時は事件や事故が起こるたびに臨時で印刷されていた。

#12 「She Even Chewed Tobacco: A Pictorial Narrative of Passing Women in America」（サンフランシスコ・レズビアン&ゲイ歴史プロジェクト『Hidden from History: Reclaiming the Gay and Lesbian Past』1989、p184所収）

#13 「Female Warriors: Containing a Humble Proposal for Augmenting the Forces of Great Britain」、『The Works of Oliver Goldsmith, vol. 1』

裁判所に召喚《しょうかん》された。男性兵として入隊しただけでなく、マヒール・ファン・アントウェルペンと名乗って女性と交際・結婚しており、さらに悪いことに1751年にブレダの町で同じ罪で裁判にかけられ、有罪となった過去もあった。

ファン・アントウェルペンの裁判は、世間から大きな注目を集めた。大衆紙に掲載され（17世紀当時では、〝最先端〟ともいえる現象であった）、ニュース歌手によってファン・アントウェルペンの歌も歌われ#17、判決が出る前から『De Breasche Hedinne（ブレダのヒロイン）』と題された自伝が本屋に並んだ#18。

女性たちが男装してまで入隊するに至った背景はさまざまだ。

流行歌やブロードシートに登場する女性たちは、恋人や夫を追いかけるため、あるいは行方不明になった男性を探すために、男性に扮して入隊することが多い。そのようなことは現実にもあったが、内実はより複雑であった。その代表例に、夫を追って兵士になったアイルランド人のクリスチャン・デイビスことキット・カヴァナー（1667～1739。クリストファー・ウェルシュ、「マザー・ロス」とも呼ばれる）がいる。当初カヴァナーは、1692年にイギリス軍に徴兵された最初の夫を探すために男性兵として入隊したと主張していたが、のちの行動はそれだけに収まっていない#19。カヴァナーは、大同盟戦争の終盤にオランダの第2竜騎兵連隊の歩兵となり、その4年後の1701年に開戦するスペイン継承戦争で再入隊している。足掛け12年にもわたる歩兵生活の末に、夫の居場所を突き止めるのだが、いまだ兵士であった夫は別の女性と暮らしていた。それでも、カヴァナーは軍を去ろうとしなかった。軍に留まることができるように、自分を「妻」ではなく「兄弟」だと認めてほしいと夫を説得したのである。結局カヴ

1885、p315～320所収）

#14 ディーン・ブタントンとローレン・M・クックは、男性兵に比べて、女性兵の方が非識字率が高かった可能性があると指摘する。ここ最近、南北戦争の従軍看護婦たちの手紙や回想録ばかりを読んでいた私としては、この主張には首を傾げざるを得ない。とはいえ、男性として戦地で戦った女性たちは、相当な覚悟で戦場にやってきていたのだろうから、故郷の家族や友人と連絡を絶っていたということはあり得そうだ。

#15 歴史的な資料に女性兵が登場する最も一般的な理由だ。

#16 ルドルフ・M・デッカー、ロッテ・C・ヴァン・デ・ポル『The Tradition of Female Transvestism in Early Modern Europe』1989、p1。

アナーは、そのまま１７０６年まで在軍していたが、スペイン領オランダのラミリーズの戦いで負傷してしまう。異装兵にとって、負傷は命取りだ。カヴァナーもそれが原因で兵役を解かれながらも、その後も「使用人頭」――野営地の従者のような役割――として軍に残ったのだった #20 。

ローズ・バロー（１７７３〜１８４３）のケースは、ロマンチックと言えるかもしれない。新婚早々の１７９３年3月、バローの夫がフランス革命軍に召集される。夫と離れたくなかったバローは、「リベルテ」と名乗って男性兵に扮し、手榴弾兵として夫の連隊に入隊する。その4か月後、夫がスペイン軍との戦闘で負傷したときには、バローは弾薬を使い切るまで戦い続けてから夫を安全な場所へと運んだ。このときに彼女は、自分の性別を明かそうと決意したとされている（妊娠していたことも関係しているだろう）。

南北戦争でも、何人もの女性が夫の戦争について行き、一緒に入隊している。マーサ・リンドレーもその一人で、子どもたちを自分の姉妹に預けると、ジム・スミスとして夫のいる連隊に入隊した。彼女は夫に家へ帰るよう懇願されても、それを拒否した（この話には続きがあるはずだ）。

入隊した女性たちのなかには、エミリア・プラテル（→Ｐ１４９） #21 やアポロニア・ヤギェウォのように、愛国心や大義への信仰という言葉でその決断を語る者もいる。フランス革命ではそれが顕著で、何十人もの女性が国民軍に入隊した。最初は女性として堂々と従軍できていたが、のちに政府が女性の入隊を違法とする。それでも女性たちは、男性と偽って入営していった。なかには、立法議会の前に立ち、女性も兵士になれるように門戸を開放するべきだと主張する女性も現れた。チョコレート職人で、急進派組織を主催し

#17 この「ニュース歌手」は、街頭に立って最新ニュースを人々に伝える役割を担っていた。18世紀には、印刷された言葉よりも広い範囲の人々にニュースを届けていた。作家が、人気のある曲にニュースについての歌詞をつけ、歌手はそれを歌いながら通りを歩く。印刷業者がヒット曲集を作って売り出すこともあった。

#18 ファン・アントウェルペンと同じ部隊に所属していたフランシスカス・リーベンス・ケルステマンが書いたもの。ケルステマンは序文で、本書はファン・アントウェルペンの言葉を口述筆記したものだと説明している――当時の「聞き書き」スタイルの自伝であったようだ。

#19 カヴァナーの回想録『The Life and Adventures of Mrs. Christian Davies, Commonly Called Mother Ross』は作家ダニエル・デフォーの創作であったとされていたが、最近の研究で、

たポーリーヌ・レオン（1768〜1838）も、女性民兵組織を結成すると、兵役につけるだけの力がある女性に槍、拳銃、短剣、マスケット銃を配って、シャン・ド・マルで訓練できるように政府に要請した[#22]。

愛国心は、革命家だけのものではない。王党派の一員として戦っていたルネ・ボルドロー（愛称ランジュ）は、回顧録のなかで、戦いに身を投じる理由を次のように説明している。

私は、42人の同族が次々と惨殺されるのを見てきた。しかし目の前で父が殺されると、怒りと絶望でいっぱいになった。この瞬間から、私は自分の体を王に差出し、魂を神に捧げることを心に決めた。死、あるいは勝利の瞬間まで、戦うことを誓ったのだ。[#23]

いかなる面から見ても、とても明確な動機である。

その一方で、冒険心や自由を求めた末に男性兵に扮することを選んだ女性もいる。ナジェージダ・ドゥーロワ（↓P57）は、自分と同じように束縛に苦しむ若い女性たちに、自らの選択における自由が果たす役割を認識するように訴えた。

天からの貴重な贈り物である自由が、ついに永遠に私の一部となった！　私はそれを吸って、吐き、謳歌し、私の心と魂で感じる。それが私の存在を貫き、動かしている。あなた方、私と年頃の若い女たちよ。あなた方だけが私の喜びを理解し、私の幸福を評価することができるのだ！一挙手一投足について説明しなければならず、監視と保護なしには15フィートも進めない。ゆり

物語の主人公である「マザー・ロス」は実在し、物語に描かれた内容の多くが史実に即していることが判明している。

#20
16世紀から19世紀半ばにかけてのヨーロッパの軍隊では、女性たちも兵士以外の立場で重要な役割を担っていた。料理、洗濯、壊れた物の修理、負傷者の看護だけでなく、戦いが終わった戦場で有用なものを拾い集めるなんてことまでした。イギリス軍が「配給の女たち」と呼んだ女性たちは、アメリカ独立戦争時には、イギリス軍の10パーセントを占めていた。部隊の種類によって在籍人数は異なった。例えば、本書でもこれまで見てきたように、砲兵部隊は多くの人手を必要とするため、他の部隊よりも多くの女性が携わっていた。軍隊によっては、陣営の規律を乱さない限り、娼婦、酒売り、略奪品を買い受ける人物といった「配給外の女たち」を容認することもあった。看護婦、無線技師、その他の近代軍隊の非戦闘員のような女性も戦闘が

かごから墓場まで延々と依存し、永遠に保護される。誰から、そして何からかは、神のみぞ知る——繰り返そう。あなた方だけが、私の心を満たす喜びの感覚を理解できるのだ。#24

小説『Fanny Campbell, or, the Female Pirate Captain（ファニー・キャンベル、あるいは女海賊の船長）』に憧れていたというエマ・エドモンズは、物語のヒロインが「茶色いカールの髪を切り落とし、青いジャケットに袖を通し、男らしさの自由と輝かしい独立に足を踏み入れた」ところで、自分も性を偽ることを思いついた#25。ジャック・グラントという名で米西戦争に身を投じたベイブ・ビーン（１８６９～１９３６）は、戦争が始まる前の１８９７年にカリフォルニア州ストックトンで男性の格好をしたとして逮捕されている。そのとき「彼」は、供述書で男装に対する決意をこう語っている。「元気いっぱいのおてんば娘だった自分が、悲しく、思慮深い女性にさせられてしまった。そして私は抗い始めた。夢にまで見た自由をどれほど渇望したことか。世間が少年にこそふさわしいとする自由を、どれほど求めたことか」#26。

そのように、恋愛、愛国心、自由という動機がある一方で、経済的な理由や、悲惨な家庭環境から逃れたり、より大きな機会を求めた先に「男装」にたどり着いた女性もいた。夫の後を追って入隊する女性がいる一方で、夫から逃げるために入隊する女性もいたのである。カタリナ・デ・エラウソやベイブ・ビーンは修道院から逃げだした後に、エマ・エドモンズは父親からの虐待、そして近所の農家の息子と無理やり結婚させられそうになったために男性として入隊している。「自由」を求めて入隊したと語る者たちは、それまでの生活から自由になることを求めていたのである。

活発に行なわれている地域に身を置いていた。彼女たちがどれほど頻繁に武器を手にし、反撃していたかは知る由もない。

#21 彼女は男性のような格好をしていたが、男性に扮していたわけではなかった。

#22 立法議会は彼女の愛国心に拍手を送りながらも、この提案を承認しなかった。その代わりに議長は、女性たちの戦いたいという気持ちを受けて、男性たちが入隊するようになるのではないかと希望を述べた。この考え方は、ロシアの婦人決死隊のケースでも再び見られることになる。

#23 マリリン・ヤーロム『Blood Sisters: The French Revolution in Women's Memory』１９９３、ｐ１９９。

#24 『女騎士の手記』より。

経済的に困窮し、軍から提供される生活必需品を目当てに入隊する女性も多かった。軍での仕事は過酷だったが、そもそも男装して軍に潜り込む女性たちの大半は、下層階級の出身であり、彼女たちはきつい仕事には慣れていた（比較的裕福な家庭に育ったナジェージダ・ドゥーロワやロレータ・ベラスケスは例外的な存在なのだ）。かつての労働者階級の女性（つまり、大部分の女性）が、いかに過酷な肉体労働を担っていたかは忘れられがちだ。洗濯などの一般的な家事に蒸気や電気を使うようになるまで、女性の仕事とは〝英雄的な努力〟を必要とするほど大変なものであったのだ。

イギリス人のマリアン・アーノルドも貧しさゆえに、１８３９年にロバート・スモール号に男性として乗船した。10歳で母を亡くしたアーノルドは、１歳半の妹とともにそれまで住んでいた家よりもさらに貧しい慈善団体に預けられる。最初は畑仕事や使い走りをしていたが、のちにケント州北部のシアーネスという町にあるロープ工場で働くようになる。2人の兄が海軍に入隊していたために波止場で過ごすことも多かった彼女は、すぐに海に出た同年代の少年たちの方が自分よりも多くの金を稼ぎ、より良い食事にありついていることに気づく。アーノルドは「彼らは、あらゆる面で自分よりも恵まれた生活を送っていた」と振り返る。決断は難しくはなかった。彼女は「ペチコートを脱ぎ捨て、船乗りになることを決意した」#27のだった。

ヨーロッパとその植民地以外の場所でも、同様の選択をする女性は大勢いた。１８０４年、アルジェリア沖で海賊に捕まったペンマルというイギリス人男性は、あることに気づいたと書き留めている。そこには「腰、肩幅ともにとても狭く、声は細く、頬にも毛がまったく生えていない」#28海賊が何人も乗船していたというのだ。最初は彼も、イギリス

#25 ジョン・A・リン『Women, Armies, and Warfare in Early Modern Europe』より引用。ベラスケスやドゥーロワと同じく、このエドモンズも信頼できない語り手だ。ある記者から「自分の本を〝本物〟と言えるか」と問われたエドモンズは、「厳密にはそうではない」と答えている（ローラ・リーディー・ガンスラー『The Mysterious Private Thompson: The Double Life of Sarah Emma Edmonds, Civil War Soldier』より引用）。専門家の間では、彼女が従軍したことはおおむね確かでありながら、スパイとしての活躍はおそらくフィクションだろうと考えられている。

#26 #12前掲書ｐ１８９。

#27 マリアン・アーノルドにまつわる情報は、赤道を越える際に多くの英国船で行なわれる「赤道祭」で、彼女が女性であることに気づいたロバー

船にいる少年船員のような存在だと考えていたが、じつはその海賊たちは子どものいない寡婦であった。当時、その一帯では、家族の助けを持たない寡婦たちが、生きのびるために海賊船に乗るのは珍しいことではなかったのだ。

これらの物語をひとつにつなぎ合わせてみると、女性たちが男装して兵士になった背景が見えてくる。兵士になる以前、あるいは兵士としての役目を終えた後も、多くの女性が男性として生きていた。女性であることを明かしたカタリナ・デ・エラウソは、晩年はアントニオ・デ・エラウソという名でラバ使いとして働き、エマ・エドモンズ #29 は北軍に入隊するまでの数年間をフランクリン・トンプソンという聖書販売員として旅をし、ベイブ・ビーンは米西戦争に参戦する前の5、6年を男の姿で過ごしていた。

その理由は、男性になりすますことで、より良い賃金以上のものを手に入れることができたからである。男性になれば、より気安く旅をし、より良い教育を受け、財産を所有し、より多くの政治的権利（すなわち投票権）を享受し、場合によっては他の女性と結婚することだってできたのだ。

ジェームズ・バリー医師（１７８９頃〜１８６５）は、〝男性〟になったことで、女性のままでは絶対に手にすることのできなかった大きなチャンスをつかんでいる。アイルランドの店主の娘だったマーガレット・バックリーは、18歳のときにスカートからズボンに履き替えると、年齢を偽って #30 、エディンバラ大学に医学生として入学する。イギリスで初めて、女性が正式に医学学位を取得する50年以上前のことだ #31 。そしてジェームズ・バリーという名で王立外科医師会の試験に合格すると、１８０９年に病院助手として陸軍に入隊し、ナポレオン戦争からクリミア戦争まで47年間軍務に就いた。「彼」は、

ト・スモール号の士官が書いた手紙から知ることができる。士官は、アーノルドについて「彼女は、強く、活発な少年のような仕事ぶりであった」と賞賛している。１８３９年10月20日付のこの手紙は、１８４０年7月10日の『シドニー・モーニング・ヘラルド』紙に掲載された。

#28 ジョー・スタンレー『In the Right Place at the Right Time』ｐ１３１。

#29 洗礼名はサラ・エマ・エブリン・エドモンドソン。15歳で家出をしたときにエドモンズへ改名。以降、何度も名前を変えている。

#30 他の多くの男装した女性兵と同じく、バリーも年齢を低く偽ることで「髭を剃るには若すぎる少年」になることができた。だがそれが、学位取得の試験時に問題となってしまう。大学の管理者たちから、学位取得には若すぎると見なされてしまったのだ。

陸軍病院の上級監察官にまで上り詰めると、今度はそこで医療改革に取り組み、社会的弱者に医療を提供していく。帝王切開を初めて成功させてもいるバリーは、気性が荒く、偏屈で、軟弱だと評されながらも、優秀な医者だと認められていた。

　1865年にバリーが死去したときには、その遺体を安置した女性が、じつはバリーは女性であり、経産婦であったと告白して世間を驚かせた。だがバリーの死亡証明書に署名した医師、D・R・マッキノン少佐は、報道陣から事実かどうか問われると、バリーの性別は自分には関係のないことだと答えている#32。

「元奴隷」から「男装兵」へ ―― キャセイ・ウィリアムス

　キャセイ・ウィリアムス（1844～1892）#33は、アフリカ系アメリカ人女性として初めてアメリカ陸軍に入隊し、2年間、男性として従軍したことで知られる人物だ。

　ミズーリ州インディペンデンス近郊で奴隷として生まれたウィリアムスは、州都ジェファーソンシティに近いコール郡のジョンソン農園で家政婦として働いていたが、南北戦争が始まると農園は閉鎖されてしまう。北軍のナサニエル・ライアン将軍が、反乱軍の拠点となっていたジェファーソンシティを占領すると、北軍のインディアナ第8志願歩兵連隊はウィリアムスのように住むところを失ったり、逃亡してきた奴隷を「コントラバンド」#34として従えた。ウィリアムスは洗濯婦として、連隊とともに移動していた。

　南北戦争は1865年に終わり、ウィリアムスは初めて自由の身となった。だが今度は男性に扮してアメリカ軍に入隊する。なぜウィリアムスがそうしたかは推測するしかない

#31
「イギリスで最初の女性医師」とされているエリザベス・ギャレットは、1865年に薬屋協会の試験に合格し、医師として医療行為を行なうことができるようになる。だが学会は彼女の合格を受けて、他の女性が真似をしないようにすぐに規則を変更してしまう。彼女のように、「抜け穴」を通って社会進出を果たした女性は他にも大勢存在する。

#32
レイチェル・ホームズ『Scanty Particulars: The Scandalous Life and Astonishing Secret of Dr. James Barry, Queen Victoria's Preeminent Military Doctor』2002、p51。

#33
女性の伝記を入手するのは困難だ――19世紀から20世紀にかけては、女性を歴史的な記録に登場させないようにするのが社会的な慣習とされていたためである。解放された奴隷の場合は、その難易度が跳ね上がる。ウィリアムスの誕生日について

が、家族も、住むところも、仕事も持たない彼女が、他の女性兵と同様に、経済的な安定を求めて入隊したとしてもなんら不思議はない。当時のアメリカでは、黒人女性が就くことができた最も高給かつ、名誉ある仕事がコックであったが、コックや掃除婦よりも、兵士の方が実入りがよかった。

１８６６年11月、彼女はセントルイスのジェファーソン兵舎で「ウィリアム・キャセイ」として３年間の兵役に就く#35。簡単な健康診断を受けただけで、編成されたばかりの第38歩兵連隊——同年８月に、西部開拓に伴い先住民を征服するために設立された騎兵隊「バッファロー・ソルジャー」の６部隊のうちの一つ——に配属された。ちなみにこれらの部隊は、指揮官以外は黒人で構成されていた。

ウィリアムスが所属した連隊は、結局は戦闘に参加しなかったようだが、いずれにせよ彼女は戦うことができなかったはずだ。というのも、軍歴のほとんどを病院で過ごしていたからだ。２年間で５回、４つの病院に入院したが、女性であることは誰にも気づかれていない——このことから、当時の黒人兵が受けていた医療は悪質だったのではないかと想像してしまうが、医師は彼女の性別に何度も気づきながらも、わざわざ報告しなかっただけという可能性だってある。

１８６８年10月14日、ウィリアム・キャセイ二等兵は健康上の理由で除隊される。１８９１年６月に軍務に基づいて病人年金の申請を行なっているが、翌年２月に年金局は、女性の入隊が違法だという理由ではなく、ウィリアムスは障害を負っていないという理由で請求を却下している#36。その後の彼女の消息はわかっていない。

ウィリアムスは、英雄的な存在でもなく、メダルや表彰を授与されたわけでもない。お

は、２つの説が存在する。１８６６年に入隊したのが「22歳」となっているのに対して、１９８１年に年金申請を行った際には「41歳」とされているのだ。どちらかが間違っている、あるいはどちらも正確でない可能性がある。または、ウィリアムスは自分の正確な年齢を知らなかったのかもしれない。

#34 奴隷解放宣言以前に、北軍に保護を求めた逃亡奴隷を指す言葉。「密輸品」「禁制品」という概念に由来する。

#35 多くの女性が、自分の男性版の名前を考え出している。マリア・ファン・アントウェルペンは、一度はヤン・ファン・アントとして、もう一度はマチエル・ファン・アントウェルペンとして入隊している。

#36 １８９１年まで、年金局は多くの女

そらく、戦場で敵と対峙《たいじ》したことすらなかっただろう。それでもその名前は、歴史に刻まれている。

なぜ女性であることがバレたのか？

　男性を装う女性兵たちは、つねに「正体がバレるのではないか」という恐怖ととなり合わせの状況で戦っていた。

「男性に扮する」と言っても、彼女たちがやったのは、髪を切り、男物の服を着て[#37]、「男らしい」とされる仕草を身につけるのがせいぜいであった。ある新聞は、南北戦争で第107ペンシルベニア連隊に男性として入隊した女性について、「彼（彼女）は葉巻を吸い、威張り散らし、ときおり〝ホーン〟（アルコール飲料）を堂々と飲むことができた」[#38]と描写している。胸を平らにしていた女性も多かった（カタリナ・デ・エラウソは、乳房が消える湿布を使ったとも発言している！）。ベラスケスは、付け髭をつけ、体型を隠すために服の下に金網――半コルセットのようなもの――を装着していた。ここでもまた裁判記録を通して、彼女たちの涙ぐましい男装の工夫を知ることができる。例えば立ちションをするために、銀の筒や革で覆われた角などの器具なんかが使われていたようだ（裁判に付されたということは、うまく使いこなせていなかったとも考えられるが）。

　髭が生えず、声も高いので、「年若い青年」のふりをして入隊しても[#39]、その戦略は長続きしない。年若い男性兵に偽るということは、兵士でいられる期間に上限を設けてしまうことにもなる。どんなにボーイッシュな体型でも、かさばる服を着ていても、遅かれ

性たちから軍人年金の申請を受けてきた。年金局の記録は、南北戦争で男装兵の軍歴を確認するための重要な資料でもある。

#37
女性たちは、明らかに大きすぎるコートを着ていたりした。

#38
リチャード・H・ホール『Women on the Civil War Battlefront』2006、p131。

#39
皮肉な話だが、その一方で本物の「年若い青年たち」は、入隊するた

早かれ「青年」として通用できなくなるからだ。

　女性であることを隠し通すためには、「男らしい雰囲気」が何よりも重要だったようだ。20世紀半ばまで、ヨーロッパとアメリカでは、ズボンと軍服は男性の象徴だとされていた。標準的な「男らしさ」を会得できない女性でも、ズボンと軍服を身につけ、男性のように闊歩してみせれば、周囲が彼女を「女性」だと認識することはほぼなかったのである #40 。ロレータ・ベラスケスも「男であれ女であれ、衣服、そして衣服の特定のカットが、私たちを世間が望むように見せてくれる」 #41 と書いている。

　女性であることが判明するきっかけとして最も多かったのが、負傷、病気、そして少ないケースだが妊娠であった #42 。カヴァナーなどは、14年間変装を続けた末に、重傷を負って女性であることがバレた。デボラ・サンプソン（1760〜1827）は、ロバート・シャトルオフという男性名で独立戦争の部隊に潜り込み、ニューヨークのタリータウン付近での交戦で負傷した。性別が明らかになることを恐れたサンプソンは、太ももに打ち込まれたマスケット銃弾を自ら取り出し、手当てをしたという（同様のことをした女性兵は多い）。だがのちにサンプソンは、発熱して病院に運び込まれ、女性であることが発覚してしまっている #43 。南北戦争のどちらの軍にも、怪我を負ったために男装がバレた女性兵がいた。北軍所属のある女性兵はシャイローの戦いで脚と肩に重傷を負い、南軍のメアリー・アン・クラークは、ケンタッキー州リッチモンドの戦いで「大腿部《だいたいぶ》を負傷」 #44 したという。また別の女性兵はケンタッキー州ペリーヴィルの戦いの翌朝、戦場で左脇腹を負傷しているのが発見された。

　バレるかどうかは、傷の位置とその重傷度が大きく関わってくる。顔、手、ふくらはぎ、

めに実年齢よりも上にサバを読んでいた。

#40 兵士が女性たちの存在に気づかなかったのは、「ドント・アスク、ドント・テル（聞くな・言うな）」の考えもあったからかもしれない。ドゥーロワ（→P57）は、仲間の兵たちが自分の性別を疑っているのではと疑心暗鬼になっていた。「私に対する彼らの礼儀正しさや言葉の端々から、私が髭を生やすことはないと確信してはいないが、少なくともその可能性に対する強い疑心が伝わってくることはあった。しかし彼らは、私に対して非常に友好的で、私のことをとてもよく思ってくれている。彼らは私の戦場での生活の証人であり、仲間なのだから（『女騎兵の手記』より引用）」。このような事態について、アーサー・フリーマントル中佐は、南軍に男性として従軍した女性についての回想録で次の

足を撃たれた場合はごまかせても、上半身、大腿、股間を撃たれればそうはいかない。女性兵は他人の視線を避けるため、傷の手当は自分で行なっていた。

12世紀にヨハネス・ゾナラスやイスファハーニーが記録したように、戦死した兵士がじつは女性だったと判明したこともある。1637年のレウカテの戦いが終わり、瀕死の兵士に最後の儀式を施そうとしたフランスのアルビ司教は、スペイン人の死体のなかに女性が混ざっていることに気がついた（司教は、その女性たちに次のような〝賛辞〟を贈っている。「多くの兵士が女のように逃げ、そのなかには将校すらいた。その者たちに比べれば、彼女たちこそが真の男であった」#45。南北戦争では、ブルラン、シャイロー、ゲティスバーグ、レサカ、ピーターズバーグ、アポマトックスなどの戦場で、埋葬隊が女性兵の遺体を発見している。第一次世界大戦では、『ロンドン・グラフィック』紙が、死後に女性であることが判明したロシア兵は50名にものぼったと伝えている#46。

ほかにも、大人よりも見た目に惑わされないからか、子どもが男装した女性兵を見抜いたケースや、知人や家族に顔を見られて女性だとバレたケースも記録に残っている。なかには男性らしい仕草をマスターできなかったり、うっかり「女性らしい」仕草が出てしまって気づかれたこともあった。北軍の2人の女性は、仲間の兵士が投げたリンゴを受け取ろうと、無意識にエプロンに手を伸ばす仕草をしたことで女性だと知られてしまっている。また捕虜になったために発覚した女性もいた。

男装していても、一目で女性だとわかってしまう女性兵もいれば、何か月も、あるいは何年も隠し通すことができた女性兵もいる。バレるのを恐れて脱走した女性も少なくない。カタリナ・エラウソやローズ・バローのように、判明する恐怖に怯えたくない、あるいは

ように述べている。「彼女の性別は連隊中に知れ渡っていたが、彼女が適切に行動する限り、そのことを気にする者は誰もいなかった」（ディアン・ブラントン&ローレン・M・クック『They Fried Like Demons』より引用）。

#41

#4 前掲書p185。

#42 南北戦争では、男性に扮して入隊した女性のなかで、少なくとも6人が妊娠状態にあったことがわかっている——そして出産して、女性であることが戦友たちにバレた。最もすごかったのが、ニュージャージー州のある女性のケースで、彼女は妊娠初期から中期まで「七日間の戦い」と「アンティータムの戦い」に参戦し、アンティータムで負傷している。そのまま連隊に戻ったことから、性別（と妊娠）はバレなかったようで、「フレデリックスバーグの戦い」の前には伍長に昇進してもいる。当時、彼女を知る兵士は彼女を「本物の軍

軍を辞めたいと考えて、自ら正体を明かすことを選んだ女性もいる。誰にも知られることなく任務を遂行し、任務終了後に初めて正体を現した女性だっている。

こうして見ていくと、男性として戦い通した女性がいたことに改めて驚きを覚える。

4か国から受勲したセルビアのミルンカ・サヴィッチ

第一次バルカン戦争時、ミルンカ・サヴィッチ（1892〜1973）は、弟の出征を機に男装してセルビア軍に入隊した。サヴィッチがそうした理由ははっきりとはわかっていないが、弟の後を追って、あるいは身代わりとなったなどとも言われている（まるでムーランの再来ではないか！）。そんなサヴィッチは、1913年の第二次バルカン戦争のブレガルニツァ川の戦いで勇敢な戦いぶりが認められ、伍長に昇格する。

他の多くの男装兵と同じく、彼女の秘密もまた負傷がきっかけで明らかになる——第二次バルカン戦争の最中、彼女にとって10回目の戦闘突撃で、ブルガリアの手榴弾に当たってしまったのだ。指揮官は、サヴィッチの兵士としての活躍に罰則を与えることはなかったが、それでも女性兵が軍にいることは望まなかった。指揮官は彼女を呼び出すと、看護隊に転属してはどうかと提案する。これにサヴィッチは、銃を持つことも、国のために戦うこともない看護婦になれるはずがないと言った。指揮官は少し考えて、翌日までに答えを出すと返すと、サヴィッチはその場で待ち続けると答え、その言葉通りにそこから動こうとしなかった。1時間経ってもサヴィッチがそのままでいることに気づいた指揮官は、彼女を軍曹に昇格させると、所属部隊に戻したのだった。

人らしい軍人」と評している。フレデリクスバーグで勇敢に軍を率いたとして、さらに軍曹にも昇格したが、すでに妊娠後期であったため、直後に出産している。多くの兵士が衝撃を受け、家族に宛てた手紙にもこの出来事を書いている。残念ながら、彼女の本名や兵士として使っていた名前を家族に報告した者はいなかった（ディアン・ブラントン&ローレン・M・クック『They Fried Like Demons』を参照）。

#43
サンプソンについて知られていることの多くは、出版者であり、新聞編集者でもあったハーマン・マンが1797年に書いた『The Female Review, or Memoirs of an American Young Lady』というロマンチックな伝記に由来する。少なくとも今のところは、彼女が自分で傷を手当てした話を含め、専門家たちはマンが書いた出来事の裏付けが取れていない。マンが書いたストーリーが真実でなかったとしても、同じ境遇にあった他の女性たちの体験とは一致してい

その後、第一次世界大戦が勃発したときにも、サヴィッチはセルビア軍に所属していた[#47]。この大戦で、彼女はセルビアで授与される最高位の勲章であるカラジョルジェ星勲章を2つ——1つは、彼女一人で20人のドイツ兵を捕らえたこと。もう1つは、23人のブルガリア人を捕らえたことに対して——を受勲している。

戦線が拡大するにつれ、フランスが、武装も人員も不十分なセルビア軍の指揮を任されるようになる。そこでもいつものごとく、女性を軍隊に留まることを許すべきかどうかといった議論が持ち上がるのだが、それを横目にサヴィッチはセルビアのためだけでなく、フランスのためにも英雄的な活躍を見せる。その結果、彼女はフランスからレジオンドヌール勲章を2つとクロワ・ド・ゲール勲章を受章したほか、ロシアから聖ゲオルギー十字勲章、イギリスから聖ミカエル勲章、セルビアからミロス・オブリック・メダルなどを授与されている。

第一次世界大戦が終戦すると、さらに7年間かけて3つの戦争にも参加したサヴィッチは、フランスで軍人年金を受け取って暮らすことを拒否し、セルビアに戻って一市民として生活を送った。

第二次世界大戦時には、サヴィッチは40歳を過ぎていたが、小さな病院を開き、負傷者を治療するという新たな方法で国に貢献している。だが侵攻してきたドイツ軍に捕まり、強制収容所に入れられてしまう。なぜサヴィッチが捕まったかは定かではないが、レジスタンスの負傷者を看護したからだという根拠のある説もあれば、ドイツ軍の高級将校の夕食会に出席することを拒否したためという疑わしい説もある。理由がどうあれ、サヴィッチが戦争の英雄であることに気づいたドイツ軍の将校が釈放を認め、一命をとりとめたの

る。

#44 ディアンヌ・ブラントン、ローレン・M・クック『They Fought Like Demons: Women Soldiers in the Civil War』2002、p11。

#45 ジョン・A・リン『Women, Armies, and Warfare in Early Modern Europe』より引用。これまでにも同様の言葉が幾度も登場してきた。彼らにとって、男性と同じほど勇敢で／賢く／有能だという表現は、女性に対する最高の誉め言葉なのだ。逆に「彼は女のように振る舞った」という表現は、男性にとっては最悪の侮辱ということにもなる。紀元前5世紀には、クセルクセスも「わが軍の男はみな女となり、女が男になった」と言っていた。二千年以上経っても同じことが言われ続けているだなんて、ちょっとうんざりしてしまう。

だった。

1973年10月5日に死亡したサヴィッチは、軍葬の礼で葬られた。ベオグラードの通りにも彼女の名前が付けられている——現代において、半ば忘れ去られた女戦士に与えられる栄誉の一つの形である。

「男性」として生きた後に…

女性兵の存在が発覚したときに軍がどう対応するかは、状況や担当官の判断によって大きく異なる。他の犯罪に手を染めて女性であることがバレた場合や、レズビアンの関係を持っていたとされた場合は、最も厳しい扱いを受けている。ファン・アントウェルペンは、男性兵として入隊したためではなく、他の女性と結婚したために2度も流刑に処されている。また娼婦やスパイとして、軍に潜り込んだ疑いで捕まった女性もいた #48。

女戦士の御多分に洩《も》れず、男性に扮して戦った女性兵たちについての情報はあまり残っていない。女性であると気づかれたときに史料にほんの一瞬登場するだけで、そのあとは消えてしまうことも多い。ある南軍将校などは、自分の指揮下で女性が発見されたときに、彼女の本名だけでなく、兵士としての偽名も尋ねることなく、野営地から追い出すよう命じている #49。

サヴィッチのように、軍を去ることを要求された女性もいる（フランク・デミング一等兵は、先天性障害を理由にオハイオ軍第17歩兵師団から除隊させられた。兵員名簿には「女性」と記されている #50）。だが兵士として軍を去りながらも、野営地に留まった

#46 バーン・L・ブーロー、ボニー・ブーロー『Cross Dressing, Sex, and Gender』1993、p160。

#47 サヴィッチ以外にも、第一次世界大戦のセルビア軍に従軍していた女性はいた。イギリス人牧師の娘であるフローラ・サンデス（1876～1956）は、赤十字の看護部隊の一員としてセルビアに入国する。1915年、二等兵としてセルビア軍に入隊。戦闘で2度負傷しながらも、オーストリアとブルガリアに対する最後の攻撃に参加し、1921年に軍務を解かれている。サヴィッチとは異なり、サンデスは自分が女性であることを隠そうとせず、喜んで男性の軍服を身につけていたという。

#48 愛や愛国心での入隊に対して、これらは「負の動機」と言えるだろう。

女性もいた。彼女たちは、カヴァナーのように野営地の片隅で伝統的な女性の任務——使用人頭、洗濯婦、看護婦、そして時にはスパイ[#51]——を受け入れた。好機を逃さずに、別の連隊に再入隊する女性もいた。

そして終戦後には、少数ながら、高い地位にいる友人などの援助を受けて、軍人恩給を受けた者もいる。老齢のカヴァナーは、1682年にチャールズ二世によって設立された軍人年金受給者専用のチェルシー王立病院に入院し、軍人として埋葬された。オレンジ公ウィリアム（後のイギリス公ウィリアム二世）が仏蘭戦争（1672〜1678）での勇猛さを称えてエリザベス・ソンメルエルに年金を与えれば、ルイ十四世は女性であることが発覚したジェヌヴィエーヴ・プレモワ（1660〜1706）に年金と聖ルイ勲章の爵位を授与している[#52]。アメリカ独立戦争では、少なくとも4人の女性がその功績によって年金を支給されている——デボラ・サンプソン、アンナ・マリア・レイン（1810年没）[#53]、「モリー・ピッチャー」と呼ばれたマーガレット・コービン、メリー・ルートウィッグ・ヘイズ・マコーリーである。だが政府は、南北戦争の女性の退役軍人にはあまり寛大でなかった。エドモンズは、8年の歳月とミシガン軍第2歩兵師団の仲間たちの支援、そして面倒な手続きを経て、1884年にようやく年金を受け取ることができている[#54]。キャセイ・ウィリアムスはそんな支援が得られなかったために、年金申請は却下されたのだ。

「女性兵」に対する世間の関心を、自己の利益につなげた女性もいた。その最も一般的な方法が、自らの回顧録を書くことであった（ゴーストライターを使う者もいた）が、それ以上の活動をする女性もいた。ハンナ・スネル（1723〜1792）[#55]とデボラ・

[#49] [#44]前掲書p113。

[#50] [#44]前掲書p107。

[#51] それまで男のふりに成功していたのだから、また同じことができるはずだと考えられてのことだろう。

[#52] 1676年、16歳で家を出たプレモワは、シュヴァリエ・バルタザールという偽名でコンデ公の連隊に男に扮して入隊する。「彼」は出世の階段を上っていくが、1691年のモンス包囲戦で胸に傷を負ったために、女性であることがバレてしまう。ルイは彼女に年金を与えると、その後はスカートを着用するよう命じながらも、同時に上半身は男性兵士の衣服や装身具を着用することを許したのだった。1704年、プレモアは自伝『History of a Dragoon（ド

サンプソンは、体験談を舞台化している。彼女たちは軍服姿で舞台に上ると、当時のヨーロッパの軍隊に導入されたばかりの武器術を実演してみせた。ちなみに2人とも、戦争従軍のための年金を申請・受給しており、生前にはロマンチックな伝記が書かれて人気を博しもした。スネルは、その伝記で稼いだ資金でロンドン東部のワッピングに「仮装の寡婦（The Widow in Masquerade）」あるいは「女戦士（The Female Warrior）」と名づけた宿屋を開いている。ちなみに彼女は、周囲から女性として認識されながらも、男性のような格好をしていたことでも知られている。

兵士として味わった自由を失いたくないという思いがあったのか、スネルやドゥーロワのように退役後も男装を続ける者は少なくなく、さらには死ぬまで「男性」として生きた者もいた。カタリナ・デ・エラウソは余生をメキシコで過ごし、アントニオ・デ・エラウソという名でラバ使いとして働いた。ベイブ・ビーンは、米西戦争の終わりにジャック・グラントとしてサンフランシスコに住み着くと、それから30年間にわたって「ジャックおじさん」として、貧しかったり、家がなかったりした人々を支援した。周囲が「ジャックおじさん」が「女性」であったことを知ったのは、その死後であった。ビーンは、「世間が少年にこそふさわしいとする自由」を楽しむ方法を見つけていたのだ#56。

第一次世界大戦は、男装兵が活躍できた最後の場所でもあった。

そのあたりから、身体検査のシステムが拡充されたため、女性が男性として入隊することが難しくなっていく。徴兵制に新たな身体検査が組み込まれたことで、ロンドンで男性として暮らしていたある女性も被害を受けていた。戦場で外科医が女性兵たちを摘発した

ラグーンの歴史）』を出版。ベストセラーとなる。

#53 レーンは夫と同じ部隊に入隊し、ジャーマンタウンの戦いなどに携わって怪我を負った。1808年、彼女は「革命戦争において、兵士の衣装と勇敢さでもって並外れた軍務をこなし、ジャーマンタウンの戦いで重傷を負った」として年金を支給されている（サンドラ・ジョイア・トレッドウェイ著『Anna Maria Lane: An Uncommon Common Soldier of the American Revolution』より引用）。

#54 彼女は仲間うちで人気者であったようだ。1897年には、北軍陸海軍軍人会の唯一の女性会員となっている。

#55 夫に捨てられたスネルは、1745年に「ジェームズ・グレイ」として入隊する。フット第6歩兵連隊の一員となるが、脱走してイギリス海

ように、その人物が女性であったと知られてしまったのだ。ロンドンで印刷工として働いていたアルバート・F・アルバート（明らかに偽名だ）のもとに召集令状が届いた。雇い主は、アルバートは熟練した職人であり、大切な働き手だとして召集の延期を求めた。要求は却下され、アルバートは身体検査に出頭するよう命じられる。１９１６年8月、アルバートは心臓に病を抱えていることを証明する国民健康保険局の書類を持って検査に臨んだ。それまで、小柄で、肌も滑らかで、声が小さいと言われていた彼は、その診断で女性であることが判明する。なぜアルバートを女性だと疑わなかったのかと問われた採用担当の軍曹は、「疑う理由がなかった」と答えている。徴集された若い男性の多くは「女性らしい声を持っていた」とのことだが、「診断では大勢の男性に対応しなければならないため、それぞれの特徴に関心を払うことなどなかった」という#57。

男装しての入隊が難しくなったのと同時に、戦場での深刻な人手不足を補うために、女性も正式に戦争に駆り出されるようになっていく。だが、戦おうとする者はごくわずかであった。彼女たちは、救急車の運転手、農婦、電話交換手、軍需補助員、各種奉仕団の団員、そしてボルシェビキ・ロシアの女性だけの部隊の兵士として軍に貢献することを選んだ。それまで男性ばかりの軍隊に男装して入隊した女性兵を上回るほどの人数であったが、彼女たちには、もはや付け髭も、立ちションをするための道具も、唾を吐く仕草も無用であった。

兵隊に再入隊している。海兵隊員としてインドでフランス軍と戦い、１７４８年のポンディシェリー包囲戦で鼠蹊部《そけいぶ》を狙撃される。女性だとバレることを恐れた彼女は、外科を専門とする男性船医ではなく、地元の女性を雇って傷の手当てをさせた。そしてイギリスに戻ると、仲間の海兵隊員に自分の正体を明かしたのだった。

#56 #12 前掲書 p１８９。

#57 #46 前掲書 p１６２。

CHAPTER EIGHT

男装のいらない世界で

NO DISGUISE NEEDED

１９１７年3月17日、アメリカのジョセファス・ダニエル海軍長官は、当時としては大胆で、かつ議論を呼ぶ決断を下した。女性を、ヨーマン（事務下士官）として海軍に入隊させることにしたのである[#1]。これにより18歳から35歳までの何百人もの女性が、「婦人ヨーマン」に志願した。同年4月6日、アメリカが第一次世界大戦に参戦した頃には２０００人ほどだった婦人ヨーマンは、翌年には1万１０００人にまで達していた。

だが海軍側には、彼女たちを「女戦士」に仕立てるつもりはなかった。それら婦人部隊員に事務的な仕事を引き受けさせることで、「男性を自由に戦わせよう」と考えていたのである。当初は「ヨーメネット（Yeomenette）」[#2]とも呼ばれていた婦人部隊員は、ほとんどが事務職に就いていたが、戦争が進むにつれて通信士、出荷管理官、電信技師、配給係、指紋鑑定の専門家、迷彩柄のデザイナーなどとしても働くようになる。戦前は電話交換手であったフローレンス・ウェットセルも、電話交換機の修理経験があったためか、電気技師として入隊するとワシントン州ブレマートンの海軍基地で潜水艦活動のチャート作成に従事していた。

ほどなくして、若い女性の制服姿がいい宣伝材料になることに気づいた海軍は、婦人ヨーマンに行進や基本的な軍事訓練を施すと、戦時債権運動や部隊の見送りといった公式行

#1 この１９１６年度海軍法の規定では、海軍に入隊できるのは「アメリカ国民の男性」に限定されなかったのだが、多くの国民がこれに衝撃を受け、「見落とし」だと感じた。同様の例は他にも存在する。１７９２年のフランス議会では、女性が革命軍に入隊しようとしたことで、同様の抜け穴が判明した。だが米国議会がその抜け穴を放置したのとは異なり、フランス議会は翌年4月30日に「不必要な女性」を軍隊から明確に除外する法律を成立させる。洗濯など伝統的な女性の仕事に従事する女性は軍に残ることが許された一方で、それまでに兵士として入隊していた女性たちは解雇された（とはいえ、全員

事でパレードを披露させるようになる。そんな婦人ヨーマンは、海上での勤務は許されていなかったが、同階級の水兵や海兵と等しい賃金が与えられ、制服手当、医療、戦争危険保険なども給付されていた #3 。

このダニエル海軍長官こそ、世界で最も早く近代軍制に女性を招き入れた人物だとされることがあるが、実際にはイギリスとロシアの方が早かった。イギリスは、1916年にメアリー女王を首長とする女性陸軍補助部隊（WAAC）を結成し、「武器を扱う男の、そのさらに後方にいる女」として女性たちを採用している。女性下士官の指揮のもとで「女性版トミー［訳注：イギリスでは無名の男性兵を「トミー」と呼ぶ］」たちは前線に赴き、救急車を運転し、印刷機を動かし、墓を掘ったりもした。一方のボリシェヴィキ・ロシアは1917年の二月革命から十月革命の間に、およそ4000人のロシア人女性を戦闘に参加させている #4 。

もはや20世紀初めには、女性が軍に入隊することはさほど真新しい現象ではなかったのだ。

では、女戦士はいつから存在していたのか？　武器とともに埋葬されたスキタイの若い女性の遺体が発見されたことは前述したが、じつは彼女が生きた時代の700年前の古代中国には、すでに女戦士が存在していた。殷《いん》朝（前1600〜前1046頃）#5 を守るために戦った婦好《ふこう》（前1200年頃）である——彼女こそ、さまざまな女戦士を研究してきた私が知るなかでも「最古の女戦士」と言える存在だ。殷朝第22代皇帝・武丁《ぶてい》の3人の正妃の一人でありながら、武将として兵を率いた人物である。

が軍を去ったわけではなかったが）。

#2
名詞に女性接尾辞（-ess）や指小辞（-let）をつけると、文法的にその名詞が女性らしくなるだけではない。［訳注：英語では、役職名の末尾に「-ess」をつけると女性を表す言葉になる。stewardess／スチュワーデスやprincess／プリンセスなど］。基本名詞が「男性形」であると仮定することで、女性の功績を矮小化する働きを持ってもいるのである。例えば「poetess（女性の詩人）」よりも「poet（詩人）」の方が、「真の詩人」といった雰囲気がするものだ。ダニエル海軍長官もこの女性用のニックネームに異を唱えており、問題を次のように総括している。「私は、女性ならではの呼び方を好ましく思っていない。女性がその仕事をしたのなら、その職業名で呼ばれるべきだからだ」。正式名は「ヨーマン（F）」［訳注：FはFemale（女性）を表す］とされ、女性も同じ階級の男性と同等であることが明確にされた。これは画期的な概念で

その何世紀も後に書かれた史料に武丁は登場しても、婦好のことは一切触れられていない。だが中国最古の卜辞《ぼくじ》と呼ばれる甲骨文字資料では、250か所以上にわたって彼女に言及されている。まさに婦好にとっての一次資料である #6 。

そこでは、彼女にまつわるさまざまなことが明かされている。王妃でありながら、指揮官として軍を率いて戦い、土地を治め、祭祀など宗教的な儀式を執り行なった。他にも、皇帝の代理として婦好や他の将軍を特定の戦地に送るべきか、あるいは皇帝自身が指揮を執るべきかを問いかけた甲骨や、彼女が1万3000人の兵を率いて遠征したとする資料――とはいえ、殷の軍隊が大抵3000～5000人の兵力であったことから、この解釈に異を唱える専門家もいる――も発見されており、彼女の死後に捧げられた供物《くもつ》などもわかっている。

1976年、考古学者である鄭鎮祥（郑振香）#7 率いる調査チームが、現在の河南省安陽――多数の甲骨資料が発見された地域でもある――の殷王朝の遺跡で婦好の墓を発見したことで、彼女の存在が裏付けられた。盗掘被害を免れたその墓からは、それまでに発掘されたどの殷王族よりも多くの副葬品が見つかった。墓具・武器の豊富さから、当初は男性の墓だと考えられてもいたが、「婦好」と刻まれた青銅器が70点も副葬されていたことが決め手となった。来世で役立つようにと、百以上の武器、青銅、ヒスイ、骨、オパールおよび象牙《ぞうげ》で作られた大量の装飾品も一緒に埋葬され（青銅器だけで1・6トンもあった）、臣下16人も殉葬《じゅんそう》されていた。

卜辞とは、その当時にあった物語を後世に伝えるために作られたものではないが、学者たちはそこから婦好が生きた証を拾い集め、つなぎ合わせるようにして彼女のことを

あるが、私たちが暮らす社会は、現代になってもこの概念を素直に取り入れることができないでいる（レティ・ギャビン『American Women in World War I: They Also Served』を参照）。

#3
アメリカ陸軍は、フランスで電話交換手として「入隊」させた若い女性たちをうまく扱えていなかった。ジョン・パーシング将軍は、流暢なフランス語を話す軍服を着た女性電話交換手100人を、陸軍省に要請した。兵士たちから「ハローガール」と呼ばれたこの女性たちのおかげで軍の通信が可能になった。ほとんどが前線後方で任務に就いていたが、何人かはパーシング将軍に付いて回っていた。男性兵同様に、彼女たちも命がけの任務であったにもかかわらず、軍隊の一員とはみなされず、戦中・戦後に兵士に与えられる恩恵も受けられなかった。

#4
第二次世界大戦では、この100倍

探ってきた[#8]。これまでの調査研究によって、婦好が自身の部隊を指揮しただけでなく、他の将軍が率いる部隊にも「指揮官」として携わっていたこともわかっている。武丁の最盛期には、ほぼすべての重要な軍事作戦に参加してもいたようだ[#9]。また武丁の治世を通して脅威であり続けた北方の異民族「鬼方《きほう》」の討伐にも出征しており、1年半の間、他の諸将らとともに攻撃を繰り返して鬼方を倒すと、婦好はさらに3つの武装した騎兵[#10]——西北の羌方《きょうほう》、東南と西南の李方、そして武丁とともに東南の巴方——を攻め落としてから、安陽に戻っている。だがその直後に病に倒れ[#11]、間もなく亡くなった。

殷の時代に存在していた女戦士は、婦好だけではない。甲骨文資料には、殷の軍事作戦で活躍した女性の名前が少なくとも100人は登場する。その多くは殷の武将、有力な地方領主、役人の妻[#12]であることがわかっているが、婦好のように墓でも見つからない限り、個々人についてのそれ以上の情報は不明のままだ。とはいえ2001年には、西周初期（前1046〜771）の無名の女性の墓も発見されているので、まったく希望がないというわけでもないだろう。この女性の墓からも、副葬品として大量の武器が出土している。

19世紀後半に婦好について書かれた卜辞[#13]が発見されるまで、彼女はほぼ無名の存在であった。だが彼女が世界から忘れ去られている間にも、中国には続々と「女戦士」が誕生していた。

中国の女性たち[#14]は、戦国時代の秦（前905〜前206）から明（1368〜1644）まで、時代が不安定になれば軍隊を率い、危機が過ぎればまた娘・妻・母といった伝統的な役割に戻ることが求められていた。10代の少女からたくましい老女まで、あ

になる。

#5 史書に記された中国最古の王朝「夏《か》」の後に建立された王朝（実在が確認されているなかでは「殷」が最古の王朝ともされている）。中国では、遠い昔から女戦士が活躍していたのだ。

#6 殷の貴族は、亀の甲羅を使って占う亀卜《きぼく》を通して物事の判断・決断をしていた。天気はいいのか？（人間の興味とは、何千年経ってもさほど変わらないものだ）。狩りはうまくいくか？ 軍事作戦は成功するか？ お産は無事に済むか？ 宗教的な儀式を行なうのに時期として適切か？ あの夢は何を意味しているのか？ など、そんな疑問から、殷の支配階級の生活と関心事がうっすらと見えてくる。

#7 偶然だが、中国初の女性考古学者であった。

らゆる女性が蛮族の侵入から国境を守り、包囲された都市で防衛を果たした。農民の反乱を率いれば、鎮圧にあたりもした（なかには農民の反乱を主導し、自らを皇后と宣言した者までいた #15 ）。時の王朝を守れば、新たな王朝の設立を助けもした。軍隊を組織すれば、継承し、軍や政府の官職に就いたりもした #16。

明の女軍人である秦良玉《しんりょうぎょく》（1574〜1684）は、現在の四川盆地に位置する石柱《せきちゅう》を治めた宣慰使の妻であり、夫とともに従軍した。夫が投獄された後は、彼女がその地を統治するようになり、終いには明朝に忠節を尽くしたとして官位を得てもいる。そのように戦場での英雄的な行為は、後から称号として認められる場合が多い——勝利した側であれば、だが。

私たちが知る物語は、その出来事が登場する資料によって形作られるものだが、女戦士たちの物語は、中国の正史よりも「模範的な女性」の伝記集に収められていることが多い。その一つに、55人の傑出した女性たち（そのほとんどが女戦士だ）の伝記集がある。いわゆる「伝記」というよりも、教訓を含んだ寓話集のようなもので、親孝行な娘や貞淑な寡婦などがカテゴライズされて登場する。そこでは、社会的な規範を逸脱しているような女性たちでも、じつは儒教的な孝と忠誠に根ざした行動を取っていることがわかる。女性たちは中国の高官の娘・妻・母として軍務に就き、夫などと肩を並べて戦ったり、あるいは出兵できない男の親族に代わって戦地に赴いたりする。

もちろん、そこにあてはまらない、過激な女戦士だって存在した。例えば1561年に倭寇から沿岸の砦を守った王・戚継光《せきけいこう》の夫人（1530頃〜1588）は、同時代の資料では「無礼で道理をわきまえず、攻撃的な人物」#17 だと評されていた——つまり、儒教

#8 どの碑文が関連し、どう配置されるべきかについては意見がわかれ、そのため武丁の時代に殷を攻撃した「蛮族」に対する軍事作戦の年表も、研究者によって大きく異なる。ただし、婦好がすべての軍事作戦において重要な役割を果たしたことは共通している。

#9 婦好が就いていた役割は単に象徴的なものであり、墓から発見された武器も実戦で使用されていなかったのではないかといった説も聞かれる。それなら甲骨文字で書かれた資料に登場し、婦好について述べたのとほぼ同じ言葉で書かれた男性の殷の武将たちに対しても同じ主張をしているのかと私は（私だけでなく、古代中国を専門とする軍事史家たちも）問いたい。その歴史人物が男だったら、そんな疑問の声は上がらないだろう。

#10 相手がユーラシア大陸のステップ民

で理想とされる女性ではなかったのだ。このような無作法で攻撃的な女性の話は、模範とされる女性の伝記集には載らず、第三者について書かれた伝記に脇役としてひっそりと登場したりする。

サムライ・ウーマン

中世の日本では、「武士」とは職業ではなく、支配階級であった。武家に生まれた女性は「武士」でもあり、薙刀《なぎなた》を学ぶ者も多く、短刀を携行していた。刀は護身用として使用されていたが、いざとなればそれで頸静脈を切断して自害することもあった。江戸時代の武家の女性は、自身と家族の名誉を守るために必要な、基本的な武術を学ぶように定められており、戦うことはなくても武士道にのっとって生きることが求められていた。男の親族が戦場でしくじれば、彼女たちもその不名誉を分かち合い、ともに追放され、死に至った。

書き残された史料をそのまま信じるなら、武家の女性たちが、戦場で男性に伍して戦うことは稀であったようだ。それでも戦地を駆けた女武者は存在し、なかでも12世紀（平安末期）の巴御前《ともえごぜん》が有名だ[#18]。治承・寿永の乱（１１８０～１１８５）[#19]で源義仲とともに戦った彼女は、粟津《あわづ》の戦い（１１８４）では、落ち延びた義仲に付き従った5騎に残っていたことでも知られている。生まれも死亡もはっきりしないためか、巴御前を架空の人物だと主張する声も多く聞かれる。だがそんな人々も、源義仲が存在したことを疑ったりはしないのだ[#20]。

族であれば、女戦士がいた可能性もある。

#11 もちろん、「過労死」だとされている（根強い既成概念だ）。

#12 権力者とつながりを持つことは、古代に生きる女性にとって、あらゆる権力への近道であった（古代に限った話ではない。夫を亡くした女性が権力への道を歩くようになるのは、現代でもよくある）。

#13 甲骨文字は、１８９９年に王という名の学者が偶然発見したとされている。彼は、薬にするために購入した「竜骨」の破片に、文字のようなものが刻まれていることに気づいて驚いた。

#14 厳密な定義ではない。漢民族でない女性も少なくなかった。

19世紀に発表された木版画。女武者・巴御前が薙刀を振り回している。
"Tomoe Gozen," History/Bridgeman Images.

記録のなかで女武者が登場するのは、戦場ではなく、籠城の場面がほとんどであり、さらにそこでも武家の女性に期待される伝統的な役割——炊き出し、負傷者の看護、鉄砲の装填《そうてん》、弾薬の充填《じゅうてん》、敵の大砲による火の始末、敵軍への投石、討ち取った首の処理など——を担っていることも多い（そう、彼女たちは首の処理まで行なったのだ）。また、西洋社会と同じく、支配階級である武家の女性が、武器を手に防衛を指揮することもあった。「藤の江」（夫は藤原忠衡）も１１８９年に高舘《たかだて》城《じょう》に立て籠もり、侵攻してきた敵軍を迎え撃った。階段に立って薙刀と刀で敵を押し戻し、２人の敵を倒してもいる[#21]。

また当時の武家の女性らしく、包囲されながらも決死の襲撃に出た女

#15 陳碩真（〜６５３）。唐の高宗皇帝に対して1万４０００人の農民を率いて反乱を起こした女性で、２か月ほど皇帝を自称した。

#16 このことは何度も繰り返したい。長い歴史を通して、文化を継続させながら、境界線を引き直してきたのが中国だ。いかなる女性だったかということについては、中国の特定の国家や王朝における役割に属していたと考えるほうがより正確だ。大変に複雑で、混乱してしまうが。

#17 『Biographical Dictionary of Chinese Women: Tang Through Ming, 618-1644』２０１４、ｐ４１３。

#18 巴御前に関する一次資料に、13世紀半ばに成立したとされる『平家物語』がある。源平争乱を描いたこの軍記物語は、古代ギリシアの『イーリアス』と比較されることも多い。

性もいる。鶴姫（夫は上野隆徳）は、１５７７年に33人もの侍女を率いて、敵の武将を討ち取ろうとした。だが敵の大将がその戦いに応じなかったため、鶴姫たちは戦場で名誉の死を遂げることなく、城で自害に及んだ。１５８９年から90年にかけて起こった天草国人一揆では、キリシタンの本拠地である本渡《ほんど》の女性３００人は髪を切り、着物の裾を縛って自由に動けるようにすると、武器とロザリオで武装して敵に戦いを挑んだ。こちらの場合は激しい反撃にあい、全滅は免れたものの生き残った者は2人しかいなかった。敵側は彼女たちについて、次のような「お決まり」の言葉で讃えてもいる。「本渡の武士は男ではなく、婦女子であった。その勇敢さに、戦った男たちも圧倒されたものだった」#22。

19世紀、武士の時代が終焉を迎えようとしていた頃、武家の女性のなかには父・夫とともに戊辰戦争で旧幕府軍として戦う者がいた。会津藩の砲術指南役であった山本権八の三女・新島八重（１８４５〜１９３２）である。八重は、１８６８年に始まった会津戦争では髪を切り、大小2本の刀と愛用のスペンサー銃で奮戦し#23、夜襲に身を投じてもいる。鶴ヶ城南方の一ノ堰の戦いで父・権八が命を落とすと、ついで起こった鶴ヶ城籠城戦では父の役目を継いで八重が鉄砲隊を指揮し、城の入り口に置かれた修理された四斤砲《よんきんほう》で1か月に及ぶ籠城戦を戦い抜いたのだった。

さらに忘れてはならないのが、新政府軍が攻めてきた翌日に、30人ほどの女性が自発的に組織した「娘子《じょうし》軍」だろう。薙刀を中心に戦う手ほどきを受けていた会津の女性たちは、鶴ヶ城籠城戦にて訓練の成果が試されることになる。多くの女性が捕虜を免れるために自刃するか、身内に殺されていた（捕虜になったとしても、慈悲を受けられるとは考えにくかった）が、娘子軍は徹底抗戦する道を選んだ。１８６８年10月10日、中野竹子

#19 「源平合戦」としても知られる。この戦いで平氏は滅亡し、源氏によって最初の武家政権である鎌倉幕府が樹立する——これにより天皇を中心とした政治は、１８６７年の大政奉還まで事実上、終焉することになる。源頼朝と源義仲は従兄弟であり、ライバルでもあった。頼朝が平氏を破り、源氏の覇権を確立したのに対して、義仲は（そして巴御前も）権力闘争に敗れた。

#20 このような「歴史上のダブルスタンダード」の被害者は巴御前だけではない。第6章でも取り上げたように、女流詩人テレシラが「スパルタの侵攻に対してアルゴスの女性たちを率いて防衛した」という説を否定しながら、同時にスパルタの侵攻を完全に受け入れる専門家も存在するのだ。［編注：当時の信越地方で武家の女性が武芸を身につけた例はあり、のちの南北朝期、室町期には「女騎（にょき）」と呼ばれる女性の騎馬武者がいた］

（1847〜1868）[#24]率いる娘子軍は、薙刀と刀で新政府軍を迎え撃つ。多くの女性が髪を短く切って男装し、義経袴に白鉢巻という格好であったため、当初、新政府軍は男子による白虎隊《びゃっこたい》だと勘違いしたようだが、相手が女性だとわかると「生け捕れ」と叫んで殺到した[#25]。娘子軍の面々は、動揺する敵兵を斬りつけたが、最後には銃弾に倒れた。髪を結い上げ、袴姿であった竹子は「血走った目で敵を睨《にら》みつけ、男らしい勇ましさを発して、薙刀で5、6人を殺した」と記録されている[#26]。だがその戦いで竹子も胸に被弾し、妹に介錯《かいしゃく》を頼んだという。自分の首を切り落とし、新政府軍に戦利品として持ち出されないように埋葬してくれと。

彼女たちもサムライだったのである。

ダホメ王国の「王の妻」たちと女戦士団

17世紀から19世紀にかけて存在した西アフリカのダホメ王国（現在のベナン共和国に位置する）では、訓練を受けた女性兵が、男性兵とともに戦っていた[#27]。18世紀にその女戦士たちと遭遇したヨーロッパ人からは「黒いアマゾン族」と呼ばれ、部族内ではアボシ（王の妻）[#28]あるいはミノス（我らが母）とも呼ばれていた。

このミノスたちは、王以外の男が禁制とされた宮殿に駐屯していた。第二夫人などの他の宮廷住まいの女性とは異なり、未婚のままでいることを強制されていたが、代わりに他の女性たちよりも自由が認められていた。そのため彼女たちは、休みの日になるとエリート兵と同じく威張って歩き、飲み、踊り、騒々しく歌い明かしたという。その歌の多くが

#21 戦いが終わった後、彼女は自分の気持ちを詩にしたという——信じがたいことかもしれないが、ブラック・アグネスや、あの「最も明敏で、悪意に満ちた頑健な老女」と評されたニコラ・デ・ラ・ハイも同じことをしている。［編注：前ページに登場する新島八重も、鶴ヶ城の開城前夜、三の丸の白壁に月明りを頼りにかんざしで落城の歌を刻んだと伝わる——明日の夜は 何国の誰かながむらむ なれし御城に残す月かげ］

#22 スティーヴン・ターンブル『Quoted in Stephen Turnbull, Samurai Women, 1184-1877』2010、p45。

#23 必ずしも「武士＝近代的な武器を拒否していた」という訳ではないのだ。

#24 会津藩の江戸詰勘定役の娘に生まれた竹子は、のちに同藩士・赤岡忠良

ヨーロッパ人によって描かれたダホメ族の戦士。マスケット銃と「トロフィー」が強調されている。
“Dahomey,” History/Bridgeman Images.

「男は残って作物を植え、女は敵を殺しにいく」といった内容であった。ダホメ王国では、「作物を植える」ことは女性の仕事だと見なされていたが、そう歌ったミノスたちは「女性の仕事」を軽んじ、戦場で男性と同等、あるいはそれ以上の働きをすることで、自分たちは「男」になったと強調していた[#29]。

彼女たちの武器は、18世紀から19世紀半ばまで北米やヨーロッパの戦争で使われていた滑腔砲《かっこうほう》、銃口発射式の火打ち銃であった。ミノスに関する初期の資料のほとんどに、彼女たちがマスケット銃を携帯する姿が登場し、いかに銃の腕前が高かったかが述べられている。イギリス人旅行者ジョン・ダンカンは、ミノスによる射撃の実演に招待されたことがあった。その技術の高さに感銘を受けたダンカンは、「その射撃の腕前には心底驚いた。(略)狙いは正確で、人体から遠く外れるように発射した者は一人としていなかった」[#30]と振り返っている。

同時期にヨーロッパからダホメ王国を訪れた人々も、同様の感想を抱いている。

マスケット銃は装填《そうてん》に時間がかかり、命中率も低い。そのためアメリカ独立戦争と同じく、戦闘は接近戦にもつれ込むことが多かった。ダホメの兵士は、男女問わずにマチェーテを携帯していた。フランス人貿易商のエドモン・シャルダンは「彼らはこの武器を非常に巧みに操り、まるで人間の体が竹になってしまったかのように、一太刀でその手足や頭を切り落としてみせた」[#31]と記している。他にも、長さ50センチから1メートルの刃を木の柄に折り畳んだ武器もあった。巨大な直刀のようなダホメ特有のこの武器は、片手では使いこなせない代物であった。ヨーロッパの人々の資料によると、彼女たちがこの刃を使って、敵の体の一部を戦利品として集めているという噂などもあったようだ。

の養子となる。赤岡は子どもたちに剣道や習字を教えており、竹子も子どもたちを集めて読み書きや薙刀指導を行なっていた。

#25 武士道精神に基づく理由ではないだろう。

#26 今さら指摘する必要もないだろうが、この記録の作者は彼女を男と比較することで、最高の賛辞を送っているのだ（ダイアナ・E・ライト『Female Combatants and Japan's Meiji Restoration: The Case of Aizu』を参照）。

#27 ダホメの女戦士に関する主な資料として、ヨーロッパの軍人、探検家、宣教師、植民地当局者、奴隷商人、商人などによって書かれたものがある。また1970年代に人類学者アメリー・デグベロがベナンで記録した口伝資料も存在する。

ミノスたちは、男性兵と同じ部隊ではなく、女性が指揮をとる個別の部隊でも戦った。袖なしのチュニックにショートパンツという軍服を着ると、戦場では男女の区別も含めて、個々の戦士の見分けはつかなかったという。1851年にダホメ王国がヨルバ王国の首都を攻撃したときのことだ。ミノスに追われて退却していた街の防衛軍が、1人の女戦士を捕らえた。ヨルバでは、戦いで最初に捕らえた捕虜を去勢するのが伝統であったため、その戦士は身ぐるみ剥がされた。そこで女性であったことが判明すると、ヨルバの兵士たちは、自分たちが女相手に戦ってきたことに激怒した。戦いの流れが変わったとも言われているほどの怒りようだったという#32。その女戦士がどのような報復を受けたかは語られていないが、見るに堪えない仕打ちを受けたことは想像に難くない。

ではなぜ、ダホメ王国には大規模な女戦士の軍団が存在していたのか？　一説によると、ウェグバジャ王（在位1645頃～1680頃）のために象を狩っていた女性たちの集団が起源だと言われている。この女性集団はゲトと呼ばれ、王に象牙や肉を供給する役割を担っていたと考えられている#33。「象を狩る女性」から「敵と戦う女性」に進化することは、論理的にも十分あり得そうだが、それが真実であると証明できるような直接的な関連性は見つかっていない。この2つを結びつける出来事があるとすれば、ゲゾ王（在位1818～1858）が女性象使いの勇気を「彼女たちには人狩りの方がもっと似合うだろう」と言って讃えたというお伽話じみた逸話が残っているくらいだ#34。

ダホメの女戦士の目撃談が初めて世に上がったのは、1734年のことであった。その7年前の1727年、ダホメは近隣の裕福な沿岸貿易国であるウィダー王国（現在のベナン共和国アトランティック県に位置する）を征服する。しかし1729年にはウィダ

#28 西洋的な意味の「女王」ではない。

#29 女戦士自身が、女性を男性になぞらえて讃えたり、逆に、男性を女性になぞらえて卑下したりすることは珍しくなかった。女戦士も、男性たちが生きていた同じ文化の産物なのである。

#30 スタンリー・B・アルパーン『Amazons of Black Sparta: The Women Warriors of Dahomey』2011、p96。

#31 #30 前掲書p65。

#32 この時点で、ヨルバとダホメの戦いは40年以上にも及んでいた。女戦士のことが知られていなかったとは考えにくい。

ー王国の支配者が、地元の英国総領事館長[#35]の後押しを受け、大軍を率いて国の支配権を取り戻した。その頃、ダホメのアガジャ王（在位１７１８〜１７４０）は、現在のナイジェリア中央部にあるヨルバ人のオヨ王国からの侵攻を食い止めたばかりであった。ダホメ軍はヨルバ軍との戦いで大きな損害を被《こうむ》り、兵士も不足していたが、アガジャ王はウィダー奪還の決意を固めていた。イギリスの奴隷商人ウィリアム・スネルグレイヴ（？〜１７４３）によると、アガジャ王は「多数の女性に兵士のように武装するよう命じ、各隊に黒人の流儀に従って色を割り振り、それぞれの太鼓、傘（階級のシンボル）を持つ将校を任命」していたという。「そして行軍するときは、女性兵は性別がバレないように後方に配置された」[#36]そうだ。スネルグレイヴは彼女たちが戦ったかどうかは明かしていない。だが時代も場所も異なる、１５２１年のテノチティトランの戦い[#37]の模様を見ると、ダホメの女性兵も戦ったと考えるのが自然であるように感じられる。というのも、トラテロルコの年代記によると、アステカ人とスペイン軍の間で起こったテノチティトランの戦いの末期には両軍が疫病に苦しみ、またアステカ側はスペイン軍の銃撃によって壊滅状態に陥っていた。そこでアステカの皇帝クアウテモックは街の女性たちに、髪を切り、男性に変装してスペイン軍と戦うように命じたという。ダホメの経験豊富な象使いの女性たちなら、それくらいのことは容易にしたのではないだろうか？

18世紀、ダホメの女性兵は８００人から９００人ほど存在していたとされているが、１８１８年にゲゾ王が兄から政権を奪取してからの2年間で急増する。１８４０年代には、ヨーロッパからの訪問者が、その数を３０００〜８０００人と見積っている[#38]。

そんなダホメの女戦士も、19世紀末のフランス人の到来とともに終わりを迎える。

#33 19世紀後半、ダホメにはまだ女性の象使いが存在していた。

#34 #30 前掲書 p21。

#35 18世紀のアフリカにいたヨーロッパ人は、つねに下心を持っていた。

#36 #30 前掲書 p29〜30。

#37 アステカ族とスペイン人の最後の戦い。

#38 リチャード・バートン――19世紀の

1890年に第1次フランス＝ダホメ戦争が勃発。2か月の間に2つの大きな戦いが起こり、女戦士たちはそのどちらにも出征している。そのうちの1つであるコトヌーの戦いは、3月4日の未明に始まった。フランス軍側は359人の男性兵という小規模な部隊で、フランス人将校に訓練され、率いられたセネガル人とガボン人のティライユール（軽歩兵）で構成されていた。彼らは八連発銃とブドウ弾を発射する4つの野戦砲で武装していた。一方のダホメ側はマスケット銃を装備した数千もの兵がおり、当日朝5時頃に女戦士に率いられて防御壁に囲まれた交易所に攻め込み、4時間戦闘した。ダホメ軍は人力で優位に立ったものの、フランスの優れた火力の前にはひとたまりもなかった。とくに太陽が出てから始まった、沖合の砲艦からの攻撃には苦戦した。4月20日に起こったアチュパの戦いも同様であった。ダホメ軍が突進するも、マスケット銃の射程距離が相手を捉える前にフランス軍のライフル銃と大砲の砲撃に遭うなど、圧倒的に不利な戦闘を強いられた。なかにはフランス兵に接近し、マチェーテなどで戦った者もいたが、銃剣で突かれ、倒されたのだった#39。

アチュパの戦いの後に和平交渉がもたれ、ダホメは、フランスがポルトノボとコトヌーを支配下に収めることを認める条約を結んだ。だが双方とも、これもひと時の和平にすぎず、すぐに戦争が再開されることはわかっていた。

ダホメの最後の王ベハンジン（在位1890〜1894）は、近代兵器がなければフランス相手に勝ち目はないと認識していた。そこでこの休戦期間を利用して、西アフリカの港町でヨーロッパの商人から購入した速射式ブリーチ装填のライフル銃を蓄えた。1892年の第2次フランス＝ダホメ戦争が開戦するまでに、ダホメ軍は4000から

探検家、人類学者。20世紀に同姓同名の俳優が存在したが、そちらと混乱しないように——は、1863年に英国領事としてダホメに駐在していた。彼は、このダホメの女戦士の数は誤りだと考えていたようだ。前任の領事たちは「女性たちが1つの門から行進し、また別の門から入ってきた」ことから、重複して数えたのではないかと主張している。（リチャード・F・バートン『1864 A Mission to Gelele, King of Dahome』を参照）。この20年後に彼女たちと戦うことになるフランス軍をはじめとするヨーロッパの観察者たちとは異なり、バートンは女戦士たちの軍事技術についても否定的であった。バートンは友人のホートン卿リチャード・モンクトン・ミルズに宛てて、「羊の群れのように上手く立ち回る彼女たちは、ヨーロッパで最も強力な軍隊の突撃に耐えるにはあまりに軽い。（略）ほうきの柄で武装したイギリス人女性たちでさえも、ほんの数時間で一掃できてしまえそうなほどだ」（エドワード・ライス『CaptainSir Richard Francis Burton:

6000丁ものライフル銃を保有するようになっていた。アメリカのウィンチェスター、オーストリアのマンリッシャー、1870年の普仏戦争でドイツ軍が獲得し、アフリカに輸送した元フランス軍のものなど、さまざまな国の近代ライフル銃が集められていた。ヨーロッパからやって来た人々は、ダホメ軍の女性兵たちが新型武器を扱う姿を見ては、マスケット銃の扱いを見たときと同じように褒めたてた。あるフランス人中尉は、彼女たちとの銃撃戦後に「誰が彼らに軍事戦術、武器の扱い、射撃を教えたのかはわからないが、その戦いぶりから、その人物が確かな技術を授けたことは確かであった」#40と述べている。

フランス側もまた、先の戦争では準備が不十分だったと考え、今度こそダホメを征服すべく兵力を増強する。その結果、フランス外国人部隊、フランス海兵隊、工兵隊、大砲隊、騎兵隊、さらにセネガル人ティライユールなど、兵力2200人にまで膨れ上がった（その半数がアフリカの先住民であった）。

双方が臨戦態勢に入るなか、ダホメ軍とフランスの砲艦の間で起こったいざこざが、第2次フランス＝ダホメ戦争の口火を切った。9月19日朝、推定4000から5000人のダホメ軍がドグバにあるフランス軍キャンプを攻撃——そこから7週間続く戦争［訳注：公式に終結したのは、1984年1月のこと］でダホメ軍は壊滅するのだが、その初戦であった。フランス側の証言によると、女戦士は一流の戦い手であり、どの戦闘でも目立った戦績をあげていたという。

ダホメ軍の敗北が決定的になったのが、10月6日のアドゴンの戦いであった。ダホメ軍は、434人いた女戦士が、最後には17人になってしまったほどの壊滅的な被害を受ける。

The Secret Agent Who Made the Pilgrimage to Mecca, Discoveredthe Kama Sutra and Brought the Arabian Nights to the West』より引用）。残念ながら、バートンの場合、真実と冗談を選別するのは難しい。

#39 フランス側の記録では、ダホメの兵士はそれまで銃剣に直面したことがなく、戦い方がわからなかったために敗北したとされている——だが彼らは別種の長く鋭い武器に慣れていたはず。奇妙な分析だ。

#40 #30 前掲書p97。

これにはベハンジン王も、このままでは単なる敗北には留まらないのではないかと危機感を抱いた。

そして11月3日、ベハンジンは最後の戦いを仕掛けるように指示を出す。フランス軍の陣地に対して4時間にも及ぶ大規模な攻撃が行なわれたが、結局その日が終わる前にダホメ軍は撤退することになった。兵士のなかには少女を隊列に加えようとする者もいたが、すでに戦いは終わっていた。ダホメがフランスに和平を求めたときには、武器を持てるような状態の女戦士は50から60人ほどしか残っていなかったのだった。

20世紀になっても、ダホメの女戦士は生き残っていた。その地を訪れた旅行者からは、元戦士を名乗る老女に出会ったという話も聞かれている。なかでも印象深いのが、歴史家エレーヌ・ダルメディア・トポールの友人の話だ。１９３０年頃、まだ少年だったその友人はコトヌーの街角で１人の老婆を何度か見かけたという。あるとき、子どもたちが大きな音を立てて彼女を驚かせようとした。すると老婆は背筋を伸ばし、架空のライフルを撃つと、架空の敵に飛びかかり、架空の短剣を突き刺した。さらに架空の切断された性器をトロフィーとして掲げて勝利のダンスを踊ったかと思うと、混乱のうちに再び小さく、弱々しい老人に戻っていったのだった。その老婆の様子に怯える少年たちに、ある大人がこう説明した。「彼女は元戦士なんだ。（略）かつてはこの国にも、女性兵が存在した。もうこの国には戦いはないが、彼女の頭のなかでは続いているんだ」[#41]。

[#30] [#41] 前掲書ｐ２１０。

ロシア婦人決死隊「バタリオン」

第一次世界大戦の開戦当時、ロシアの法律では女性が軍隊に入ることは禁止されていた。それでも、女性たちは、ロシア軍とともに戦おうとした。混乱に乗じて健康診断などを回避して男装するという「伝統的」な方法をとる者もいれば、部隊長に直接申し入れて入隊する者もいた。戦線が進んで人手不足が深刻化すると、各司令官も法律を無視するようになる。

女性たちも、司令官を説得しきれず入隊が叶わなければ、さらに上の地位にいる人間に訴えることもあった（ナジェージダ・ドゥーロワの先例を出して、自身の主張を通した女性もいた）。そして１９１５年６月——ロシア参戦から10か月後——膨大な請願が寄せられた陸軍は対応を改めるようになる。それ以後の請願はすべて皇帝に提出され、皇帝から直々に認可を受けることになったのだ。

１９１７年、二月革命が起こったことで事態はさらに変化する。臨時政府によって、すべての民衆が自由で平等であり、市民権に付随する権利と義務を有すると宣言されたのだ。女性たちは、新たに得た地位には、市民として武器を手に国防に参加する権利が含まれていると考え#42、１９１７年の春には、女性だけで構成された軍隊の構想が持ち上がった#43。女性からも兵役につきたいという声が上がり、女性グループが女性だけの軍隊を編成する許可を出すべきだと政府に嘆願書を送った。

その一方で、前線の男性兵たちは終戦を切望していた。２年半もの間、ドイツ軍相手に厳しい戦いを強いられ、死傷者は続出し、食糧や物資の不足にも苦しめられてきていた。

#42 18世紀に男性の普通選挙の概念が生まれてから、市民権・武器を持つ権利・選挙権の関係はもつれたままだ。アメリカをはじめとする国々では、女性には国防を担えないからと、女

前線にいる身からすれば、二月革命など名ばかりの革命に過ぎなかった。戦争の遂行能力に関して言えば、革命で樹立した臨時政府は無能であった。軍の意思決定に民主主義を導入したために、兵士委員会は何か一つの行動を起こすにも果てしのない論争を経なければならず、将校は命令執行すら難儀するほどであった。実際、多くの部隊が将校の解任を決議し、武力で承認させた。そのような状態で兵士の士気は低下し、脱走率は高まっていった。5月になると、前線の部隊でいくつも反乱が起こり、戦争を続けられないような事態にまで発展していた。

そこで、女性だけの部隊を組織するという打開案が提唱された。塹壕《ざんごう》に女性がいれば男性兵の士気が上がったり、あるいは発破をかけて戦意を取り戻させることができるのではないかと考えられたのだ。

1917年5月下旬、大きな懸念を残しながらも、陸軍大臣アレクサンドル・ケレンスキーが婦人部隊の組織を許可する。そこで生まれたのがシベリア出身の、読み書きもろくにできない農婦マリア・ボチカリョーワ（1889〜1920）率いる女性だけの部隊であった#44。このときのマリアは、すでに2年もの間、男性兵のなかで戦ってきていた。

マリアの物語は、男装して従軍した他の女性たちの話と似ている。貧しい農家に生まれた彼女は、8歳ですでに働きに出ていた。15歳のときにアルコール依存症の父親から逃れるために地元の農民アファナシ・ボーチカレフと結婚したが、その夫も残忍な男であった。そこで今度はヤコフ・ブクというチンピラと逃亡し、それから3年間一緒に暮らした。1912年5月にブクが盗品を売買した罪で逮捕されると、マリアは彼を追ってシベリアへ赴くも、酒に溺れたブクから暴力を振るわれるようになる。

性に選挙権を与えることを反対する議員もいた。

#43 第一次世界大戦で戦ったロシア人女性の物語は、異なるタイプの資料から浮かび上がらせることができる。ロシアの公文書館には、1914年から1917年にかけて兵士として戦いたいと願った女性たちからの嘆願書が何十枚も保管されている。また、個人として、あるいは後に公式部隊の一員として従軍した女性たちの体験談や、彼女たちに関する報道も残っている。本、雑誌、新聞には彼女たちの物語が掲載され、国内外の人々の想像力をかき立てた。ロシア国外の記事に関して言えば、アメリカ人ジャーナリストであるベッシー・ビーティーによる『The red heart of Russia』などがとりわけ有名だろう。

#44 マリアについて知られていることの多くが、ロシア移民のジャーナリスト、アイザック・ドン・レヴィンの

1914年に戦争が始まると、マリアはそれを逃亡のチャンスと考えた。幼い頃に住んでいたトムスクに行き、第25トムスク予備隊に入隊を試みる。司令官は、帝国陸軍で女性が兵役に就くことは違法だと説明したが、彼女は頑として聞き入れなかった。そこで司令官は、「皇帝に入隊の許可を求めてはどうか」と冗談半分に助言をする。だが結果的に、その提案はそれほど突飛ではなかった。マリアがその司令官の協力を得て（無理やり協力させた可能性もあるが）、皇帝ニコライ二世に電信を書き送ったところ、皇帝から入隊が許可されたのだ。これには誰もが驚いた（司令官も悔しがったことだろう）。

皇帝の許しを得たマリアは、第25予備軍隊の第4中隊に入隊する。1915年2月、西部戦線に送られると、そこで2年間にわたって優秀な兵士であり続けた。だが3度負傷しており、しまいには砲弾の破片に背骨を貫かれて、半身不随になってしまう。再び歩けるようになると、戦線に復帰し、活躍を続けたために、聖ゲオルギイ十字章をはじめ、数々の武勲を授与された。

婦人部隊を結成すべきだと熱心に提唱していたマリアは、ペトログラード女性軍事組織の協力のもと、部隊結成の承認を受けると、「死の大隊」こと第1次婦人決死隊の募集をすぐに開始する #45 。2000人という予想をはるかに超える入隊希望者が集まったが、すぐに戦争の現実にショックを受けたり、マリアの厳格な指導方針に耐えきれなかったりと、その大半が脱落。戦線に送られる頃には300人にまで縮小されていた #46 。

入隊した女性たちの社会的背景はさまざまであった。約半分は中等教育を受け、4分の1ほどがある程度の高等教育を終えていた。専門職や裕福な家庭の女性たちが、事務員、洋服職人、工場労働者、農民と一緒に訓練を受けた。ある女性は「ロシアのために、女は、

協力を得て書かれた彼女の回顧録に依っている。1919年にニューヨークで出版されたこの回顧録は、ドゥーロワ、エドモンズ、ベラスケスのものと同様に捏造・省略・装飾が見られるため、頭っから信用してはならない。

#45
「部隊全員が死ぬまで戦うと誓っていること」を示すために「決死隊」と名付けられた。こう呼ばれた部隊は、他にも存在した。隊員は帽子に特別なドクロと十字の徽章を、さらに赤と黒のシェブロン（袖章）を身につけていた。

男の傷の手当て以上にすべきことがある」[#47]と語っている。また少なくとも10人は男性だけの部隊で戦った経験を持ち、30人は戦場での勇敢な行為が讃えられて勲章を授与されたことがあった。

『サンフランシスコ・ブレティン』紙でロシア革命とその後の内戦を報じたアメリカ人ジャーナリストのベッシー・ビーティは、婦人隊の兵舎に10日間滞在し、女性兵らと寝起きをともにした。ビーティが入隊理由を尋ねると、多くの女性から「国の名誉だけでなく、国の存在自体さえ危ういと感じている。大きな人的犠牲を払う以外に、そのような状態に陥った祖国を救う道はないと信じているためだ」[#48]といった答えが返ってきたという。他にも「退屈な労働や、もっと退屈な何かを待っている時間にうんざりしていた。それに比べればなんだってマシだから」[#49]なんて理由で入隊した者もいた。また18歳以上という条件にもかかわらず、ウラル地方から15歳のコサック人少女も入隊するためにやって来ていた。父、母、2人の兄を戦争で亡くした彼女は「他にどう生きればいいのか?」とビーティに尋ねたという。

6月21日、1か月足らずの厳しい訓練の後、女性だけの「死の大隊」は現代ではおなじみの刈り上げ頭になって、似合わない軍服を身につけると[#50]、大隊旗を奉献するために聖イサク大聖堂まで行進した。沿線では群衆が歓声をあげ、兵士と水兵の一団がマリアを肩に担ぎ上げた。このときの様子を伝えたビーティーは、女性だけで結成された部隊の重要性を次のように強調している。「これは歴史のページを通して剣を帯び、銃を担いだ孤立した女性ではなく、団結し、集団で戦う女性兵の姿である——機関銃中隊、大隊、偵察隊、連隊全体が彼女なのだ」[#51]。

#46 マリアは、女性兵らが兵士委員会を設立することを拒否したため、８００人の兵を失ってもいる。

#47 ローリー・S・ストッフ『They Fought for the Motherland: Russia's Women Soldiers in World War I and the Revolution』２００６、p34。

#48 ベッシー・ビーティ『The Red Heart of Russia』１９１８、p１０１。

#49 同前。

#50 当時のロシア軍には、女性用の軍服を生産できるだけの資金がなかったため、女性たちは、男性用にデザインされた標準的な軍服を着なければならなかった。特にブーツで困ったようだ。

2日後、マリア率いる女性兵らはロシア西部戦線に向けて出発する。ケレンスキーが部隊を派遣したのは、危険なほど士気が低下していた地帯で、彼女たちが到着する数日前には、兵士が大量に脱走したために1つの連隊が解散されたほどの場所であった。じつは彼女たちは、戦線に女性がいることで男性兵の士気にどのような影響を与えるか試すために配属されたのである。

7月9日、第1次婦人決死隊は、ドイツ陣地に対して攻勢を仕掛ける。部隊にとって、初の戦闘体験であった。だが攻撃命令がおりても何も起こらなかったために、部隊が所属した歩兵師団の3連隊は、兵士委員会を開いて戦うかどうか議論をした。数時間後、彼女たちは力を証明すべく、他の連隊の援護を受けずに前進することを決意。そこに数百人の男性兵も加わって、犠牲者をほぼ出さずに進軍する。やがて師団の半数以上の兵が加わると、ドイツ軍の塹壕の第一線と第二線を占拠したのだった。

そしてロシア連隊はドイツ軍の6回の反撃を食い止めた末に、弾薬がなくなってから退却する。その際に2丁の機関銃を確保し、多くのドイツ兵を捕虜にもしたのだが、そのなかの2人のドイツ人将校が女性に捕まったことを快く思っていなかった。うち一人は恥じて取り乱したために、女性兵らは、男が自殺をしないようにその体を縛らなければならなかった。ダホメ兵が女性であることを知ったヨルバ人の怒りに通じるものがある。

この婦人決死隊の存在がきっかけとなり、ロシア全土に同様の部隊が作られていった。5000人から6000人もの女性が戦闘に志願し、臨時政府はさらに15個の公式部隊を設立した。また草の根の女性グループも少なくとも10個の部隊を組織した。これらの部隊

#48 #51 前掲書p91。

戦場の婦人隊。
"Women's Battalion of Death," Harris and Ewing
Collection, Prints and Photographs Division, LC-USZ62-68359, Library of Congress, Washington, DC.

のうちいくつかは、実戦でも活躍した。

しかし軍当局は、そのような婦人隊を厄介者扱いするようになる。予期に反して、男性兵の士気が上がらなかったのだ。実際に前線では、夏が深まるにつれて男性兵は女性兵に対して敵意を募らせるようになり、9月に入る頃には、軍は女性の入隊を止め、既存の女性部隊の解散すら議論するようになっていた。

そして、十月革命が起こる。ボルシェビキは、ほとんど無血に近いクーデターを起こして、臨時政府から政権を奪取する[#52]。1918年3月3日、ボルシェビキ政府はドイツと単独講和条約を結び、女性部隊を含む軍隊の復員を開始した。女性兵を使っての「壮大な実験」は臨時政府と結びついていたために、ボルシェビキが支配を始めたばかりの混乱期には多くの女性兵が反革命分子の烙印を押され、同胞からの暴力に苦しめられた[#53]。元女性兵たちは、十月革命後の内戦で反ボルシェビキ軍に加わったり、女性を歓迎する赤軍に入隊したりした（ただし、非戦闘員として配属されることがほとんどであった）。

マリアはアメリカに逃れ、ウッドロウ・ウィルソン大統領と面会して、アメリカによるロシアへの介入を懇願した（さらにこのとき、時間をかけて回顧録を「執筆」してもいる）。1919年にシベリアに戻った彼女は、白ロシアのために女性救護隊を組織するが、同年のクリスマスにボルシェビキに捕らえられてしまう。国家の敵として裁かれると、翌5月16日に銃殺された。30歳であった。

第一次世界大戦の最中には、ロシアの女性兵も賞賛されていたが、その後に倒される臨時政府との関係から、ソ連における本大戦とそれに続いて起こった革命の歴史には、彼女たちの名前は目立って登場しない。だがナチス・ドイツという外敵を前にしたときに、そ

#52 血は後に流れた。

#53 民間人に溶け込むために、軍服を捨てるのは簡単だ。だが剃り上げた頭を隠すのは難しかった。

の存在は「前例」として再び大きな意味を持つのだった。

　第二次世界大戦では、かつてないほど多くの女性が公然と入隊する機会を得る。彼女たちは、男装する必要などなかった。各国の人員不足の具合によって、女性の人数や入隊条件、戦闘への参加状況などは異なったが、ほとんどの女性兵がサポート役に徹したことは共通していた。最初は運転手、料理人、タイピストなどが割り当てられていたが、戦争が進むにつれて「女性の仕事」は無線や電話のオペレーター、機械工、エンジニアなど、前線から離れた場所で行なわれる何百もの仕事に広がっていった。

　アメリカは、戦闘国のなかでも最後に参戦した国なので、当然といえば当然だが、女性部隊の導入にも最も保守的であり、かつ女性の民間人が敵軍に脅かされる危険性が最も少ない国であった。陸軍に「所属」するのではなく、陸軍と「ともに」働く女性陸軍補助部隊（ＷＡＡＣ）を設立した最初の法案では、入隊できる女性の数は2万５０００人に制限されていた（その1年後、婦人陸軍部隊＝ＷＡＣの創設により、ＷＡＡＣは補助部隊から現役部隊へと転換された）。数か月後には海軍、沿岸警備隊、海兵隊もその流れに追随したが、陸海軍の看護師やＷＡＡＣの女性とは異なり、米国海軍婦人部隊（ＷＡＶＥＳ）、婦人海岸防衛予備軍（ＳＰＡＲＳ）、女性海兵隊員は、アメリカ国外での勤務が許可されなかった[#54]。その数か月後、議会は入隊できる女性隊員の人数の上限を引き上げた――これこそ、軍のニーズに合わせて法改正を行なった最初の例である。こうして戦争が終わるまでに、約35万人のアメリカ人女性がさまざまな任務で入隊していったのだった。

　イギリスでは、3つの軍隊の女性補助部隊が存在し、第一次世界大戦の終結を機に解散

#54 近代の女性兵の歴史を調べていると、奇抜でひねくれた考え方があふれていることに気づく。

していたが、第二次世界大戦の開戦を前にして復活する。もともと婦人補導隊として組織された女子王立海軍奉仕団（ＷＲＮＳ）、補助領海奉仕団（ＡＴＳ）、女子補助空軍（ＷＡＡＦ）は、１９４１年に国民奉仕法[#55]で軍の地位を与えられた。またこの法律は、女性を戦争労働や軍隊に徴兵することを認めてもいた——女性も徴兵すべきかどうかについての議論において忘れられがちな歴史的事実である[#56]。

イギリスは、理屈ではなく、世論に合わせて「非戦闘員」の定義を引き伸ばした。ＷＡＡＦのメンバーは軍用機の飛行を許可されていなかったにもかかわらず、敵の爆撃機を阻止するために１０００以上の弾幕気球を運用した[#57]。ＷＲＮＳのなかにはノルマンディー上陸作戦を含む、海軍の作戦計画に参加した団員もいた。彼らは戦争の間ずっと、小型の港湾進水装置やタグボートを操作していた。小型の上陸用舟艇《しゅうてい》を率いてイングランドの沿岸を南下し、故障した車両を修理するためにソレント海峡に牽引《けんいん》して戻って来たなんて噂もある[#58]。陸上に戻ったＡＴＳは、野戦軍の戦力不足が深刻化したために、男女統合の対空部隊に配属されると、そこで砲撃以外のすべての任務を行なった——これは世論に譲歩したものだ。こうすることで対空部隊の女性は、同じ場所にいる男性と違って戦闘に参加していないと、政府が主張することを可能にした。

女性兵を最も「劇的に」活用したのが、軍の女性比率が8パーセントであったソビエト連邦だろう。第二次世界大戦では80万人の女性が赤軍に従軍していた。そのほとんどがイギリスやアメリカの女性兵と同じように支援業務にあたっていたが、それでも数十万人以上が狙撃手、機関銃手、戦車乗組員、対空兵[#59]として前線で戦い、３つの連隊では爆撃手、戦闘機パイロット、航海士、飛行機整備士を務めてもいた。また戦時中には、10万

#55 軍の地位を与えられた女性たちは、同等の男性兵の３分の２の給与を得ることができた。

#56 当初の規定では、徴兵対象は19歳から30歳までの独身女性と子どものいない寡婦だったが、戦争が進むにつれて年齢の上限が43歳まで引き上げられ、第一次世界大戦時には50歳にまで上がっていた。イギリスでは３年間で12万５千人の女性が徴兵され、さらに43万人の女性が志願した。

#57 男性パイロットを戦闘に参加させる必要が生じたために設立されたのが、航空輸送補助機関（ＡＴＡ）だ。ＡＴＡは軍の地位を持たないために、結果として女性が軍用機を操縦することができた（奇妙であり、ねじれた考え方だ）。

人から15万人のソ連人女性が勇敢さを讃えられて勲章を受けた。30人以上の戦闘機パイロットと乗組員を含む91人の女性が、ソ連の金の星の英雄を受賞した。そのうちの半数以上が死後にこの栄誉を受けている。

「女性にとって、子どもを産むことこそ、第三帝国に最も貢献できる方法だ」とされていたドイツでさえ、約45万人の女性が女性補助部隊に入隊しており、支援部隊の85％は女性で占められていた。また何千人もの女性が対空部隊に所属していた。彼女たちは、イギリスの女性部隊と同様に、銃撃することは許されておらず、女性補助部隊のメンバーは軍服を着用して軍の規律に従っていても、公式に兵士と呼ばれることは決してはなかった（非公式には、彼女たちは「ドイツ国防軍女子補助員」と呼ばれ、一見して女性兵だとわかる見た目をしていたが）。

第一次世界大戦が終わったとき、戦闘国は女性新兵を解雇し、女性だけの部隊を解散させた。そして第二次世界大戦が終わったときには、今度はそれらの国は、女性たちが飛行機を作り、飛ばすために動員されていた世界を忘れようとした。なかでもソ連は、戦争で女性が果たした役割を完全に消し去ろうとした。ソ連政府は、女性だけのパイロット連隊の隊員たちに「あなた方が担った役務について口外してはならない」と告げたほどであった#60。

１９４７年、アメリカでは女性を正規の軍人として認める法案が可決されそうになったが、ドワイト・D・アイゼンハワー陸軍元帥やチェスター・W・ニミッツ提督がその可決を支持したにもかかわらず、大きな反対運動が起こった。戦時中には「女性は軍務のストレスにさらされるべきではない」と反対していた人々が、戦後になると「女性とは、軍事

#58　女戦士についての物語でもよくあることだが、複雑なノルマンディー上陸作戦にWRNSがどの程度関与したか、追跡することは今やほとんど不可能だ。WRNSの「有人」タイプを含む小型船舶は、航海日誌を保持していなかったのである。

#59　イギリスやドイツと違って、ソ連の対空部隊の女性も銃を撃つことが許可されていた。凄腕の女性狙撃手たちが飛行機を撃墜させたとしても、落ち着かない気持ちになる人はいないだろう（敵のパイロットはそうではないかもしれないが）。実際に、あるドイツ人パイロットが彼女たちの腕前がいかに優れていたかを証言している――「ソ連の女性の狙撃手が狙う領域を通過するくらいなら、トブルク（男性の狙撃手ばかりのイギリスの対空領域）を10回飛ぶほうがましだ」（ディアン・キャンベル『Women in Combat: The World War II Experience in the United States, Great Britain, Germany,

的な緊急事態のプレッシャーがかかるなかで、男性が戦闘に専念できるように支援を担うべきであり、そうでなければ無用の存在だ」と主張したのである。結局、翌１９４８年6月12日、ハリー・S・トルーマン大統領が女性軍務統合法に署名し、法律として成立したことで、女性は正規の軍人として認められた。だが反対派の強固な主張によって、重大な制限が加えられてもいる。最終的な法案では、軍全体での女性比率の上限を2パーセントとし、女性が男性に対する指揮権を持つことも禁じられたのだった。

以来70年、女性たちは政治的な反対や「女性は戦えない、戦うべきではない」という一部の国民の認識に付きまとわれながらも、一歩ずつ苦難の道を進んで、アメリカ軍に溶け込んできたのだった。

and the Soviet Union』より引用）。

#60 エイミー・グッドパスター・ストレベ『Flying for Her Country: The American and Soviet Women Military Pilots of World War II』２００９、p71。

第二次世界大戦で最も成功したソ連の狙撃手の一人、リュドミラ・パヴプリチェンコ。
309人もの敵を殺害した（有名なオーディ・マーフィーをほぼ50％上回る）。
［編注：右端は親交のあったエレノア・ルーズベルト］
"Lyudmilla Pavlichenko," FSA/OWI Collection, Prints and Photographs Division, LC-USW3-007334-D, Library of Congress, Washington, DC.

COLUMN FOUR

考古学界の「ダブルスタンダード」

WAS SHE OR WASN'T SHE?

法医考古学が進歩したために、そしてDNA鑑定のおかげで、かつて戦場には女戦士が存在していたことが徐々に明らかになりつつある。そんななかで特に活発な議論がなされているのが、ヴァイキング時代のスカンジナビアに女戦士が存在したかどうかについてだ。

ヴァイキング時代の数世紀後に書かれた資料には、スカンジナビアの女性が男性と肩を並べて戦う物語がリアリズムでもって描かれている。10世紀のアイルランドの文献にもヴァイキングの艦隊をアイルランドへ導いたという女戦士インゲン・ルーア（赤い娘）が登場し、12世紀に『デンマーク人の事績（Gesta Danorum）』を書き上げたことで知られる作家サクソ・グラマティクスも「かつてデンマーク人のなかには、男性のような格好をし、戦闘にほぼすべてを捧げた女性たちがいた」――テレビドラマ『ヴァイキング～海の覇者たち～』のラゲルサなどだ――と述べている#1。だがこのように資料が残っていても、ヴァイキングの女戦士をただの架空の存在だとする専門家は多く、ときに「男性の性的ファンタジー」などと断じられたりもする#2。その反論として、サガ［訳注：中世北欧の英雄譚］に登場する半伝説的な男性たちが実在したという証拠が見つかっているのだから、女戦士が存在した根拠などないと自動的に決めつけ、排除するのは間違っているといった意見も聞かれる。タペストリーの断片やブローチなどにも、武器を手に馬に乗る女性のモチーフが残されている。これらをワルキューレ［訳注：戦死者を選び、死後の世界に連れて行く北欧神話の女戦士］だと判断する前に、実在したヴァイキングの女性がモデルになっている可能性を考慮すべきなのだ。

　これまでにも、武器とともに埋葬されたヴァイキングの女性の遺骨は何度も発見されてきたが、彼女たちはその武器を実戦で使用していなかったと主張する専門家もいる。男性の遺骨であったなら、「男性たちは、戦士であった。この遺体の男性も武器とともに埋葬されていたのだから、100パーセント確実ではないにせよ、戦士であった可能性は高い」となる。だが女性の場合は違う。女戦士は例外的な存在であったため、「戦士」だと考えられる前に「副葬品は男性のものだったのだろう」「その武器は、実は日用品として使われていたのではないか」などと推論されるのがつねなのだ。

　1903年にノルウェーのオセベリでヴァイキングの豪華な埋葬船が出土すると、専門家たちはまさにそのような主張を繰り広げた。834年のものだと考えられるそのオセベリの船には、それまでに発見されていたヴァイキングの船葬とは異なり、2人の女性の遺骨が、2本の斧をはじめとする「男性用」の副葬品とともに納められ、その一方で女性用の副葬品とされてきた宝石類などは一切見つからなかった#3。当時はこの船葬自体も男性特有の儀式だと考えられていた。その墓をめぐる憶測の大半が、そのうちの1人の女性を有力者の妻だとしたり、副葬品を宗教的な供《そな》え物

#1 次のように続けるサクソは、現代の一部の評論家と同じく、女戦士を歓迎すべき者と見なしていなかったようだ。「彼女たちは、機織りに使うべき手をランス（槍）に捧げてしまった。その容姿で男をやわらげることができたはずなのに、ランスで攻撃した。彼女たちは恋の戯れよりも、死について考えていたのだ」（サクソ・グラマティクス『デンマーク人の事績（Gesta Danorum）』より引用）。

#2 20世紀半ばの大衆小説の表紙には薄着の女戦士がよく登場したものだが、これはその中世版か、あるいは現代のポップカルチャーで物議をかもす女戦士のようなものだろうか？（サクソは、女戦士自体をあまりよく思っていなかったようだが）。

#3 この墓が発見されるずっと前に、す

だとしたりと女性たちを想像図の中心から外し、埋葬にまつわる権力を排除するものであった。斧は彼女たちの持ち物ではなかった、あるいは、台所用品として使われていたといった憶測までなされた。ある男性学者に至っては、もともと男性の遺体も一緒に埋葬されていたが、魔術や宗教的な儀式に使うためにその骨だけが取り除かれたという説まで展開した。痕跡も残さずにどうやって骨をとりだしたというのか #4。

だがそういった議論も、2017年にあるヴァイキングの埋葬に関するDNA解析の結果が発表されたことでトーンダウンする。

1871年、スウェーデンの考古学者ヤルマル・ストルプが、スウェーデン中部に位置するビルカ遺跡でヴァイキングの墓を発掘した。8世紀から10世紀後半にかけてヴァイキングの重要な交易拠点であり、最大かつ最も有名な埋葬地であったビルカにて、ストルプが「Bj 581」と名付けられた墓の調査を行なっていたところ、剣、槍、鎧通し矢、バトルナイフ、盾2枚、殉葬の馬2頭が出土したのである——これらはヴァイキング戦士にとっての完全な装備品だ。考古学者たちは墓の持ち主を男性だと推測し、それから130年にわたって、この「ビルカの男」は最高位のバイキングの戦士であり、その墓はヴァイキングにとっての理想のものだと考えられた。

だが2014年に、ストックホルム大学の生物考古学者アンナ・シェルシュトレームがその遺骨の骨盤と下顎《したあご》を調査し、女性のものだと断定したことでそんな思い込みも覆される。家父長制社会における男戦士のイメージは文化に深く根付いてしまっており、考古学界からは、1871年の発掘時に手違いがあったためだという意見が上がったりもした。骨に誤ってラベルがつけられ、他の骨と取り違えられたのではないか、と。

それから3年後に行なわれたDNA解析が、その論争に決着をつけた。ウプサラ大学の考古学者シャーロット・ヘデンスティーナ=ジョンソン率いるチームが、「ビルカの男」の骨の2種類のDNA——その骨が人間のものかどうかがわかるミトコンドリアDNAと性別を識別する核DNAだ

でに略奪に遭っていたためだろう。

#4 まあ、「想像力豊か」な説であることは認めよう。

——を解析し、その骨は1人の人間のものであり、現代のスウェーデン人と遺伝的なつながりを持つ「女性」であることを突き止めたのだった。

しかし、異論など挟めないほど精度の高い結果だったにもかかわらず、それがヴァイキングの女戦士ではなかったと考える学者は依然として存在した。埋葬品はその女性とは関係がなかったのではないか #5 、武器は埋葬された本人のものではなく、彼女が属した家族の地位と役割を反映したものなのではないか #6 。あるいは武器の持ち主の男性も一緒に埋葬されていたが、なんらかの理由でその遺体が失われてしまったのではないか——この説はあまりに非理論的で支持されなかったが。また武器によってつけられた傷跡が見られなかったことから、その副葬品が女性のものであったとしても、彼女自身が戦士ではなかったのではないかといった意見も聞かれた #7 。遺骨が男性のものであった場合でなければ、「戦士だ」という結論に落ち着くことはないのだ。「Bj５８１」では性別が変わると、考古学的な解釈も変わった。「ビルカの男」の実像は遺跡で見つかった客観的な事実ではなく、性別による役割分担の意識に基づいて解釈されていたのである。ダブルスタンダードとは、生きている人間だけではなく、遠い昔に死んだ人間にも適用されるようだ。

「ビルカの男」が女性であったというだけでは、ヴァイキング文化における女戦士の存在が一般的だったことにはならないが、ここから武器を持った女性の埋葬がそれまで考えられていたほど珍しかった訳でもないことも見えてくる。この１５０年間で、発掘されたヴァイキングの墓は何千にものぼる。そのなかには「ビルカの男」同様に、武器とともに埋葬されていたから男性のものだと短絡的に決めつけられたパターンだってありそうだ。アンナ・シェルシュトレームが認識をひっくり返す前の２０１３年、ポーランドの考古学者レゼク・ガルデラは「ビルカの男」が女戦士である可能性について次のように言及している。

20世紀、多くのヴァイキング時代の墓地が発掘されたが、その大半の記録は満足できる形では残

#5 皮肉なことに、過去30年の間にヴァイキングの世界に女性有力者がいたという理解を広めながら、「ビルカの女」説には強固に反対した学者もいた。

#6 同じような状況で男性の遺骨だとわかった場合には、こういった疑問が投げかけられることはない。実際に、Bj ５８１に男性が埋葬されていたと信じられていたときには、このような性別に関する疑問の声など上がらなかった。

#7 ビルカ遺跡では、他にも同様の遺骨が49体（すべて男性のもの）発見されている。発掘時には、この2体の遺体に外傷がなかったことを誰も疑問視しなかった。

されていない。それぞれの墓についての非常にあいまいな記述だけで、図面や写真も残されていない状態で引き継がれてしまっているのだ。遺骨の性別は、人類学的（骨学的）な方法ではなく、死者に付随していた遺物に基づいて決定されていただけであった。（略）そのような「伝統的」なアプローチでは、埋葬されていたのが武器であれば遺体が男性だと、宝石や機織り機であれば女性だとされるのが一般的であった。そのため20世紀初頭に発掘された墓のなかには、副葬品から男性のものだと断定されていても、じつは生物学的には女性のものであった墓も存在しただろう。だがそれを確実に判断するためには、遺骨資料を新たに分析し直す必要がある――残念ながら、それがつねに可能であるとは限らないのだ #8。

ガルデラは、ビルカ遺跡から出土した墓で、男女の遺骨と武器が納められていたケースも取り上げている。女性の遺骨の方が男性よりも高い地位にあったことがわかっているとのことで、型にはまらない見方をすれば、ここから別の物語が見えてくるだろうとガルデラは語る。

後世になってから性別が見直されたのは「ビルカの男」だけではない。１９９７年、考古学者ジャニーヌ・デイビス＝キンブルは『アーキオロジー』誌９・10月号に発表した論文「指導者か戦姫か？（Chieftain or Warrior-Princess?）」にて、イッシク古墳（カザフスタン共和国）から出土した「黄金人間」の性別に関してそれまでの解釈に異議を唱えている。「黄金人間」とは１９６９年にソ連の考古学者によって発見された、豊かな装束を身につけた遺骨のことで、デイビス＝キンブルはその独特の頭飾りが初期の遊牧民文化の身分の高い女性のものとされる頭飾りに似ていることを指摘。またこの時代の男性の遺体には埋葬されないイヤリングやその他の遺物があること #9、そして骸骨が小柄であることから、発見された「黄金人間」は武器も含めて身分の高い女性であった可能性が高いと主張した #10。

#8 レゼク・ガルデラ「‘Warrior-women’ in Viking Age Scandinavia? A preliminary archaeological study」、『Analecta Archaeologica Ressoviensa vol.8』２０１３、p２７６所収。

#9 なら、先に述べた「武器が一緒に埋葬されていたのだから、これは男性

このデイビス＝キンブルの説は、科学界でも一般紙でも、アンナ・シェルシュトレームが「ビルカの男」を暴露したときのような騒ぎにはならなかった[#11]。いくつかの反論は寄せられたものの、デイビス＝キンブルが正しいかもしれないと認める者もいた。発掘後、研究室で骨を調べた自然人類学者は次のように彼女の説を後押ししている。「骨は非常に小さく、女性のものだと考えられる。ケマル・アキシェフ（合同調査団のひとりで、１９６９年に「黄金人間」を発見したカザフの考古学者）がこの遺骨を男性の酋長《しゅうちょう》のものだと考えたのは、おそらく高価な工芸品、特に剣と短剣のせいだろう」[#12]。

残念ながら、イッシク古墳の出土品にＤＮＡ鑑定に使用できそうなサンプルはない――ソ連の考古学の〝慣習〟の犠牲になったのだ。「黄金人間」は男性ではなく、女性だったかもしれないが、それが明らかにされる日は来なさそうだ。

の遺骨だ」とする考えはなんなのか。

#10 成人女性は思春期の少年になりすまして軍隊に入隊したものだが、ソ連の考古学者たちも同様の思考パターンでもって、「黄金人間」をその体格から若い指導者であると考えた。

#11 ドラマ『ヴァイキング～海の覇者たち～』のラゲルサが人気を博していたため、他の国の人々はヴァイキングに感情的に共鳴することができた。だがカザフスタンの草原に住む古代の遊牧民の戦士には、ラゲルサのような存在がいないのだ。

#12 ジャニーヌ・デイビス＝キンブル『Warrior Women:An Archaeologist's Search for History's Hidden Heroines』２００２、ｐ１０６。

CONCLUSION

ごくわずかな例外？

INSIGNIFICANT EXCEPTIONS?

16世紀、フランスの宗教戦争で指揮を執ったガスパール・ド・タヴァンヌは、「女性は隊長ではなく、女性であるべきだ。病の夫や幼い子どもに代わる場合に限って、1、2度なら許容されるだろう」[#1]と言った。

元陸軍参謀総長であり、ウェスト・ポイント陸軍士官学校の校長も務めたウィリアム・ウェストモーランド大将は、1976年に初の女性生徒が同校に入学したことについて、なかなか粗雑な言葉でこう述べた。「1万人に1人の割合で、戦闘活動を率いることができる女性がいるだろう。だがそれは異常者であり、陸軍士官学校は異常者のために運営されているのではない」[#2]（ウェストモーランド大将は、包囲戦で戦う女性たちを目の当たりにした16世紀のタヴァンヌよりも、女性が戦場で指揮することを受け入れ難く感じていたようだ。なんたる進歩だろう）。上級の男子士官候補生も同じ考えで、その入学してきた女子生徒を士官学校から執拗に追い出そうとした[#3]。

それから半世紀ほど経った今では、女性兵に男性兵と同等の機会を与えようとする動きも見られるようになってきたが、いつだってそこには「ごく一部の例外になら可能かもしれないが、一般の女性には無理だ」という注意書きがつけられている。

女戦士が「ごくわずかな例外」であるという考え方は、歴史に深く根ざしている（しか

#1 ブライアン・サンドバーグ『'Generous Amazons Came to the Breach': Besieged Women, Agency and Subjectivity During the French Wars of Religion』p677。

#2 ドナ・マカリアー『Porcelain on Steel: Women of West Point's Long Gray Line』2010、p31。

#3 その100年ほど前、南北戦争に従軍した看護師も、陸軍の外科医らから拒絶されたと振り返る。外科医らはウェスト・ポイントの士官候補生

も、変わるつもりはないようだ）。過去に存在した女戦士たちをジャンヌ・ダルクやアマゾン族と形容することで、その考えはさらに強化される。「より大きな存在」と見なすことで、彼女たちは超人であり、世の大半の女性にはできるわけがないと暗に示しているのだ#4。

女王、革命家、聖人、女戦士、愛国者。あるいは危機に瀕《ひん》し、とてつもない活躍を成し遂げたごく普通の女性#5……本書で取り上げてきたこれらの女性たちは立場がどうあれ、その時代と場所における例外的な存在であった。史料に「男のように戦った」と記されていることから、同時代の人々や後世の歴史家も彼女たちのことを例外的な存在だと考えていたのは明らかだ――おそらく、ウェストモーランド大将の言う「異常者」にも該当するのだろう。

一人の歴史上の人物、一つの女性集団、一つの時代に焦点を当てる限り、個々の女戦士は、国家的危機や継承の異常などによってその時代の規範から外れ、結果として全歴史の規範から外れてしまった存在だと容易に信じられてしまう。ジョン・キーガン（↓P13）の言う「ごくわずかな例外」だ。結局のところ、ジャンヌ・ダルクは一人しかいない。男装して入隊した女性の数は、統計的に見ても取るに足らないほど少ない。スパルタ、テノチティトラン、レニングラードの包囲戦で女性が戦うことになったのも、絶望的な状況だったから……といった具合に考えてしまう。

女戦士を単独で見たときにも、その偉業（あるいは存在さえも）が軽視され、否定されている事実が容易に受け入れられてしまっている。そこでは、テレシラ、ケナウ・シモンズドクトル・ハッセラール、アルテミシア二世は、資料に残っているような行動はしてお

たちと同じく「（女性たちの）生活を耐え難いものにし、自らを守るためにその場を離れさせるほどに追い込んだ」という。本当に、なんたる進歩だろうか？（ジョージアナ・ウールセイ・ベーコンとエライザ・ウールジー『Letters of a Family During the War for the Union 1861-1865』より引用）。

#4 この事実を知ったからといって、若い女性たちがジャンヌ・ダルクに共感することをやめたりはしないようだ。「モリー・ピッチャー」も然り。夢は大きく！

#5 これぞ市民兵の本質だ。

らず、トスカーナのマティルダの背後には軍の糸を引く無名の男がいて #6 、婦好《ふこう》は戦場では象徴的な役割しか果たさなかったなどと考えられる。マヴィアもキット・カヴァナーも実在しておらず、剣とともに埋葬されていた遺骨はすべて男性のもの。城壁の上から反撃した女性も戦士としてカウントされない。もし彼女たちが戦士（つまり男性）であれば、前に出て大砲を撃っても、ライフルを手に取ったりしても、特筆すべきことではないからだ #7 。キャサリン・オブ・アラゴンがイングランドの侵略から防衛に成功したことも、重要ではない。夫のイングランド王ヘンリー八世との間に男児が生まれなかったことこそ、彼女の物語で最も重要なことだと誰もが知っているからだ。アレクサンドロス大王やエドワード長兄王には、軍隊を率いて戦いに赴いた姉妹がいたことだって見過ごされてもいいことになる。

　そこから一歩下がって、地理的・歴史的な境界線を取り払って女戦士の姿を見てみると、より大きなパターンが浮かび上がってくる――女性たちの物語自体に類似性があるだけでなく、その物語が語られたり語られなかったりする法則らしきものが見えてくるのだ。例えば、ある時代、ある場所、ある社会構造は、他の時代よりも女戦士を受け入れやすかったりする（一般的には騎馬文化、名誉文化、部族社会は、大帝国や正規軍に比べるとこれに該当するようだ――ただし中国を除く）。女戦士の功績については、時代を超えて学者によって一貫して疑問視され、弱体化され、無視されている。女性同士、特に母親と娘の間には、予想もつかないつながりがあり――キュンナ、トスカーナのマティルダ、キャサリン・オブ・アラゴン、ザザウ王国のアミナなどの物語を知れば、徴姉妹が母親から兵法を学んだという伝説は事実だったのではないかと思わされる。

#6 実際に多くの歴史家が、長年にわたってこの男が実在したことをなんとか証明しようとしてきたが、いまだに有力な候補者は示されぬままだ。

#7 戦争における女性についての「あちらを立てれば、こちらが立たず」の実例ではないか。

しかし、個々の女戦士を見るのではなく、文化圏を越えてその全体像を眺めたとき、いかに多くの事例があるか、そしてそれらがいかに私たちの集合意識に軽々と乗っかっているかに私は最も驚いた。私が採取し始めた女戦士の事例は数百に達したかと思うと、最後には数千にまで膨れ上がった。この本を書き上げるまでの最後の数週間は、毎日のように新しい例を発見し続け、一度に十数例も見つけたことだってあった[#8]。トスカーナのマティルダ、ンジンガ、ベーグム・サムルーなど特に知られた女性たちは学術論文の題材になることも多く、時代思潮・大衆向けメディアにも登場する。これを書いている今、ダホメの「アマゾン」は、マーベル・スタジオの映画『ブラックパンサー』（2018年）に登場する女性だけの軍隊との（薄い）類似性のおかげで人気を博すようになった。その一方で私は、脚注で触れられるだけ、まったく別の話に脇役で登場するだけ、あるいは無名のヒロインとして地域に銅像が建つだけの物語も見てきた。多くの場合、一人の女戦士についてのすべての情報がたった一行の文章に集約されていたりするのだ。

次のような、本書に収められなかった話題も山ほどある。

ブラウンシュヴァイクの乙女ことゲッシェ・マイブルクは、1615年にブラウンシュヴァイクが包囲されたとき、剣とマスケット銃を手に市壁の上に立った。このことを伝えた当時の新聞は、彼女の振る舞いを挿絵とともに「勇敢で／多くの戦士に傷を負わせ／彼らの灯火を消した」と（詩で）報じた[#9]。

19世紀後半に起こったアパッチ戦争の指導者であり、奇襲部隊の常連でもあったビクトリオは、妹ロゼンを「仲間の盾になるような人間」だと述べていた[#10]。

スペイン内戦で共和国側の隊を率いたミカ・エチェベヘレは、隊員たちから「世界のど

#8 ついには、ただただ書き留めていくだけの状態になってしまった。うれしい悩みであった。

#9 ウリンカ・ルブラック「Wench and Maiden: Women, War and the Pictorial Function of Feminine in German Cities in the Early Modern

の男性隊長よりも度胸のある女性隊長だ」と慕われていた[#11]。

1989年にパナマに侵攻したアメリカ軍の憲兵中隊の指揮にあたったリンダ・ブレイ大尉は、K－9部隊の施設を占拠したパナマ軍との予期せぬ銃撃戦に部下を率いて身を投じた。

彼女たちは、時代と場所によっては、例外的な存在か？　たしかに、「例外」だ。人の歴史を通して、「例外」と言えるか？　いや、それはどうだろう。ごくわずかな、取るに足らない存在だって？　そんなことはない！

Period」、『History Workshop Journal 44』1997、p7所収。

[#10] キンバリー・ムーア・ブキャナン『Apache Women Warriors』1986、p27。

[#11] ときには、褒め「言葉」に込められた「精神」を受け取らなければならないこともある。

ACKNOWLEDGMENTS

謝辞

18か月、4年、30年。数え方によってその年数も変わってくるが、本書に登場する女戦士たちについて、私はそれだけの年月を費やして調査を行なってきた。じつに多くの人々に助けられてきたが、次に述べる方々には特に感謝の意を述べたい。

エージェントのレイラ・カンポリ。本書の背景や読者層についてもっとよく考えるよう私を説得し、ビーコンプレスを紹介してくれた。

ビーコンプレスの編集者、エイミー・コールドウェル。私にアイデアを探求し、意見を述べる余地を与えてくれながら、「歴史オタクがハマりがちな沼」から救い出してくれた。彼女の質問や提案で、よりよい本に仕上げることができた。

テリー・エンブリーとプリツカー軍事図書館のレファレンス司書スタッフ。みなさんのおかげで、さまざまな答えや情報源を見つけることができ、さらなる質問を組み立てることができた。

長年のブログ読者ポール・ハンク。ペンタゴンのリサーチ・アシスタントを買って出て、入手困難な記事のコピーを入手してくれたりした。こんなことに興味を持つのが、自分一人ではないことを教えてくれもした。

「説明責任」仲間であるエイミー・スー・ネイサンとエヴリン・ハーウィッツ。そして、絶え間なく変わり続ける、極秘で、流動的で、永続的なFacebook執筆チャレンジグループのメンバー。私を励まし、不平不満を聞きながら、必要であれば背中を蹴飛ばしてくれた。

そして最後に、夫サンディ・ウィルソン。彼こそ、私の頭と心のなかの読者でいてくれた。原稿を読み、手厳しい質問をし、話し合って問題を解決し、そして私を家から連れ出してくれた。彼なしには、本書は生まれなかっただろう。

読書案内のための地図と資料

地図 & 資料が確認できるウェブサイト・書籍

- エンシェント・ヒストリー・エンサイクロペディア（Ancient History Encyclopedia / Ancient.eu）には、地図、インタラクティブな年表、有用な参考文献、古代世界に関するさまざまな図解記事が収録されている。
- タイムマップ・オブ・ワールド・ヒストリー（The TimeMap of World History / TimeMaps.com）は、教育ツールとして設計されたサイトだ。本書に収められたのと同範囲の時間と場所について、地図と簡単なエッセイが掲載されている。
- エンサイクロペディア・ブリタニカ・オンライン（Encyclopaedia Britannica Online / Britannica.com）に対して、私はなんとなく複雑な思いを抱いている。内容が子ども騙しのように感じられる場合もあるが、役に立つときにはとても役に立つ。
- パトリック・オブライアン編集の『オックスフォード・アトラス・オブ・ワールド・ヒストリー（Oxford Atlas of World History）』のさまざまな版は、時代ごとの変化を示す詳細な地図も含まれており、歴史の概観を知るにはうってつけの資料。より深く知りたい場合は、特定の地域に焦点を当て、豊富な参考文献を含む『プログレイブ・コンサイス・ヒストリカル・アトラス（Palgrave Concise Historical Atlases）』を強くお勧めしたい。

＊残念ながら、紹介できそうなオールインワンの歴史辞典はなかった。

大きな疑問に立ち向かうための資料

- Davis-Kimball, Jeannine. Warrior Women: An Archaeologist' s Search for History' s Hidden Heroines. New York: Warner Books, 2002.
- Fraser, Antonia. The Warrior Queens: The Legends and the Lives of the Women Who Have Led Their Nations in War. New York: Vintage Books, 1994.
- Hay, David J. The Military Leadership of Matilda of Canossa, 1046-1115. Manchester, UK: Manchester University Press, 2008.
- Jansen, Sharon L. The Monstrous Regiment of Women: Female Rulers in Early Modern Europe. New York: Palgrave Macmillan, 2002.
- Lynn, John A. Women, Armies, and Warfare in Early Modern Europe. New York: Cambridge University Press, 2008.
- Mayor, Adrienne. The Amazons: Lives and Legends of Warrior Women Across the Ancient World. Princeton, NJ: Princeton University Press, 2014.

個々の女戦士にまつわる優れた伝記

- Alpern, Stanley B. Amazons of Black Sparta: The Women Warriors of Dahomey. New York: New York University Press, 2011.
- Castor, Helen. Joan of Arc: A History. New York: HarperCollins, 2015. Heywood, Linda M. Njinga of Angola: Africa' s Warrior Queen. Cambridge, MA: Harvard University Press, 2017.
- Keay, Julia. Farzana: The Woman Who Saved an Empire. London: Tauris, 2014.
- Tucker, Phillip Thomas. Cathy Williams: From Slave to Buffalo Soldier. Mechanicsburg, PA: Stackpole Books, 2002.

本文中の引用文は本書訳者が原著より訳出したが、
邦訳書が出版されているものは翻訳時に適宜、参照した。
以下にそれらを参考資料として記す。

『歴史（上）（下）』ヘロドトス著、松平千秋訳、岩波書店
『新編　中国名詩選（上）』川合康三編訳、岩波書店
『ローマ帝国衰亡史１』エドワード・ギボン著、中野好夫訳、筑摩書房
『ヘンリー八世の六人の妃』アントーニア フレイザー著、森野聡子・森野和弥訳、創元社
『ギリシア案内記（下）』パウサニアス著、馬場恵二訳、岩波書店
『女騎兵の手記』N・A・ドゥーロワ著、田辺佐保子訳、新書館
『戦略の歴史（上）』ジョン・キーガン著、遠藤利國訳、中央公論新社
『戦略の歴史』遠藤利国訳、中央公論新社
『国家（上）』プラトン著、藤沢令夫訳、岩波書店
『プルタルコス英雄伝（上）』プルタルコス著、村川堅太郎編、筑摩書房
『年代記（下）ティベリウス帝からネロ帝へ』タキトゥス著、国原吉之助訳、岩波書店
『ローマ帝政の歴史１ ユリアヌス登場』アンミアヌス・マルケリヌス著、山沢孝至訳、京都大学学術出版会
『王妃ラクシュミー：大英帝国と戦ったインドのジャンヌ・ダルク』ジョイス・チャップマン・リーブラ著、薮根正巳訳、彩流社
『世界と科学を変えた52人の女性たち』レイチェル・スワビー著、堀越英美訳、青土社
『レイプ・踏みにじられた意思』S．ブラウンミラー著、幾島幸子訳、勁草書房
『戦争は女の顔をしていない』スヴェトラーナ・アレクシェーヴィチ著、三浦みどり訳、岩波書店

INDEX

あ

さ

は

ま

パメラ・トーラー

Pamela D.Toler

歴史学の博士号、使い込んだ図書カード、そして尽きない好奇心を武器に作家、講演者、歴史学者として活動。一般の読者を対象とした史学書の翻訳も手がける。母国アメリカ史だけでなく世界各地の歴史、戦場の裏で起こっていた性差別・人種差別も取り上げ、『Women Warriors : An Unexpected History』（２０１９年）をはじめとして、児童向け、一般向けも含む8冊の歴史書を上梓。雑誌『Aramco World（アムラコ・ワールド）』、『Calliope（カリオペ）』、『ヒストリーチャンネル・マガジン』、『MHQ: The Quarterly Journal of Military History』、Time.comなどにも寄稿している。

西川知佐

Chisa Nisikawa

１９８４年、広島県生まれ。東京農業大学卒業。ノンフィクションからゲームシナリオ、映像資料などの翻訳を手がける。訳書に『世界は女性が変えてきた:夢をつないだ84人の勇者たち』『自分のこころとうまく付き合う方法』（ともに東京書籍）、『ALL BLACKS 勝者の系譜』（東洋館出版社）、『1日5分呼吸を描くと心が落ち着く』（文響社）、『震える叫び（Scream!絶叫コレクション）』（共訳／理論社）、『CHOCOLATE（チョコレート）：チョコレートの歴史、カカオ豆の種類、味わい方とそのレシピ』（共訳／東京書籍）などがある。コロナ禍で福祉に関心を深め、研鑽を積むために、２０２２年夏よりカナダ・オタワにて福祉分野での就業・就学を予定している。

ウィメン・ウォリアーズ

はじめて読む女戦記

2022年8月1日　初版発行

著者
パメラ・トーラー

訳者
西川知佐

装丁
三上祥子（Vaa）

印刷・製本
シナノ印刷株式会社

発行者
伊藤春奈

発行所
花束書房
〒185-0001　東京都国分寺市北町4-10-12
電話 090-9340-4338　FAX 050-3142-2804
http://www.hanatabasyobo.com

本書の一部または全部を無断でコピー・スキャン・デジタル化などによって
複写・複製することは、著作権法上での例外を除き禁じられています。

落丁・乱丁はお取替えいたします。

Japanese translation © Chisa NISHIKAWA 2022
ISBN 978-4-9912489-0-0　Printed in Japan